新时代版

上下五千年

总主编　张海鹏
执行主编　王育济　于化民

③

秦汉

少年儿童出版社

陕西西安秦始皇陵

出版工作委员会

主　任

冯　杰

副主任

洪星范 林　斌

编辑组成员

孙浩伟 马淑艳 曹　燕 王浩浩 王奔惑

美术总监

赵晓音

整体设计

施喆菁

技术编辑

吴轶伟 许　辉 陈钦春

责任校对

石玲凤 沈丽蓉 陶立新 黄亚承 黄　岚

特约编审

沈　岩

出版工作组

《新时代版上下五千年·秦汉》

责任编辑 孙浩伟 王浩浩

美术编辑 施喆菁 陈艳萍

装帧设计 施喆菁

插图绘制 石　沛

排　　版 上海商务数码图像技术有限公司

编撰委员会

序　言

中国是世界文明古国之一，有五千多年的发展史。中华文明是世界上唯一不曾中断的文明史，有着自己独特的文明特质。“上下五千年”代指整个中国历史。作为中国人，应该了解自己民族的历史，树立起文化自信、民族自尊。

“四十年阅读魅力，五千年璀璨文明。”《上下五千年》是我国第一部贯通中华五千年文明的少儿历史通俗读物，由林汉达先生开创了“以故事讲历史”的形式，自从二十世纪七八十年代问世以来，一直受到读者的热烈欢迎，在海内外产生了广泛而深远的影响，由此成为少年儿童出版社的经典品牌图书。从第一版到现在，《上下五千年》已经完成了几次重大的内容更新与增补，给几代读者留下了美好的阅读记忆。

党的十八大以来，中国进入社会主义的新时代，学习和把握上下五千年的中华历史，重构对中华文明的尊重与思考，发扬中华优秀传统文化的特质，建立更深沉、更持久的文化自信，已经成为中国文化发展的一个崭新标识。在这样一种宏大的社会背景中，少年儿童出版社认真总结了过去四十余年的出版经验，对《上下五千年》从内容到形式进行了全面改造，推出了符合新时代需求的全新版本。

这次推出的《上下五千年》（新时代版），以“弘扬正气，积极向上；当代意识，现实观照；以事带史，小中见大；故事性强，文辞优美；言之有物，力避空泛”为宗旨，对全书的规模、版块、内容、艺术表现和包装等，重新进行了整体设计。从中国上下五千年的历史长河中，精选数百个条目，按照习近平总书记“讲好中国故事”的要求，以图文并茂的形式把中国历史呈现给小读者。

在近三年的编纂过程中，二十余位史学界权威专家教授组成了编委会，七十余位中青年史学家组成作者团队，大家本着严谨求实的态度，在新时代史学观念的指引下，重新拟定条目、遴选素材，充分吸收新的研究成果，不仅按照时间顺序勾勒出中国历史发展的主线，还增加了许多专题史内容，生动展现出中华民族一路走来的曲折历程和创造的灿烂文化。作者们撰写各篇目时，延续了林汉达先生开创的“以故事讲历史”的形式，在保证专业性的同时，也注重故事性、可读性，并且搭配了许多插图、历史照片、小贴士、名人名言等，以期更符合当代小读者的阅读习惯、审美趣味和认知能力。

少年儿童是祖国的未来，是中华民族的希望。为少年儿童服务，就是为祖国的未来服务。现在这一代少年儿童，在中华人民共和国成立百年，即中华民族伟大复兴完成的时候，他们当成长为国家的栋梁之材。帮助他们了解中华民族五千年文明发展史，就是帮助他们系好人生的第一粒纽扣，不仅能让更多小读者从历史中看到华夏文明的璀璨、民族精神的可贵，还能激发他们的民族自豪感和为中华民族伟大复兴事业献身的爱国主义热情。少年儿童出版社及时推出了符合时代需求的《上下五千年》全新版本，相信可以在普及国民历史教育，尤其是在普及少年儿童的历史教育、构筑国家文化战略的根基方面，发挥应有的作用。

目 录

走 向 一 统

002 · 秦灭六国
006 · 秦始皇构建秦帝国
014 · 出巡天下，扬威宇内
018 · 御匈奴，筑长城
022 · 焚书坑儒
028 · 沙丘政变
032 · 赵高指鹿为马
036 · 泰山刻石
042 · 睡虎地秦墓竹简
046 · 陈胜、吴广起义
050 · 项羽破釜沉舟
054 · 刘邦约法三章
058 · 鸿门宴
062 · 韩信拜将
066 · 楚汉争雄
072 · 冒顿单于统一大漠

大 风 泱 泱

078 · 白登之围
082 · 文景之治
088 · 七国之乱
092 · 周亚夫治军有方
096 · 马王堆汉墓与最早的地形图
100 · 中华医学瑰宝：针灸
106 · 汉武帝巩固大一统
110 · “飞将军”李广
114 · 卫青与霍去病

118 · 张骞出使西域
122 · 苏武牧羊
126 · 司马迁发愤著《史记》
130 · 司马相如与卓文君
136 · 鲁壁出书
138 · 昭宣中兴
142 · 经学大师匡衡
146 · “犯强汉者，虽远必诛”
148 · 昭君出塞
152 · 《氾胜之书》

中 兴 再 造

158 · 王莽代汉
162 · 绿林赤眉起义
166 · 光武中兴
170 · 伏波将军马援
174 · 王充著《论衡》
178 · 白马寺与佛教的传播
184 · 水利专家王景
187 · 班固与《汉书》
190 · 班超“投笔从戎”
196 · 蔡伦改进造纸术
200 · 许慎著《说文解字》
204 · 张衡理通三才
208 · 党锢之祸
212 · 崔寔著《四民月令》
216 · 《熹平石经》
220 · “医圣”张仲景
224 · 汉墓——千年思想宝库

秦始皇陵1号铜车马

走向一统

《上下五千年·秦汉》是丛书的第三册，分为《走向一统》《大风泱泱》《中兴再造》三个篇章。其中《走向一统》主要讲述了秦朝（前221—前207）的故事。

“六王毕，四海一。”秦王嬴政终结了烽火连天的战国时代，创建了中国历史上第一个中央集权制的统一国家。郡县制取代分封制，文字、货币、度量衡以及车辆和道路的宽窄都得到了统一。一些伟大的工程得以实施，如沟通长江和珠江两大水系的灵渠、抵御匈奴的万里长城。

嬴政自称“始皇帝”，希望秦王朝能够千秋万世传续下去。但是，繁重的赋税徭役使得百姓难以承受，秦始皇死后的第二年，陈胜、吴广在大泽乡揭竿而起，反秦烈火迅速燃遍中华大地。秦朝仅仅延续十五年就灭亡了。之后，反秦军队中势力最大的楚军和汉军展开了历时四年的楚汉战争，以刘邦的汉军战胜项羽的楚军而结束。反秦起义如火如荼之际，中国北方辽阔的草原上，冒顿单于也开始了大漠各少数民族部落的统一。

秦朝虽然短暂，但在历史上却占有举足轻重的地位。它所创立的中央集权制度，被后世王朝长期沿用；它所开拓的辽阔国土，奠定了此后中国历代疆域的基本版图。

秦灭六国

经过春秋战国长期的兼并战争，到了战国后期，周天子彻底失势，齐、楚、燕、韩、赵、魏六国也日渐没落，唯有秦国愈战愈强，跃居战国军事首强，成为建立大一统王朝的中心力量。秦灭六国，反映了中国社会走向全国统一的发展趋势。

胸藏兵书的尉缭

嬴政继承秦国王位的时候只有十三岁，国政由相国吕不韦主持。后来，渐渐长大的嬴政不愿再做傀儡，便在二十岁出头之时采用雷霆手段铲除了吕不韦和长信侯嫪毐（lào ǎi）集团，开始亲政。廷尉李斯上书劝说嬴政“灭诸侯，成帝业”，并与尉缭共同协助他制定了“成帝业”的战略，由此拉开了秦灭六国的战争序幕。

银雀山汉墓的一处墓葬坑

银雀山汉墓是位于山东临沂银雀山的汉代墓地群落及其纪念馆的统称，2021年入选全国“百年百大考古发现”。银雀山汉墓出土有竹简、漆木器、陶器、铜器和钱币等，以竹简最为珍贵。《尉缭子》现存最早的版本就是在此出土的。

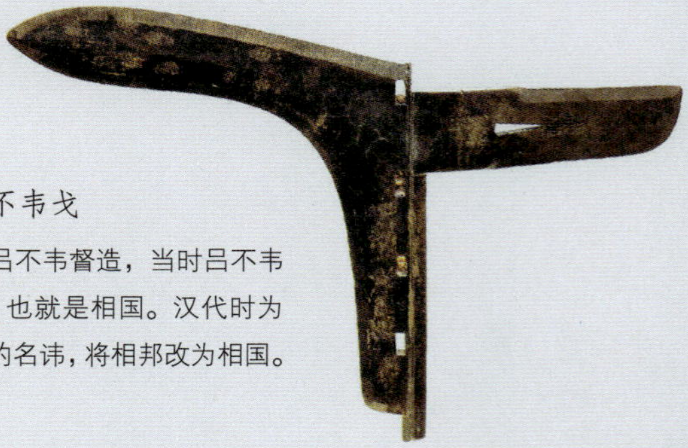

五年相邦吕不韦戈

秦王政五年由吕不韦督造，当时吕不韦担任“相邦”，也就是相国。汉代时为避汉高祖刘邦的名讳，将相邦改为相国。

在战国时期，称“尉缭”者有两人，一人为魏惠王时期的隐士，另一人是秦王政时期的兵家。史书所提及的尉缭，一般指魏缭，此人生卒年不详，是魏国人。后来，魏缭入秦游说，被任命为国尉后，以官职为姓，故改称尉缭。关于尉缭入朝为官之事，《史记·秦始皇本纪》中记载了这样一个有趣的小故事——

尉缭到秦国向秦王嬴政献计，秦王听从了他的计谋，并以平等的礼节相待。尉缭的穿衣饮食与秦王一样，很受尊重。但尉缭觉得秦王面相不好，不想跟他长久交往。于是，尉缭多次尝试逃

国尉

国尉是战国时期秦国的官职，主管全国军政，相当于后世的“太尉”。据《商君书·境内篇》记载，国尉的军爵比大将低一级：“国尉，短兵千人。将，短兵四千人。”意思是说，国尉有短兵1000人，大将有短兵4000人。短兵，即持短兵器（如刀、剑等）的士兵，具有卫队的性质。

离秦王为他安排的住处，但每次都被秦王派人追回来。最后，秦王授尉缭以国尉之职，尉缭终于愿意扶助秦王，入朝为臣。

相传，尉缭是鬼谷子的弟子，著有兵书《尉缭子》。由于战国时期有两个“尉缭”，这就造成史学家对谁是《尉缭子》的作者众说纷纭。不过可以确定的是，《尉缭子》是中国古代一部重要的兵书。书中反对杀人越货之战，支持“诛暴乱、禁不义”之战，总结出“道胜”“威胜”“力胜”三种取胜的战术，指出战争中将帅与士兵协力对取胜的重要性。书中还认为，列阵的阵法要错落有致，便于指挥，这一观点在秦始皇陵兵马俑坑的阵式排列中可以得到印证。

《尉缭子》论兵法，包括立邑建城、兵制治兵、胜战之道、攻城守城、将兵用卒、军需武备、军令军法、整军练兵等丰富的内容，问世后受到历代帝王和兵家的重视。唐代时，魏征将其收入经邦治国的《群书治要》一书。到了宋代，《尉缭子》与《孙子》《吴子》《司马法》等兵书一起，被官方定为武学经书，统称为《武经七书》，后世受到兵家推崇，多有引述。

制定战略，序幕拉开

胸藏兵书的尉缭，给秦灭六国带来了军事战略思想与战术。恰逢秦王嬴政已经亲政，国内形势稳定，便与李斯、尉缭一起谋划灭六国之大计。然而，凭当时秦国之力，消灭六国中一国尚可，如果六国“合纵”共同对秦，则难以取胜。

灭六国的第一步，就是如何破六国“合纵”。年轻的秦王苦苦思索，想不出好办法。尉缭献上计策，第一步是以财物贿赂六国重臣，极力破坏六国联合，就可以将其尽数消灭；第二步是采用范雎（jū）向秦昭襄王提出的“远交近攻”之策，实施先弱后强、先近后远的战略打击步骤。按照李斯的分析，就是要消灭韩、赵，稳住楚、魏，笼络燕、齐。确定了远交近攻、逐个击破的战略之后，秦灭六国之战的序幕就正式拉开了。

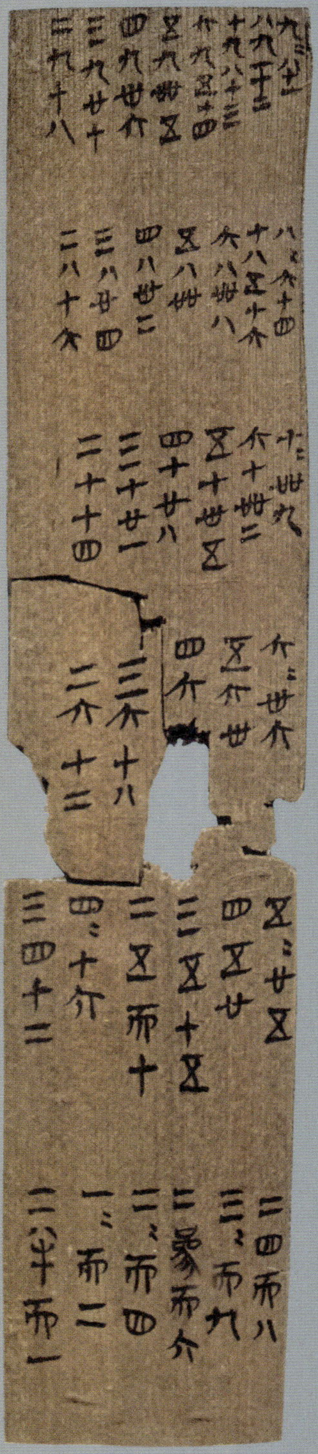

里耶秦简“九九表”木牍

出土于湖南龙山里耶古城1号井，是目前世界上发现的最早的乘法口诀表实物。

秦王政十一年（前236年），秦国大将王翦（jiǎn）领兵攻打赵国的阏与（今山西和顺西北），这是攻灭六国的首战。王翦精挑细选了一支士气高昂的精锐之师，很快攻下阏与，还一并攻取了赵国的九座城邑。

秦王政十七年，内史腾率十万大军攻破韩国首都郑（今河南新郑），韩国灭亡，成为六国中第一个灭亡之国。

大功臣王翦

秦灭六国之战中有八个关键人物，除了运筹帷幄的尉缭、李斯，还有征战沙场的内史腾、王翦、王贲、李信、蒙恬、屠睢（suī）这几位将军，其中以王翦、王贲的功绩最为突出——除了韩国，其余五国均为他们父子二人所灭。

秦王政十九年，王翦用反间计除掉赵国名将李牧，灭了赵国。赵国公子嘉逃到代（今河北蔚县东北），自立为代王，即代王嘉。第二年，燕太子丹派荆轲刺杀秦王失败，秦王盛怒，派王翦领军攻打燕国。燕王喜和代王嘉联合抵抗秦军，燕代联军由燕国的太子丹统领，在易水河边兵败。王翦乘势攻取燕国都城蓟（今北京西南），燕王喜

王翦画像

王翦是秦始皇统一六国的大功臣之一。他凭借杰出的军事指挥才能，与秦国白起，以及赵国李牧、廉颇并列，《千字文》评价他们四人说："起翦颇牧，用兵最精。"

> 秦王扫六合，虎视何雄哉。挥剑决浮云，诸侯尽西来。
>
> ——［唐］李白

小篆体十二字砖

被推测为秦朝遗物，砖文为"海内皆臣，岁登成熟，道毋饥人"，是对秦朝的歌功颂德之词。

逃到了辽东，燕国名存实亡。

秦王政二十二年，王翦之子王贲率兵攻魏，三个月就灭了魏国。没过多久，秦王政召集群臣，商议灭楚大计。他先问李信："我想攻取楚国，将军估计需要多少兵力？"李信年轻气盛，答道："最多二十万人。"秦王又问王翦，王翦说："非六十万人不可。"秦王当即说："王将军老矣，为何这样胆怯！李将军果断勇敢，说得对。"

秦王便派李信为秦军统帅，与蒙恬率兵二十万进攻楚国。王翦因为意见没有被采纳，便称病告老，还归故里。不久，李信所率秦军遭楚军突袭，七个都尉被斩杀。秦王闻之大怒，亲自乘快车去找王翦致歉："寡人不用将军的计策，李信果然使秦军受辱。今天楚军向西而来，将军虽然患病，难道忍心抛弃寡人吗！"

王翦一再推辞，秦王一再致歉，最终王翦提出要六十万人才愿意带兵出征，秦王立刻答应。于是王翦领军出发，秦王亲自送行。告别时，王翦向秦王请求赐予自己许多良田美宅、园林池苑。秦王问："将军领兵打仗，还担忧贫困吗？"王翦说："替大王带兵，即使有功劳也难以封侯，所以

在大王向着我的时候，得及时请求赏赐，作为子孙的家业啊。”秦王大笑。

出发后，王翦又连续五次派使者回朝廷请求赏赐。有人说：“将军这么做也太过分了吧。”王翦说：“秦王性情粗暴且多疑，如今他将秦国所有将士都委托于我，我请求多多赏赐田宅作为子孙家业，是为了显示自己出征的坚定意志，不这么做的话，秦王岂不是会怀疑我？”

王翦率领六十万大军抵达楚国边境，守而不战。楚军几次挑战，秦军始终不出击。一年后，楚军引兵东去，王翦乘机追击，大破楚军，后来又俘虏了楚王负刍，楚国灭亡。

秦王政二十五年，王贲率军攻燕，打下辽东，俘虏了燕王喜。接着打下代城，俘虏了代王嘉。燕国灭亡。第二年，王贲率军攻打齐国，齐王建投降，齐国灭亡。

经过长达十五年的战争，秦军最终以千钧之势灭掉了六国。当时是秦王嬴政在位的第二十六个年头，即公元前221年。中国历史上第一个统一的多民族封建国家——秦，就这样在刀光剑影中诞生了。（周作明）

秦的国号由来

秦的国号来自地名。据《史记》记载，秦人先祖为先贤皋陶、伯益，他们是上古部落首领少昊的后裔，姓“嬴”。早期的秦人由于给周王室养马有功，被周孝王封在秦地，“秦”成了族称。

西周灭亡时，秦襄公护送周平王东迁有功，受到嘉奖，被封为诸侯。周平王向秦襄公承诺，如果秦人能赶走西戎，那么以往被西戎占领的土地就归秦国所有。“秦”从此成为国号，秦襄公是秦国正式列为诸侯的第一代君主。由于秦人姓嬴，故秦国又有“嬴秦”之称。

三年诏事鼎

铸造于秦王政三年，鼎身篆体铭文记载了鼎的容积、重量，是战国末年秦国度量衡和文字制度的直接反映。

秦灭六国时间表

国名	被灭时间
韩	秦王政十七年（前230年）
赵	秦王政十九年（前228年）
魏	秦王政二十二年（前225年）
楚	秦王政二十四年（前223年）
燕	秦王政二十五年（前222年）
齐	秦王政二十六年（前221年）

秦始皇构建秦帝国

秦王嬴政扫平六国之后，意气风发，决心大干一场。在他雷厉风行的指挥下，一个空前统一的秦帝国很快被构建了出来。秦，作为第一个中央集权制的封建王朝，开创性地屹立于华夏大地上，标志着中国历史进入了一个全新的时代。

创建皇帝制度

在风起云涌的战国争霸中，秦王嬴政笑到了最后。他回想起灭六国的战争，心中感慨万千，对臣下说道："我以渺小的身躯，能够兴兵诛讨暴乱，靠的是祖宗的神灵保佑，六国之王都因其罪过而受到了应有的惩罚，天下安定了。如今我需要更换'王'的名号，如果不更换，就无法显扬我的功业，以传后世。请你们商议个帝王的称号吧！"

丞相王绾（wǎn）、御史大夫冯劫、廷尉李斯等人仿佛商量好了一般，给出了相同的答案：“想当年，五帝掌管的土地不过方圆千里，这个地区之外的诸侯，有的控制不了。如今陛下兴义兵，诛残贼，平定天下，在全国设郡县，法令归于一统，这是前所未有的功绩，五帝都望尘莫及。我们谨慎地与博士们商议，都认为：‘古代有天皇，有地皇，有泰皇，泰皇最为尊贵。’我们这些臣子冒着死罪献上尊号，王称为‘泰皇’。天子之命称为‘制’，天子之令称为‘诏’，天子自称为‘朕’。”

秦王听完，提出了自己的意见：“去掉‘泰’字，留下‘皇’字，再采用上古表示地位称号的‘帝’字，就叫‘皇帝’。其他的名号，就按你们议定的方案吧。”后来，他又补充说道：“我是始皇帝，子孙后代用数字来计算，二世、三世直到万世，传之无穷。”

就这样，“秦王”摇身一变，成了“秦始皇”。“皇帝”这一源于上古传说中“三皇五帝”的称号，从被秦始皇创立之日起，直至1916年袁世凯垮台而被彻底废除，历经两千多年的漫长岁月，成为中国古代中央集权制度的重要特征。

自称皇帝的同时，秦始皇还想寻找一种理论来证明其并吞六国、一统天下的正当性。战国末年发展起来的五德终始说，正好符合他的需求。这种学说认为，木、火、土、金、水为“五德”，

各有特点，相生相克，朝代更替也符合五德终始的规律。因为周朝是火德，水克火，所以秦始皇认为秦朝是水德，他按照水德的规定，将十月作为一年的开始，衣服、旌旗都使用黑色，称百姓为“黔（qián，黑色）首”。水德主刑杀，因此秦始皇还崇尚法家学说，推行严刑峻法。

三公九卿：皇帝的助手

秦始皇在确立皇帝尊号的同时，总结了夏商周以来的经验，创建了一个适应统一帝国需要的中央官制体系，这就是三公九卿制。皇帝是国家的最高统治者，下设三公：丞相、太尉、御史大夫。三公之下为九卿：奉常、郎中令、卫尉、太仆、廷尉、典客、宗正、治粟内史、少府。三公九卿都是皇帝的助手，均由皇帝任免调动，一律不得世袭。那么，他们的具体职责是什么呢？

先说三公。丞相辅佐皇帝处理全国行政，为皇帝之下的最高长官，下辖九卿。太尉协助皇帝管理全国军事，但他平时没有军权，战时听从皇帝命令，持有皇帝的符节（虎符）才能调动军队，实际上军权还是掌握在皇帝手里。御史大夫主要监察文武百官，管理图籍、奏章，相当于副丞相。三公之间互不统属，都是直接听命于皇帝。

小篆书写的“始皇帝”三字

“朕”的变迁

在先秦时代，“朕”是第一人称代词。不分尊卑贵贱，人人都可自称“朕”。当时的君主一般自称“孤”“不穀（gǔ）”“寡人”，称“王”者也可自称“本王”。从秦始皇开始，“朕”专门作为皇帝的自称。

秦帝国中央官制示意图

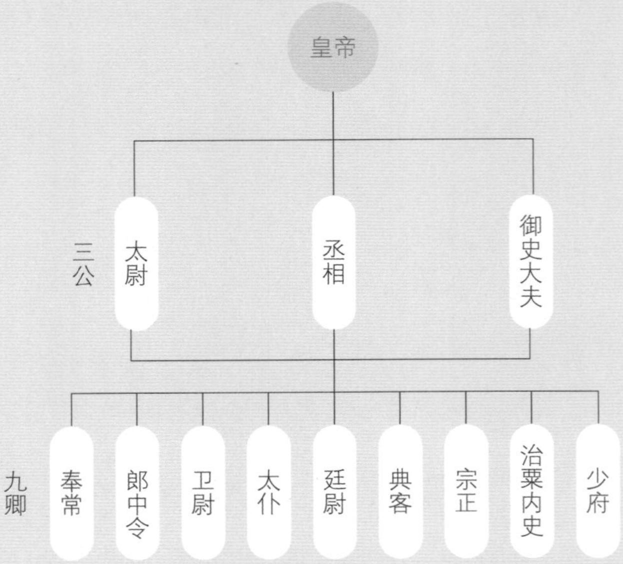

再说九卿。奉常掌管宗庙祭祀礼仪，是九卿中地位最高者；郎中令掌管宫殿警卫；卫尉掌管宫门警卫；太仆掌管宫廷御马和国家马政；廷尉掌管司法审判；典客掌管外交和民族事务；宗正掌管皇族、宗室事务；治粟内史掌管租税钱谷和财政收支；少府掌管专供皇室需用的山海池泽之税及官府手工业。

秦始皇设立的三公九卿制度，为中央集权国家制度的建立打下了基础，对以后的历代封建王朝都产生了重要影响。

废分封，设郡县

设立中央政权机构的同时，秦始皇还在考虑如何更好地管理全国各个地区。丞相王绾等人提议说：“六国刚被消灭，燕国、齐国、楚国位于边

> 天下初定，又复立国，是树兵也，而求其宁息，岂不难哉！
>
> ——秦始皇

远地区，不封王侯，无法镇守。可以将皇帝的几个儿子分封过去，建立诸侯国。”秦始皇下旨让群臣商议此事，群臣都认为可行。

然而，廷尉李斯却提出了不同意见。他说：“周文王、周武王都封了很多同姓子弟为王，但后来亲属关系疏远了，大家像仇人一样打来打去，诸侯之间更是相互讨伐，连周天子也不能禁止。如今全凭陛下神明英武，一统天下，应该在地方上设置郡县，各位皇子和功臣都用国家的赋税来重重赏赐，这样容易控制。天下人都没有二心，才是国家安宁之本。分封诸侯不是个好法子。”

秦始皇听了李斯的言论后，说：“天下苦于战斗不休，就是因为有诸侯王。如今天下初定，又复立封国，这就是又要打仗，想以分封来求得安宁，怎么可能呢！廷尉说得很对。”

就这样，秦始皇彻底废除了西周以来实行的分封制，实行由中央直接管辖的郡县制，将全国划分为三十六郡，之后加上新征服的地区共计四十多郡。各郡设立相当于“三公”的官员——郡守为行政长官，郡尉为军事长官，监御史为监察与司法长官。每个郡下又划分为好多个县，县的长官叫县令或县长。郡县长官都由朝廷直接任命。通过这种制度，皇帝和朝廷牢牢地控制了全国各地的权力。

秦始皇推行的郡县制，是世界上出现最早、最完备的官僚体制，不仅开创了以后中国两千多年中央集权官僚体制的基本模式，还对许多周边国家产生了深远影响。

统一货币、度量衡

统一后的秦帝国，面临着六国遗留下来的十分复杂的货币制度。当时市面上流通的货币林林总总有一百多种，兑换起来十分繁琐，造成交易不便，阻碍了经济发展。于是秦始皇大手一挥，下令废除六国货币，统一以黄金为上等货币，以

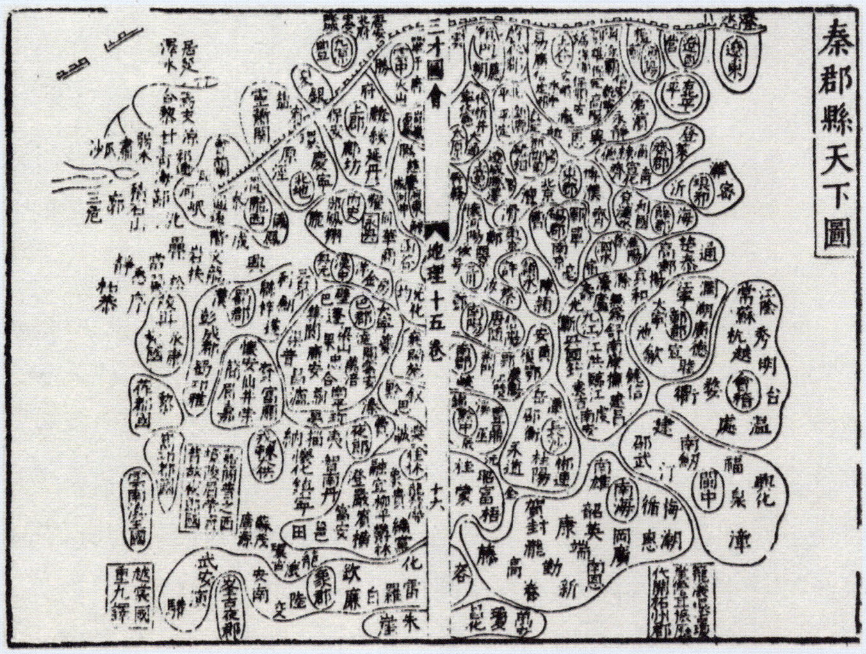

《秦郡县天下图》

此图出自明代《三才图会》。在秦的地方行政体系中，郡的下级单位是县，少数民族地区的县级行政单位则称“道”。秦县的数量有1000个左右。

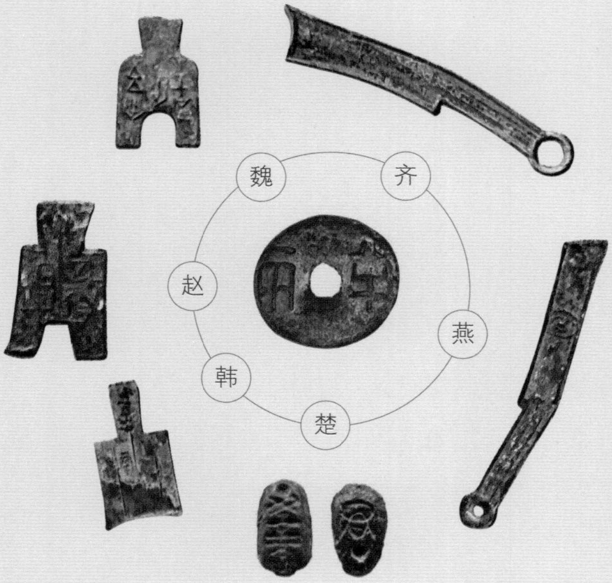

秦统一货币示意图

秦半两钱取代了原六国自有的货币，当时的半两钱多由地方官府自行铸造，存在钱体不圆、方孔不方等情况。铭文用小篆，传说为李斯手书，“两”字中的“人”较短，俗称“短人两”。西汉初年重新铸造货币，所铸半两钱重量极轻，仅2克左右，俗称“榆荚半两”。后来，半两钱的重量逐渐提升。等到汉武帝始造五铢钱，半两钱逐渐退出了历史舞台。

秦国的圆形方孔半两钱为下等货币，通行全国。珠宝、玉器、龟壳、贝壳、银子、锡之类的东西，都不能再充当货币的角色。同时，国家还建立了铸造货币体系和专署机构，牢牢掌握了铸币权。秦始皇的币制改革，使得中国古代货币在形式上第一次得到了统一，大大促进了经济的发展。

六国的货币不一样，度量衡制度也不一样。什么叫度量衡呢？它们是三种标准——度，是计量长短的标准；量，是计量体积的标准；衡，是计量轻重的标准。就拿“度”来说，各国的尺寸标准长短不一。“量”则更为混乱，使用的量具大小不一，所用单位也有区别。比如，齐国用钟、釜、区（ōu）、豆为单位，而秦国用斛（hú）、斗、升、合为单位。“衡”也有差异，有的国家以铢、两、斤、钧、石（dàn）为单位，有的则以镒（yì）为单位。如此混乱的度量衡，换算起来多麻烦啊！因此，秦始皇发布诏令，命丞相主持制定了统一的度量衡制度，并由官方主持，改进或者新制一大批计量器具，分发到全国各地。对于计量器具的误差，也有专门的制度进行规范，并定期检查。

车同轨，书同文

无论是统一货币，还是统一度量衡，这些规范制度都要传达到各个郡县去具体执行。交通问题如果不解决，许多诏令就无法迅速下达。时间久了，人心涣散，不利于管理。秦始皇考虑到这一点，决心改善交通状况。虽然当时六国都有自己修的路，但这些路宽窄不一，秦始皇就派人将秦国和六国境内的旧路连接起来，加以扩建，取名为驰道，每条驰道都是宽五十步。同时还规定，将马车两个轮子之间的距离统一为六尺，这叫“车同轨”。

交通发达了，诏令可以迅速送达了，但是问题又来了——诏令上的字看不懂！原来，战国时期各国通行的文字都不一样，同一个字可能有七八种写法。秦始皇就下令统一和简化文字，以

秦代量器、衡器

左为青铜方升，是测体积的量器；右为秦始皇二十六年诏书铁权，是称重量的衡器。

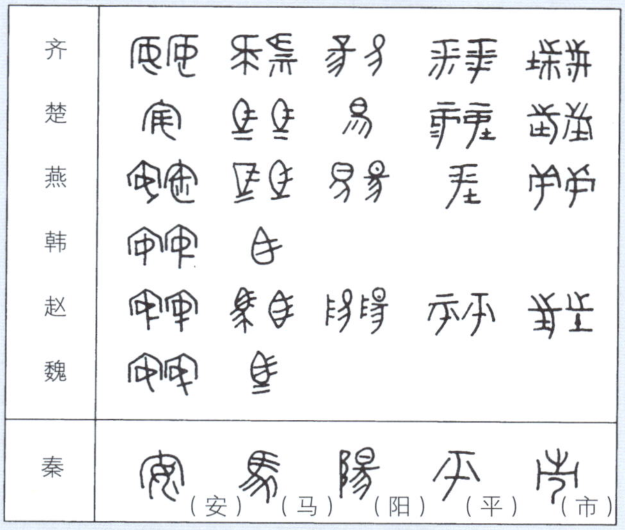

秦统一文字示意图

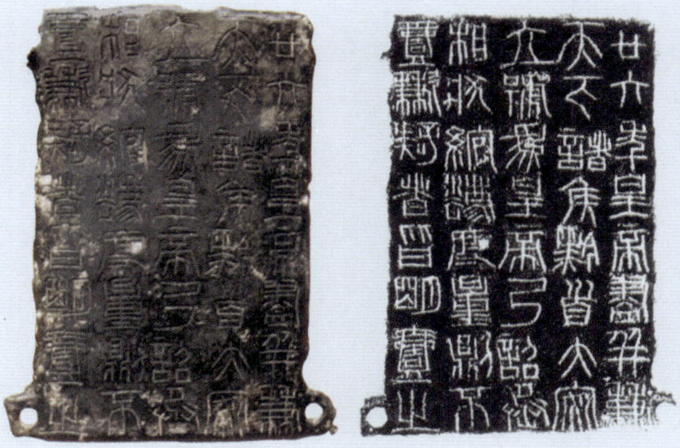

秦始皇二十六年铜诏版与铭文拓本

这块青铜诏版长10.8厘米，宽6.8厘米，厚0.3厘米，重150克，上面的40字铭文，记录了秦始皇以皇帝身份要求全国推行统一的度量衡制度。这段铭文在秦朝的计量工具上都有篆刻。

秦国的小篆字体为准。后来，社会上又流行起一种书写更为简便的隶书。

秦始皇在中央创建皇帝制度，实行三公九卿制，管理国家大事。地方上废除分封制，代以郡县制，同时又统一货币、度量衡，规定“车同轨”“书同文”。此外，他还对外北击匈奴，南征百越，扩大了秦国的疆域；派人修筑了万里长城，还修筑了沟通长江水系和珠江水系的灵渠。

秦始皇雷厉风行的种种措施，把中国推向了大一统时代，他建立的中央集权制度，开创了社会的新局面，对后世产生了极为深远的影响，奠定了我国两千余年政治制度的基本格局。因此，秦始皇被明代思想家李贽誉为“千古一帝”。

（周作明）

灵渠今景

秦始皇南征百越，为解决运输困难，派人开凿了灵渠。灵渠在今广西桂林兴安境内，全长30多千米，是世界上现存最古老的人工运河之一，至今仍具有运输和灌溉功能，1988年被列为全国重点文物保护单位。

花山岩画（局部）

这是战国至东汉时期绘制在崖壁上的图画，主要分布于广西左江及其支流明江两岸，据考证应为骆越（百越的一支）人所作，为全国重点文物保护单位，并被列入《世界遗产名录》。

秦始皇统一六国后，派兵征服百越，设置桂林郡、南海郡、象郡。秦末，赵佗控制三郡，建立南越国。汉初，赵佗受封南越王，对骆越实行“和辑百越”政策，促进了岭南地区各民族的经济文化融合。后来南越国为汉武帝所灭，骆越也跟着统一于汉。东汉以后，骆越逐渐消失。骆越人是今壮族先民之主体，他们创作的花山岩画风格古朴逼真，笔调粗犷有力，对研究壮族古代历史和文化具有重大价值。

出巡天下，扬威宇内

秦始皇缔造的秦帝国是当时世界上的大国之一，东至东海（包括今东海和黄海），西到陇西，北至长城一带，南达南海。为了更有效地控制和管理这广阔的疆域，也为了宣扬自己的威名，秦始皇乘上马车，带上随从，从咸阳出发，开始了声势浩大的出巡，并在所到之处刻石颂功，留下许多遗迹与故事。

条条大路通咸阳

与今天相比，秦代的交通工具十分落后。秦始皇贵为皇帝，顶多也就坐坐马车而已。在这样的条件下，怎样实现全国巡游呢？秦始皇早就想好了办法，那就是建驿站、修驰道。驿站解决了出巡途中的食宿问题，而将六国道路连通建成的驰道，则为出巡提供了便利的交通。

驰道是秦帝国最为气派的“国道”，以国都咸阳为中心，向四面八方延伸开去，一般修建在平坦的地方，道宽五十步，每隔三丈栽一棵树，道两旁用金属锥夯筑厚实，路中间为专供皇帝出巡车行的部分。驰道遍布全国，成为秦国道路网的主干，著名的驰道有上郡道、临晋道、东方道、武关道、西方道等。除了驰道，秦始皇还派大将蒙恬主持开筑了一条直道，从咸阳经云阳（今陕西淳化西北）直抵九原（今内蒙古包头西），全长一千八百里。

就这样，秦始皇以咸阳为中心，建立起了当时世界上最发达的交通网络，既方便了出巡，又促进了各地物资的交流，更为军队物资和人员的快速运输提供了条件。

秦皇古驿道

位于今河北井陉，被列为全国重点文物保护单位。

视察防务，缅怀先祖

统一天下的第二年，秦始皇开始首次出巡，前往西北方向，巡行陇西、北地（今甘肃一带）。他之所以选择这条路线，主要是因为那边有匈奴边患，需要前去视察防务。扫灭六国后，秦始皇本来要趁热打铁，一举收服匈奴，

秦代卷云纹筒瓦

驿站

驿站是古代供传递官府文书和军事情报的人或来往官员途中食宿、换马的场所。商代时，乘马传递信函的通信方式叫“驿”。春秋战国时，通信方式有三种：乘车的“车递”叫“传”，走路的“步递”叫“邮”，乘马的“马递”叫“驿”。后因“车递”费用太高，渐渐不使用，“步递”和“马递”改称为“邮驿”。用于“马递”的道路，就叫“驿道”。

秦代壁画《驷马图》

出土于秦咸阳城3号宫殿遗址，是迄今发现年代最早的宫殿壁画。“驷”在古代指同驾一辆车的四匹马，也指四匹马驾的车。司马迁在《史记》中记载，秦始皇出行时乘坐六匹马驾的车。这幅壁画中描绘的四马驾车，应该是秦始皇出巡时的随行车辆。

但李斯却反对道：“匈奴没有城郭居住，也无堆积的财物可守，如同鸟儿一样到处迁徙，难以控制。如果派兵轻装深入，军粮必定断绝；如果携带粮食进军，物资沉重，不能及时跟上。”所以，秦始皇不得不暂时搁置这一计划，只能先去巡视一番。

其实，秦始皇早就知道粮食供应对于北征匈奴的重要性。一开始，他就在关中建有咸阳仓、栎（yuè）阳仓、霸上仓，在中原建有敖仓、陈留仓、宛仓，但这些粮仓都是国家最危急时刻的战备粮库，非到万不得已之时不会动用。所以，秦始皇又在山东新建了黄仓、琅邪（yá）仓、腄仓，作为北征大军的主要粮食供应地。全国四通八达的道路交通网修好之后，军粮可以很方便地运抵前线，这为后来的北征匈奴提供了必要条件。

首次出巡的路线，还与秦人东进的历史有关。秦始皇从咸阳出发，到今宁夏西部、甘肃东部，经陇西抵达秦人祖先故地天水、礼县，再沿祖先东进路线回辇宝鸡、岐山、凤翔，最终回到咸阳。秦人起源于西方，东进之路漫长而艰难，历经三十四代帝王，长达六百多年。秦始皇重走此路，寄托了对祖先的思念。回到咸阳之后，秦始皇十分高兴，给天下百姓都赐予爵位一级。

泰山封禅

封禅是古代帝王在太平盛世或天降祥瑞之时祭祀天地最盛大的典礼。“封”为祭天，“禅”为祭地。齐、鲁之地的儒士认为，五岳中泰山为“天下第一山”，应到泰山封禅，这正符合秦始皇的心意。而且，前往泰山路经六国之地，可以宣德扬威，使六国旧民臣服。

于是，首次出巡归来后不久，秦始皇开始了第二次出巡，以威风无比的气势，巡视了统一后在六国土地上设置的郡县，特别是六国中最后一个被灭掉的齐国。齐国依山傍海，商业繁荣，经济发达，曾是老牌强国，当时已成为秦帝国征调粮赋的基地。秦始皇在后来的四次东巡中，三次游历齐地，可见他对齐地的重视。

秦始皇带着七十名从齐、鲁之地征召的儒生博士，横穿六国故地，来到了泰山。然而，就在准备行封禅之礼时，儒生博士们议论纷纷，说古代天子封禅时坐的车要用蒲草包裹车轮，以免损伤山上的草木土石，还要把地面扫干净，铺上用草和禾秆编成的席。这些规矩很难施行，秦始皇一怒之下将他们斥退，修整车道，从泰山南面登顶，举行祭天的“封礼”，在山上刻石，歌功颂德。从泰山北面下来时，突然风雨大作，秦始皇在一棵树下避雨，之后赐封那棵树为“五大夫”，接着在梁父（fǔ）山举行祭地的“禅礼”。

东海求仙

统一六国后的秦盛行多神崇拜，人们相信山山水水都有神的存在。燕、齐之地濒临渤海，常有海市蜃楼出现，由此形成了神仙传说，勾勒出一个令人向往的神仙世界。神仙思想对秦始皇产生了很大影响，使他滋生出想要长生不老的强烈欲望，做出了求仙、求不死药的狂热行为。

秦始皇泰山封禅之后，沿着渤海岸往东走，途经黄县、腄县，攀上成山的顶峰，又登上之罘（fú）山，立石碑歌颂秦之功德。然后又往南走，登上了琅邪山，秦始皇十分高兴，在那里停留了三个月，迁来三万户百姓到琅邪台下居住，免除

泰山五大夫松牌楼

秦始皇给树封了“五大夫”爵位，后世讹传为五株，该树后被雷雨所毁。清代时补植五株松树，现存两株。

《遣使求仙》

此图出自清代彩绘本《帝鉴图说》，描绘的是秦始皇派遣方士出海寻仙的场景。

张良画像

了他们十二年的赋税徭役，并且修筑琅邪台，立石刻字，歌颂秦之功德，表达自己的心满意足。

这时，燕、齐当地的神仙方士们都闻风而来。秦始皇在琅邪台刻石之后，齐地的徐市等人上书说："大海之中有蓬莱、方丈、瀛洲三座神山，仙人居住在那里。希望可以斋戒沐浴，带领童男童女前往求仙。"于是，秦始皇派徐市挑选童男童女三千人，到海中寻找仙人。徐市就是后来历史记载中东渡日本的徐福。从此，秦始皇便与徐福等方士们结下了不解之缘，狂热求仙的活动也由此而始。

从琅邪山下来之后，秦始皇的出巡队伍去了今烟台、胶南，沿东海到江苏的海州、徐州，又南下安徽，渡淮河，到河南，南下湖南长沙等地，最后回到了咸阳。

博浪沙遇刺

秦始皇每次出巡都是浩浩荡荡，每到一地都引起人们围观。围观的人群中不仅有后来上演"楚汉之争"的项羽和刘邦，还隐藏着为国寻仇要刺杀秦始皇的六国侠士。秦始皇第三次出巡，东游至阳武县博浪沙（今河南原阳东南）时，遭遇了一场刺杀。组织这场刺杀的人，就是后来助刘邦夺取天下的谋略家张良。

张良出身韩国贵族世家，祖父和父亲都曾担任韩王的宰相。秦灭韩之后，张良散尽家财，寻求刺客暗杀秦王，想要为韩国报仇。功夫不负有心人，张良终于找到一个大力士，并为他打制了一柄重达一百二十斤（相当于今30千克）的铁椎（chuí）。秦始皇出巡至博浪沙时，张良和大力士早就埋伏在一旁，伺机行刺。等出巡的马队走近了，张良示意大力士动手，大力士便将铁椎奋力掷出。但是，这一击并未砸中秦始皇所乘的马车，而是砸中了随行车辆。秦始皇大怒，下令在全国范围内缉捕刺客。于是，张良改名换姓，逃到下邳（治今江苏睢宁北）躲藏起来。

博浪沙虚惊一场之后，秦始皇继续前行。他登上之罘山，刻石立碑，再到东观刻石立碑。这次巡游由于遇到刺客，持续时日不长。前呼后拥的车队前往琅邪，巡游了山东半岛的沿海地区，经由山西返回咸阳。

秦始皇进行大规模的出巡，一方面是为了视察边疆、宣德扬威，另一方面也为了寻找仙人、求长生不老之药。他不惧旅途劳累，不惧生命危险，十二年间先后出巡五次。如此巡游四方的壮举，深深地影响了秦以后中国历代帝王的巡游行为。（周作明）

秦始皇陵1号铜车马

御匈奴，筑长城

秦始皇派大将蒙恬率三十万大军北击匈奴，夺回了河套地区。为了加强北部边防，他又派蒙恬监修长城，征召数十万民夫，一边加固旧长城，一边修建与旧长城相连的新长城，最终修成了举世闻名的万里长城。

向匈奴开战

秦始皇三十二年（前215年），秦始皇开始了第四次出巡。巡至碣石时，他派燕国人卢生求访传说中的仙人，不久之后又派几个方士去寻仙，求不死之药。

秦始皇巡视北方边界之后，由上郡（治今陕西榆林东南）返回京城。这时，之前被派去入海求仙的卢生回来了。可是他并没有找到仙人，而是带来一本书，书中有一句预言：“亡秦者胡也。”“胡”是北方游牧民族的总称，当时主要指匈奴。秦始皇看到这句话，立刻决定北伐匈奴。其实这句预言只是个导火索，秦始皇早就想要对匈奴开战，他第一次出巡就是检查对匈奴的防务。之前李斯反对进攻匈奴，但预言一出，再也没人能动摇秦始皇的决心。

匈奴是我国一个古老的游牧民族，生活在北方，长期以来活动于阴山与贝加尔湖之间的广阔区域，势力强大。战国后期，匈奴利用骑兵行动迅速的优势，经常深入中原，掠夺粮食和其他财物。当时，秦、赵、燕三国都曾受其侵扰。为了保障安全，阻挡匈奴，这三个国家都在与匈奴交界的北边修起了长城。

秦始皇统一六国时，匈奴人乘机南下，占领了河套以南的大片土地，即史书中所说的“河南

将军俑

从装束上可以看出，这是兵马俑阵中的一名高级将领。他身穿双层长衣，外披鱼鳞甲外套，下穿长裤，足穿翘尖履，头戴鹖（hé）冠。双臂弯曲，手下原来应持有一把宝剑，长形脸，有胡须，神态雍容儒雅，好像手握雄兵百万，成败了然于心。

地”。完成统一后的秦始皇忙于构建帝国，无暇北顾。等到时机终于成熟，秦始皇便以预言为由，决心消除匈奴在北方的军事威胁。

秦长城遗址

收复河南地

秦始皇对匈奴作战的筹备很早就开始了。为了塑造一位合格的主将，秦朝建立后，秦始皇便派大将蒙恬率军三十万，驻扎在上郡。这样一方面能够保护关中地区的安全，另一方面也可以让蒙恬熟悉北方地形，了解匈奴军队的特点，积累作战经验。

蒙恬出身名将世家。他的爷爷蒙骜（áo）、父亲蒙武都是英勇善战之人，曾为秦国立下汗马功劳。蒙恬深受家庭环境的熏陶，自幼胸怀大志，立志报效国家。他天资聪颖，熟读兵书，具备较高的军事素养。秦始皇二十六年，蒙恬做了秦国将军，率兵攻打齐国，大败齐军，被拜为内史，也就是京城最高行政长官。

秦始皇三十二年夏秋之际，蒙恬奉命率三十万大军北击匈奴，计划收复河南地，恢复当初赵武灵王所开辟的边界。当时匈奴的主力大部在黄河以北的阴山等地，河南地多为分散的游牧部落，力量相对薄弱。蒙恬率主力自上郡北上，迅速攻占了河套北部地区，另一部秦军也向河套南部地区发起了进攻。在秦军的南北夹击之下，河套地区的匈奴军队纷纷溃败。到了这一年的初冬，河套地区的匈奴部落被全部驱逐，残部向西北方向渡河而逃。

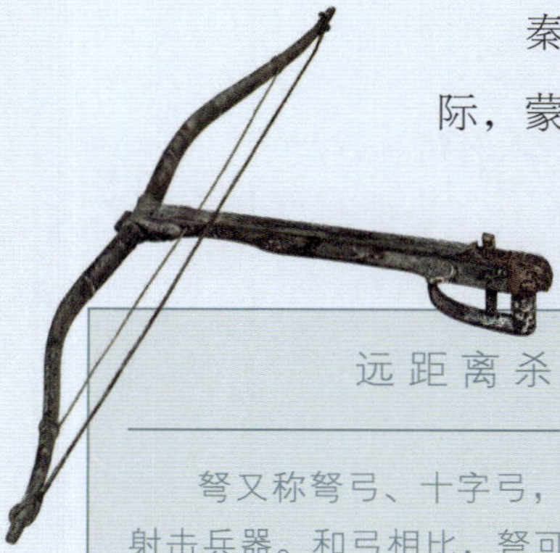
秦代弩箭

远距离杀伤武器

弩又称弩弓、十字弓，是一种从弓演化而成的射击兵器。和弓相比，弩可以射得更远、更准，还可以待机发射，使敌人猝不及防。

春秋战国时期，作战中已使用弩，中国也是世界上最早用弩作战的国家。到了秦代，弩在军事上的应用极为普遍。根据对秦始皇陵兵马俑的考古发掘可以得知，不仅是步兵，当时的骑兵也将弩作为首要作战兵器。

北逐匈奴

秦军收复河南地之后，稍事巩固和休整，在第二年对匈奴发起了新的攻势。蒙恬率主力渡过黄河，攻击高阙与阳山，另一部秦军西渡黄河，进入贺兰山脉。

由于丢掉了河南地，匈奴首领头曼单于（chán yú）心怀不甘，此时正集结兵力，准备南下反扑，结果被再次杀来的秦军打了个措手不及，双方在高阙、阳山、北假一带展开激战。蒙恬所率领的秦军，数量、兵种方面都占据优势，在统一的指挥下，连战连捷，夺取了整个阴山地区和贺兰山生男慎勿举，生女哺用脯。不见长城下，尸骸相支拄。

——秦朝民歌

高地。头曼单于被迫北撤七百余里，退到了阴山以北的漠南一带。就这样，秦朝收复了战国时期被匈奴侵占的全部土地。

匈奴虽然被打败，但其主力并未被消灭，随时可能卷土重来。鉴于匈奴迁徙不定、出没无常，秦始皇命令蒙恬继续率领三十万大军屯戍北方边境，防范匈奴来袭。同时，他还在河南地设立九原郡，在西起榆中、东接阴山的黄河沿岸设立了四十四个县，迁徙罪犯充实这些县。后来，秦始皇又下令将三万户百姓迁徙到九原郡垦田开边，大批移民很快把河南地开发成了富庶的“新秦”。河南地土地肥沃，宜农宜牧，可以让边防军就近补充粮食和兵源，因此成了抗击匈奴的基地。在长期的交往中，不少匈奴人南迁，与秦人和其他民族的人民共同居住生产，促进了民族融合。

修筑长城

相比于中原军队，匈奴的优势在于其骑兵的机动性。因此，战国时期与匈奴交界的秦、赵、燕三国就在北部边境修筑长城作为抵御。秦朝统一后，北方数千里的边界与匈奴、东胡等游牧民族直接接触，无法处处派重兵驻防，因此需要继续修筑长城，来阻滞匈奴骑兵。

于是，蒙恬北逐匈奴之后，又奉秦始皇之命修筑长城。战国时期赵武灵王所筑的阴山南长城被匈奴破坏，蒙恬将这段长城进行了重修，与燕长城连接起来，并将燕长城延伸到鸭绿江以东；秦昭襄王时期修筑的长城，蒙恬对其进行了加固；秦旧长城和赵长城之间的空隙，则由黄河来充当天然的要塞。在将各国的旧长城连成一线的过程中，蒙恬又增筑了许多部分，最终形成了“西起临洮（今甘肃岷县），东至辽东，延袤万余里”的长城，后世习惯称之为“万里长城”。

万里长城可以阻挡匈奴铁骑长驱直入，削弱了北方游牧民族的优势，为秦军面对游牧民族进犯时提供了一道屏障，有效保障了北方边界和人民的生命财产安全。这是一项彪炳史册的伟大工程，被誉为“世界奇迹”。但不可否认的是，这一工程也给民众造成了沉重的负担，因此民间有“孟姜女哭长城”的传说。同时，秦始皇穷奢极欲，大兴土木，征用大量民工修建阿房宫、骊山墓。备受劳役折磨的老百姓敢怒不敢言，暗地里的反抗斗争已经开始酝酿。（周作明）

龙纹空心砖

中国古代有“五德终始说”，秦始皇根据秦文公狩猎时曾获一条黑龙的传说，作为秦得水德的象征。此砖出土于秦咸阳城遗址，砖上的龙纹装饰正是秦朝尚水德的表现。

孟姜女哭长城

相传，秦朝青年范喜良新婚三天就告别妻子孟姜女，被征发修长城，不久饥寒劳累而死，被埋在长城下。孟姜女身穿寒衣，历尽千辛万苦来到长城寻夫，却得到丈夫死亡的噩耗，在长城上痛哭三天三夜，哀恸天地，哭倒万里长城八百里，露出了范喜良的尸骸，孟姜女安葬丈夫后投海而亡。这一传说是对修筑长城残酷劳役的控诉，也歌颂了被奴役者不畏强暴、坚贞不屈的精神。

焚书坑儒

焚书坑儒，指的是焚烧书籍和坑杀儒生，这在历史上是非常罕见和残酷的事件。堪称“千古一帝”的秦始皇，因为做了这两件事，留下了难以洗刷的恶名，暴虐形象深入人心。后世学者认为，焚书坑儒是中国思想文化史上的一场灾难，也是文明史上的一出悲剧。

宴席上的口舌之争

秦始皇统一六国后，在构建新生帝国的过程中，进行了郡县制等一系列新的制度建设，这让习惯于旧制度的人非常不满。他们成天挑刺，说新制度这里不好、那里不好，在政治、思想领域引起了激烈斗争，而且持续了相当长的一段时间。

这场斗争在秦始皇三十四年（前213年）公开爆发。一天，秦始皇在咸阳宫摆设酒席，大宴群臣。七十名博士上前敬酒祝寿，其中，仆射（yè）周青臣说了这样一段话，来称颂秦始皇：

“从前秦国土地不过方圆千里，仰仗陛下圣明，才得以平定天下，驱逐蛮夷，凡是日月照耀到的地方，没有不臣服的。废除诸侯分封，设立郡县，人人安居乐业，没有战争的隐患，功业可以流传千秋万世。陛下威德自古及今无人能比！”

秦始皇听了这番奉承话，十分高兴。但是，博士中有一个人非常不满。他名叫淳于越，满脑子旧思想，认为古代的东西都是好的，当代的东西都不好。所以，当他听到周青臣赞美郡县制、贬低分封制时，便开始大唱反调，向秦始皇进言道：

“我听说，商周称王天下千余年，他们分封子弟、功臣，与国君互相照应。如今陛下拥有天下，却不分封，一旦出现像齐国田常、晋国六卿之类谋篡王位的乱臣，没有辅佐，谁来救援呢？凡事不学习古人而能长久的，我还没有听说过。刚才周青臣当面阿谀奉承，会加重陛下的过失，可见他不是忠臣。”

“博士”的变迁

作为中国古代官名的“博士”，起源于战国时期。秦代及汉初的博士，主要负责掌管书籍典章，通晓古今史事。后来，汉武帝设五经博士，从此“博士”就成为专门传授儒家五部经典（《诗经》《尚书》《礼记》《周易》《春秋》）的学官。

秦咸阳宫1号宫殿模型

咸阳宫是秦朝的政治中心和国家象征，1号宫殿为双层建筑，规模宏大，气势雄伟。

上下五千年

《坑儒焚书》

此图出自清代彩绘本《帝鉴图说》，描绘的是秦始皇坑杀儒生方士、焚烧书籍的场景。

李斯提议焚书

秦始皇听到这里，心里很不高兴，但又不好直说，就叫群臣议论。当初，实行郡县制是时任廷尉的李斯提出的方案，已经实施了七八年，竟然还有人在这样喜庆的宴席上公然反对，可见旧思想的影响有多大！此时已升任丞相的李斯当然坐不住了，他立刻反击，驳斥淳于越：

“五帝治理国家的办法都不一样，夏、商、周也是如此，时代变了，治国的办法自然也会变。现在陛下开创了大业，建立了万世不朽之功，这本来就不是愚蠢的儒生所能理解的。淳于越所说的夏、商、周三代之事，有什么值得取法的呢？”

接着，李斯给儒生扣上一个罪名，说他们诽谤当世，惑乱民心。新制度发布之后，他们妄加评论，说什么当今制度比不上古代，以此来标新立异，自以为很高明，却让听到这些评论的百姓心生疑虑，无所适从。长此以往，皇帝的权威会下降，坏人则勾结在一起。李斯越说越激动，提出了“焚书”的建议：

“史官所收藏的图书，只要不是秦国的典籍，全部烧掉。除博士官署所掌管的之外，天下私人收藏的《诗经》《尚书》和诸子百家著作，全部送到地方官府烧掉。聚在一块儿谈论《诗经》《尚书》的，处死示众。以古代事例来批评秦法令的，满门抄斩。官吏知道而不举报，以同罪论处。命令下达三十天仍不烧书的，就在脸上刺字，罚去做四年修长城的苦工。可以不被烧掉的，只有关于医药、占卜、种植之类的书。如果想学习法令，就以官吏为师。”

这个提议未免过于残酷，不近人情。但李斯认为，这是避免思想混乱、巩固国家统一的有效手段。秦始皇认可了李斯的观点，说道：“那就照这样办吧！”命令发出后，全国各地立刻点燃了焚书之火。很短的时间内，秦代以前无数珍贵的古典文献，都在熊熊烈火中化为灰烬。

秦代青铜龙

方士的谎言

焚书的第二年，又发生了“坑儒”事件。实际上，秦始皇坑杀的不只是儒生，还有方士，方士是古代自称从事求仙、炼丹等活动的人。秦始皇攫取到巨大权力，享受到荣华富贵之后，十分怕死，于是异想天开地要寻求长生不死之药。当时有方士侯生、卢生两人拿着秦始皇给的钱去寻药，他们自然是找不到的，就哄骗秦始皇说：

“我们寻找灵芝、奇药和仙人，一直找不到，好像有什么东西伤害了它们。我们心想，皇上应该秘密出行，以便躲避恶鬼，只有这样，神仙真人才会来到。皇上住的地方如果让臣子们知道，就会妨碍神仙。真人入水不会沾湿，入火不会烧伤，能够乘驾云气遨游，寿命和天地一样久长。现在皇上治理天下，还没能做到清静恬淡。希望您住的宫室不要让别人知道，这样或许能得到不死之药。”

秦始皇信以为真，说：“我羡慕神仙真人，以后我就自称‘真人’，不再称‘朕’了。”然后，他开始隐匿自己的行踪，所到之地如果被人说出去，就判那人死罪。一次，秦始皇到梁山宫，从山上望见丞相的随从车马众多，觉得很不像话。宦官近臣里有人把这件事告诉了丞相，丞相就减少了车马数目。秦始皇知道自己的话被泄露，非常生气。经过审问，没有人认罪，他居然把当时跟随自己的人全部杀掉了。从此以后，极少有人知道秦始皇的行踪。

《泗水捞鼎》画像石拓片

传说秦始皇东巡后返回咸阳，路过彭城的泗水，见到水中露出一件周代铜鼎，于是命随从下水捞鼎。快要捞上来时，鼎内一龙头伸出，咬断了系鼎的绳索，鼎沉入水下，再也无法找到。图为汉画像石中描绘的这一故事。

竹帛烟销帝业虚，关河空锁祖龙居。
坑灰未冷山东乱，刘项原来不读书。
——［唐］章碣《焚书坑》

皇帝的怒火

天下根本没有长生不老药，所以就算秦始皇按照侯生、卢生所说的去做，也不可能找到。这两个方士害怕自己的谎言总有一天会被揭穿，就在一起偷偷商量：

“秦始皇为人刚愎自用，自以为是，认为从古到今没有人比得上他。他喜欢用刑罚杀戮来树立威严，天下人害怕获罪，都不敢说真话。他颁布法律，规定方士之术不灵就要被处死。虽然他手下有诸多才华出众之人，但都不敢当面指出他的错处。天下之事，无论大小都由他决断，甚至用秤来称量所要批阅的文书，不到一定数额不能休息。贪恋权势到如此地步，咱们还是不要为他找仙药了。”

于是，这两人脚底抹油，跑了。而他俩对秦始皇表示不满的种种言论，经过各种途径传播开来。秦始皇听说此事，十分恼怒，骂道：“我之前收缴了天下无用之书，全都烧掉。然后征召了大批擅长文章、方术之士，想用他们振兴太平盛世，这些方士想通过炼丹寻得不死仙药。现在听说他们要么一去不回，要么花费的钱数以万计，最终也没找到仙药。我尊重侯生、卢生，赏赐十分优厚，如今他们竟然说我的坏话。在咸阳的一些儒生，我派人去查问过，其中也有人在妖言惑众，扰乱民心。”

秦始皇咽不下这口气，就下了道命令，派御史前去详查此事。那些儒生和方士被抓了起来，因为受不住酷刑而互相告发，最后被定罪的共有四百六十多人。秦始皇盛怒之下，下令将这些人全部活埋了。这就是发生在秦始皇三十五年的“坑儒”事件。

当时，秦始皇的长子扶苏不赞同坑儒之举，多次劝谏父亲，说如今天下初定，采用这样严厉的刑罚，恐怕会造成动乱。秦始皇正在气头上，哪能听得进去？他干脆把扶苏赶出咸阳，派到北方的上郡，监视蒙恬部队的军务。

焚书，导致大量珍贵的古代典籍被烧毁；坑儒，是一场对不同意见者的残酷屠杀。秦始皇这样做，固然是为了统一思想，压制反对中央集权制的思想和言论，但实在过于残暴。焚书坑儒使得春秋以来那种自由思索的蓬勃精神遭到致命打击，严重摧残了思想文化的发展，因此被后世天下学人唾骂了两千多年。（周作明）

秦代嵌眼纹玻璃鎏金神兽形青铜饰件

玻璃是现代生活中常见的材料，但历史上曾非常昂贵，在很长一段时间里，其价值堪比黄金、宝石。此文物一组两件，通体鎏金，原镶嵌有眼纹玻璃珠饰，现部分脱落。

秦坑儒谷

秦坑儒谷位于陕西西安临潼区洪庆堡村，相传当年秦始皇派人用骊山温泉浇灌此地，在冬天种出瓜来，召天下儒生来讨论为何夏瓜冬熟。正当儒生们百思不得其解时，秦始皇命人启动机关，儒生们掉入坑中，全被活埋。汉代在这里建“愍儒乡”，以表对儒生的怜悯。唐玄宗又改为“旌儒乡”，以示对儒生的表彰。

固阳秦长城遗址

位于内蒙古固阳北部，长约120千米，多半修筑在山峦北坡，依山就险，因坡取势，山谷隘口及平川地带的城墙多用夯土筑成，山地则多用石砌或土石混筑。如今残存城墙一般高0.3 ~ 6米，宽2 ~ 5米，沿线设有烽燧和障城。1996年被列为全国重点文物保护单位。秦长城以石筑见称，气势雄伟壮观，为汉代所沿用。

沙丘政变

谁也料不到，秦始皇竟然会在出巡途中，以一种极不体面的方式离开人世，一场阴谋政变随之展开。威震天下的秦帝国，未能如秦始皇所愿流传万世，而是由此迅速走向了灭亡。

巡游途中得重病

秦始皇统一天下之后，经常带领百官仆从大规模巡游，每到一个地方，就让大臣们写文章，再命工匠刻在石碑上，为自己歌功颂德。然而，当时的底层百姓深受暴政折磨，根本不吃秦始皇这一套。

秦始皇三十六年（前211年），一块陨石落到东郡，有人在上面刻了句话："始皇帝死而地分。"意思是说，秦始皇快死了，天下将要分裂。秦始皇派御史审了一圈，找不到刻字的人，居然把住在陨石周围的人全杀了。

这年秋天，秦使者遇到一个奇人，那人告诉他："今年祖龙（指秦始皇）死。"秦始皇听说此事后，气得半死，却又感到深深的恐惧。他担心预言成真，便赶紧找人算卦，想找个避祸的法子。

秦皇歇灵台

河北井陉的秦皇古驿道上，有一处名为"歇灵台"的平整石台，相传载有秦始皇遗体的辒辌车曾在这里停留。

卦象显示，外出巡游、迁徙人口就会逢凶化吉。于是，他赶紧下令迁徙了三万户居民，然后开始准备自己的第五次巡游。

秦始皇三十七年十月，巡游浩浩荡荡地启程了。陪同秦始皇的有左丞相李斯、小儿子胡亥、中车府令兼符玺令赵高等人。走着走着，秦始皇生了重病。七月，秦始皇到了沙丘（今河北广宗大平台、前后平台一带），病情越来越重，他知道自己命不久矣，就拟了一道诏书，准备发给正在上郡监军的长子扶苏，让扶苏赶紧回咸阳，参加自己的葬礼。

秦始皇万万没想到，这道十万火急的遗诏居然被赵高暗中扣下，一个天大的阴谋，正在赵高脑中酝酿成形……

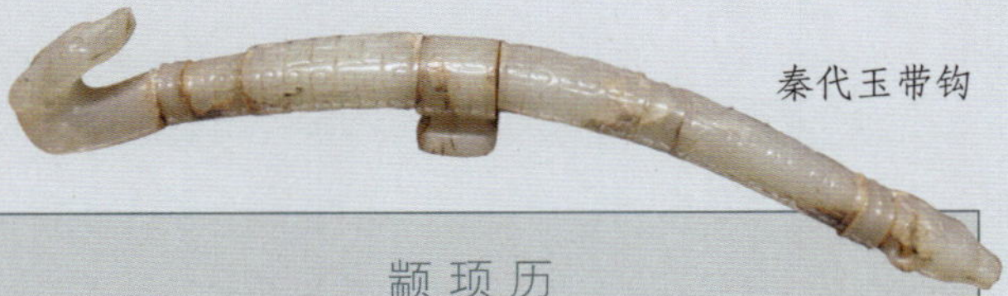

秦代玉带钩

颛顼历

中国最早的历法是战国古六历，即黄帝历、颛顼（zhuān xū）历、夏历、殷历、周历、鲁历，分别制定于战国时期和秦代。其中，颛顼历是秦统一后颁行全国的第一种历法，是一种阴阳历，以十月为岁首，以立春为一年节气的计算起点。

皇帝驾崩不发丧

赵高这个人，挺不简单。他本为赵国人，出身卑微，父亲因犯罪被处宫刑，母亲也被处刑致残，沦为秦宫奴婢，所生儿子都被处以宫刑，世世卑贱。然而，赵高是嬴姓，算起来还是秦始皇的“远房亲戚”，就凭这一点，赵高在秦宫中似乎享有某些特别的优待。他有点小聪明，懂得学习，喜欢大篆，练得一手好字，曾整理史籀（zhòu）大篆，编写了朝廷用于标准秦小篆学习的《爰历篇》，还懂得治罪条例。秦始皇赏识他，提拔他做官，还让他教小儿子胡亥学习文字、法律。

此时，秦始皇让赵高将遗诏火速发出，但赵高心里却有自己的打算：“如果扶苏回到咸阳，继承皇位的必然是他。还不如伪造遗诏，立胡亥为皇帝，这样对自己更有利。”

就在大家商量派谁去送遗诏时，秦始皇驾崩了。皇帝死在宫外，李斯害怕诸公子及天下人知道后会作乱，于是封锁消息，秘不发丧。秦始皇的尸体被安放在辒辌（wēn liáng）车中，由一个亲信宦官陪乘，紧闭车门，拉上窗帘，外面的人什么也看不见。每天仍然按时进献食物，百官奏事也一如往常，那个宦官就在车中批准所奏之事。巡游的一行人匆匆忙忙往咸阳赶，但只有胡亥、李斯、赵高和五六个亲信宦官知道秦始皇已经去世。

这样的情况给了赵高暗箱操作的空间，他立刻开始实施自己的计划，第一步就是要先说服胡亥。

辒辌车原型：秦始皇陵2号铜车马

辒辌车为当时皇家高级用车，拥有双层推拉式设计的车窗，外面一层车窗的窗板上遍布微小孔洞，内层车窗则能开闭自如，调控车内温度，故名辒辌车（温凉车）。车内陈设精美，铺满软垫，可坐可卧，非常舒适。后来也用作丧车。

扣押遗诏来策反

赵高带着秦始皇赐给扶苏的诏书，对胡亥说：“皇帝去世了，没有诏书封诸子为王，只赐给长子扶苏一道诏书。扶苏回到咸阳之后，就能登位当上皇帝，而你却没有一点儿封地，这该怎么办呢?”

胡亥似乎不懂赵高的意思，满不在乎地说：“本来就该如此啊。父亲临终前既然没有封其他儿子为王，那还有什么可说的呢?”

赵高把话挑明了：“并非如此。当今天下大权，就掌握在你、我和李斯的手里，希望你好好考虑。”他的意思是，如今大多数人都不知道秦始皇已死，而自己又掌管着皇帝的印玺，所以只要得到李斯的协助，就可以假造遗诏，将原本属于扶苏的皇位抢过来给胡亥。

胡亥一开始有点犹豫，觉得这是大逆不道之举，但赵高却说：“办大事不能拘于小节，关键时刻犹豫不决，将来一定后悔。”就这样，胡亥的野心被唤醒，听从了赵高的建议。

于是，赵高马上动身去找李斯，对他说：“皇帝赐给扶苏的诏书和符玺，如今都在胡亥手里。立谁为太子，由你我说了算。你看这事该怎么办?”

李斯大吃一惊，严厉斥责说：“你怎么能说这种亡国的话！这不是臣下应当议论的事！”赵高却一点儿也不退缩，反问道：“你和蒙恬相比，谁的能力更强？谁的功劳更高？谁更有谋略？天下百姓更拥戴谁？谁与扶苏的关系更好?”

李斯心里清楚，自己在这些方面都比不过蒙恬。赵高便添油加醋地说，如果扶苏做了皇帝，肯定会任用蒙恬为丞相，到时候李斯的地位就保不住了；而胡亥一直受赵高教导，为人慈悲仁爱，诚实厚道，如果他做皇帝，李斯就能继续当丞相。

赵高用自己的三寸不烂之舌，对李斯展开了猛烈攻势，咄咄逼人，把各种威胁、利诱的话都甩了出来。李斯实在是招架不住，最后仰天长叹，挥泪叹息道：“唉！遭逢乱世，既然不能以死尽忠，还能去哪里托付我的身家性命呢！”就这样，他也听从了赵高的安排。

跪射俑

出土于秦始皇陵兵马俑2号坑，身穿战袍，外披铠甲，头顶左侧挽一发髻，左腿蹲曲，右膝着地，上身微侧转向左，双手在身体右侧作握弓状，真实再现了秦军作战的情景。跪射俑出土时非常完整，铠甲上残留有彩绘涂层。在今天的中国政区图上，陕西省的轮廓就像一个跪射俑。

秦始皇颁发的兵符

阳陵虎符用青铜铸成卧虎状，可中分为二，虎的左、右颈背各有相同的错金篆书铭文12字：“甲兵之符，右在皇帝，左在阳陵。”称国君为“皇帝”，说明此符是秦始皇统一中国后颁发给阳陵守将使用的兵符，阳陵在今陕西咸阳东。同时，铭文反映出秦以“右”为尊，对研究中国古代军事具有重要意义。由于年代久远，阳陵虎符对合处已经锈死，无法分开。

阳陵虎符

谋害扶苏夺皇位

于是，赵高与胡亥、李斯合谋，诈称接受了秦始皇给丞相的诏令，改立胡亥为太子。又伪造一份诏书，以秦始皇的语气指责道：“扶苏与蒙恬驻守边境多年，不仅没有立下功绩，反而屡次上书诽谤我。扶苏作为儿子是不孝，蒙恬作为臣子是不忠，赐剑让他们自杀吧！”这份诏书被盖上皇帝玺印，封好后由使者送往上郡。

扶苏从使者那里接到假诏书，心里难过极了，不由得哭了起来。他准备按照父亲的吩咐自杀，蒙恬却拦住了他，劝说道：“皇帝陛下在外地，未立太子，派微臣率领三十万大军防守边疆，又派您监军，这是天下之重任啊。现在随便派一个使者来让您自杀，如何知道不是有诈？我们应该上书请示，证实之后再自杀也不迟啊。”这时，使者在旁边再三催促。扶苏为人仁厚，哪能想到有人要害自己？他对蒙恬说：“父亲要赐死儿子，还能上哪儿去请示呢？”于是就自杀了。蒙恬不愿自杀，被解除了兵权，关押起来。

赵高计谋得逞，接下来就是要让胡亥赶快回咸阳继承皇位。由于气候炎热，秦始皇的尸体已经开始腐烂，一阵阵恶臭从车中传出。赵高命人买来大批鲍鱼放入车中，掩盖臭味。他们一行人浩浩荡荡回到咸阳之后，发丧公告天下，为秦始皇举行了隆重的葬礼。太子胡亥继位称帝，为秦二世。赵高被封为郎中令，成了胡亥最亲信的决策者。（周作明）

《始皇崩沙丘》

此图出自元刻本《秦并六国平话》，描绘的是秦始皇帝病死于沙丘，被藏在车中的场景。

描绘徐福东渡的日本浮世绘

秦始皇为求长生，两次派徐福出海，耗费甚巨。徐福第一次出海一无所获，第二次出海一去不返，秦始皇求长生的愿望最终只能化为泡影。传说徐福东渡到达日本，日本古籍中有提到秦人移民日本的记载，徐福还被日本人尊为司农耕、医药之神。

赵高指鹿为马

鹿就是鹿，马就是马，然而，升任中丞相的赵高，竟然在秦二世面前“指鹿为马”，还害死了所有敢说真话的人。赵高如此的淫威和专权，直接导致了秦朝社会的混乱和秦帝国的灭亡。

暴虐愚昧秦二世

经过沙丘政变，秦始皇最小的儿子胡亥以假遗诏登基继位。他心里很清楚，自己做皇帝名不正言不顺，害怕伪造遗诏之事有朝一日会暴露。于是，他暗地里问赵高：“大臣们不顺服，官吏还很强势，各位公子要跟我争权，该怎么办呢？”赵高给出的方案简单而狠毒——把对皇帝不满的人全部除掉。秦二世是靠赵高坐上的皇位，自然对赵高言听计从，于是他大开杀戒，把认为有威胁和对自己不满意的人都抓起来，制造罪名互相株连，连近侍小臣都不放过。

经过修复的兵马俑头盔

这场风波中，曾为秦立下大功的蒙恬和弟弟蒙毅被害。秦二世对自己的兄弟姐妹们也痛下杀手，将秦始皇其余的子女屠杀殆尽。如此残害大臣和手足的行为，令皇族为之震惊，百姓为之恐惧。大臣们一旦进谏就被认为是诽谤，为保住官位和性命，只能屈从讨好。

在治国能力方面，秦二世跟秦始皇相比差得太远，但在穷奢极欲这方面，他倒是很有其父风范——先是效仿秦始皇出巡，刻石立碑，宣威天下；回来后就恢复了阿房宫的修建，还征召五万士卒守卫京城咸阳；为了饲养供宫廷玩赏的各种动物，向各郡县征调粮食和饲料，规定运粮草的人必须自己带粮食，禁止在路上吃咸阳周围三百里以内的粮食。

老百姓的负担越来越重，民怨沸腾，激起了陈胜、吴广领导的大泽乡起义，全国的反秦浪潮逐渐形成。但是，愚昧的秦二世不相信会出现社会动乱，只喜欢听天下太平的好话，上报真实情况的官员反而要被处罚。这样一来，还有谁愿意说真话呢？这延误了秦帝国自醒、自救的机会，使其陷入不可挽救的灭亡深渊。

左家公山毛笔

出土于湖南长沙左家公山的一座战国古墓，是目前我国发现的年代最早的毛笔实物。

蒙恬造笔的传说

相传，秦朝名将蒙恬剪下兔子尾巴上的毛，用石灰水浸泡后，插在竹管上，由此发明了毛笔。也有传说称他曾在善琏（今浙江湖州南浔区）取羊毫制笔，被奉为“笔祖”。当地人为了纪念他，在村西建蒙公祠，将绕村而过的小河取名为“蒙溪”。后来，善琏因产湖笔而闻名，被誉为“中国湖笔之都”。

事实上，毛笔在蒙恬之前早就有了。半坡遗址出土的彩陶、殷墟出土的甲骨文上，都有毛笔书写的痕迹。蒙恬应该是毛笔制作工艺的改良者，而非发明者。

李斯之死

秦二世贪图享乐，愚昧无知，他非常信任赵高，经常居住在深宫之内，不再上朝，只跟赵高决断各种事情，别的大臣很难见到他。而赵高则野心勃勃，把年轻的秦二世当成了扩张自己权势的工具。他们俩臭味相投，把国家搞得一团糟，这让李斯看不下去了。李斯想找机会劝谏秦二世，这正中赵高的下怀。

原来，赵高一直忌惮李斯，因为他在沙丘政变中曾与李斯合谋，担心此事一旦败露，将给自己带来灭顶之灾。而且，李斯对于大权在握的赵高也十分不满。所以，赵高一直想找机会除掉李斯。当看到李斯为了国家而忧心时，赵高心生毒计，跑过去找到李斯，假惺惺地说，一旦秦二世有空闲，就通知李斯前去进谏。于是，赵高屡次在秦二世与美女玩乐的时候通知李斯前来，搞得秦二世大为光火，把李斯关进了监狱。然后，赵高又诬告李斯意欲谋反，秦二世便将此案交给赵高办理。

这么一来，李斯哪还能有活路？秦二世二年（前208年）七月，李斯被定下

[清]袁耀《阿房宫图》(局部)

阿房宫始建于秦始皇三十五年（前212年），秦始皇在位时仅修建了前殿。秦二世时继续修建，工程未完而秦亡，遗址位于陕西西安阿房村（俗名郿邬岭）。现尚存高大的夯土台基，高约7米，东西广约1000米。1961年，阿房宫遗址被公布为全国重点文物保护单位。

诛灭三族之罪，被判在咸阳街市腰斩。那天，李斯走出牢房，与他的二儿子一起被押赴刑场。他回头对二儿子说："我想和你再牵着黄狗，一同出上蔡东门去逐猎野兔，这样的日子还可能有吗？"两人相对而哭，随后被杀。李斯的父族、母族和妻族也全被诛杀。

吾欲与若复牵黄犬，俱出上蔡东门逐狡兔，岂可得乎？

——［秦］李斯

颠倒黑白，铲除异己

李斯死后，秦二世拜赵高为中丞相，事无大小都听赵高的。赵高自知权重，意欲谋乱，但又害怕群臣不听从自己，于是设下"指鹿为马"之局来试探。

秦二世三年八月的一天，赵高将一头鹿献给秦二世，说："臣进献一马，供陛下赏玩。"秦二世虽然糊涂，但鹿和马总归分得清，失声笑道："丞相错了，这明明是头鹿，怎么说是马呢？"赵高一本正经地说："真的是马。陛下如果不信，可以问

问诸位大臣。”

于是秦二世询问左右大臣。有的大臣为了讨好赵高，昧着良心说这就是马；有的大臣搞不清楚状况，沉默不语；也有比较正直的大臣，坚持说实话，认为这是鹿。秦二世见众口不一，吃了一惊，以为是自己冲撞了神灵，受了蛊惑，连马和鹿都分不清了。于是，他命令负责占卜国家吉凶的官员算卦，得到了这样的回答：“陛下在祭祀的时候，供奉宗庙鬼神，斋戒不够虔诚，所以产生这种情况。可以效仿前代圣贤之君，进行虔诚的斋戒。”

秦二世信以为真，立刻去上林苑进行斋戒。而赵高则开始对那些敢于说真话的大臣下手，给他们罗织罪名，一一杀死。从此以后，朝廷里的大小官员都畏惧赵高，不敢忤逆他。人们从这个故事中提炼出成语“指鹿为马”，用来比喻颠倒黑白，混淆是非。

如果说赵高是奸臣，那么选择听信赵高的秦二世就是暴君。在他们的统治下，秦帝国摇摇欲坠，反秦起义军以燎原之势席卷全国。而此时大权在握的赵高，还做着取代秦二世登基称帝的春秋大梦呢！（周作明）

泰山刻石

秦始皇推行“书同文”政策，用小篆统一了字形各异的六国文字，这是中国历史上汉字的首次全国性大统一。东汉许慎撰写的中国第一部字典《说文解字》中收录的字,都是用小篆书写的。我们今天看到的秦代小篆实物主要是刻石,其中泰山刻石就是李斯用小篆亲笔书写的代表作之一。

传世拓本

泰山刻石，又名封泰山碑，是泰山上最早的刻石。该石四面环刻，由前后两部分组成，其中前一部分占三面，刻于秦始皇二十八年（前219年）东巡泰山时，内容是秦始皇的诏书，共144字。剩下的一面，也就是背面，刻于秦二世元年（前209年），内容是秦二世的诏书和从臣的名字，共78字。四面共有222字，均为丞相李斯用小篆书写。

或许是因为泰山刻石原在岱顶玉女池旁，一般人难以到达，也或许是因为宋代之前的墨拓技术不够成熟，自刻石后的1000多年间，文献中没有关于泰山刻石的任何记载。到了北宋时期，墨拓泰山刻石的记载才零星出现。大中祥符元年（1008年），宋真宗登封泰山时，兖州太守曾献出40余字的《泰山刻石》摹本。庆历年间（1041—1048），大臣宋庠（xiáng）被贬在郓州做官，曾派人摹刻48字本。政和三年（1113年）、政和四年，刘跂在两次登泰山的过程中，发现并认真研究了泰山刻石。刘跂是元丰二年（1079年）进士，曾做过亳州教授，后来又做

传统石刻拓印技术

拓本，是用纸覆在石碑或金石等器物表面，用墨锤拓出其文字或图案而得的印刷品。墨色深黑有光的叫乌金拓，淡而匀净的叫蝉衣拓，用红颜色锤拓的叫朱拓。从拓本包含的种类来说，只有一种字帖的叫单帖，包含多人或多种字帖的叫丛帖，也叫丛刻或套帖。中国历史上最有名的丛帖是北宋淳化三年（992年）的《淳化阁帖》。

曹州教授，晚年隐居东平。他两次登泰山就是在晚年隐居之时。那么，历经千余年后，泰山刻石上的文字是否还完好如初呢?

刘跂看到的泰山刻石，可以释读的只剩146字，其他76字已被风雨剥蚀。刘跂把那146字通过墨拓的方式复制下来，成为保存泰山刻石的珍贵资料。他发现刻石上除了秦始皇刻辞，还有秦二世刻辞，于是在《泰山秦篆谱序》中做了详尽记载。直到元世祖至元年间（1264—1294），行台侍御史李处巽（xùn）才将刘跂的拓本摹刻在建邺郡庠（府学）的石头上。

传世最早的泰山刻石拓本，是被宋人摹刻于丛帖中的残本。最著名的拓本是明代收藏家安国所藏北宋165字本和53字本，这两种拓本均于20世纪30年代流入日本。其中的165字拓本，比刘跂释读的146字本多出19个字。

残损的原石

以上说的是拓本的情况，至于原石，情况糟糕得多。明代时，有个姓许的人将此石从玉女池旁移置泰山碧霞祠中，当时仅存秦二世诏书4行29字，即“臣斯臣去疾御史夫臣昧死言臣请具刻诏书金石刻因明白矣臣昧死请”。到了清乾隆五年（1740年），碧霞祠毁于火灾，刻石残石随之失踪。

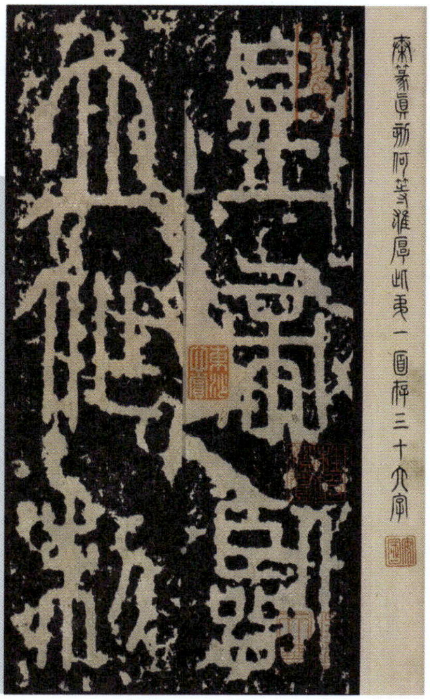

左图：“泰山十字”与跋记

右图：泰山刻石安国北宋拓本（局部）

嘉庆二十年（1815年），诗人蒋因培与同乡柴兰皋在玉女池中搜到了2块残石，石上尚存10字，于是他们把残碑嵌在岱顶东岳庙壁上。道光十二年（1832年），东岳庙墙坍塌，泰安知县徐宗干命令属下在瓦砾中寻找残石，找到后将残石移至山下，嵌置在岱庙碑墙内，并写跋文记其经过。

光绪十六年（1890年），泰山刻石被盗，知县毛征派人搜索10天后，终于在城北门桥下找到，后重置于岱庙院内。宣统二年（1910年），知县俞庆澜为防刻石遭风雨剥蚀，在岱庙环咏亭建造了一所石屋，将秦泰山刻石及徐宗干的跋和自己写的序共三石嵌于石屋内，周围加铁栅栏保护。1928年，残存的泰山刻石被迁到岱庙东御座内，人们修筑了一座碑龛，将以上三石垒砌在碑龛中。中华人民共和国成立后，碑龛的正面镶装了玻璃加以保护。

经过2000多年的风雨剥蚀，泰山刻石只剩下秦二世诏书中的10个残字——“斯臣去疾昧死臣请矣臣”，又称“泰山十字”。其中“臣去疾臣请矣臣”七字完整，“斯昧死”三字残损不全。如今，泰山刻石被列为国家一级文物。

琅邪台刻石

为秦始皇第二次巡游登临琅邪山时所刻，刻辞颂扬了他统一中国的功绩。刻石书体为秦小篆，相传为李斯所书。原本在山崖上，清代被人凿下保存，原石残存13行87字。

传国伟宝，百代法式

泰山刻石历经沧桑，若无拓本流传，我们很难想见其风貌。历朝历代对它的保护与抢救，也反映出国人对历史文物的珍视。人们为什么如此珍视这些石头上的文字呢？主要有两个原因：一是泰山刻石是最原始的秦史实物史料，二是它呈现了李斯精湛的书法艺术。

汉字经历了从甲骨文、西周金文、秦小篆、隶书到楷书的漫长演变过程，其中流传至今最少的就是秦小篆。如果少了这个时期的实物，中国文字演变链条上就少了一个至关重要的环节。小篆是经官方统一过的文字，是“书同文”的产物，具有标准化和规范性的特点，这也是《说文解字》中的字例均用小篆的原因。

李斯不但是秦小篆的主要整理者，也是文献记载中最早的书法家和小篆书法的鼻祖，因此，也有直接称秦小篆为“斯篆”的。秦始皇推行“书同文”政策，正是通过采用李斯、赵高和胡毋敬三人用小篆体编写的三种“教材”(《仓颉篇》《爰历篇》《博学篇》)，才得以迅速实现。小篆的书写速度很慢，效率低，所以即便是在秦朝，也只是用于一些重要场合。为秦始皇歌功颂德的秦刻石，当然是重要场合之一。

秦小篆产生之后，历经汉魏晋南北朝至隋，一直没有出现以其闻名的书法大家。直至唐代才出现了一名与李斯同姓的人，叫李阳冰，他是大诗人李白的族叔。可以说，李阳冰是小篆产生近千年后的复兴者，他也曾自豪地说：“斯翁之后，直至小生。”（杨加深）

秦代各种刻石

秦始皇统一六国后曾五次巡行天下郡县，其中有四次命丞相李斯跟随。李斯为秦始皇撰文歌功颂德，亲自用小篆书写并命人刻石，以传后世。秦始皇出巡期间的所有刻石，如峄（yì）山刻石、泰山刻石、琅邪台刻石、之罘刻石、东观刻石、碣石刻石、会稽刻石等，均出自李斯之手。可惜这些精美的刻石大多湮没无存，今天仍可以看到的实物，只有琅邪台刻石和泰山刻石的残石。

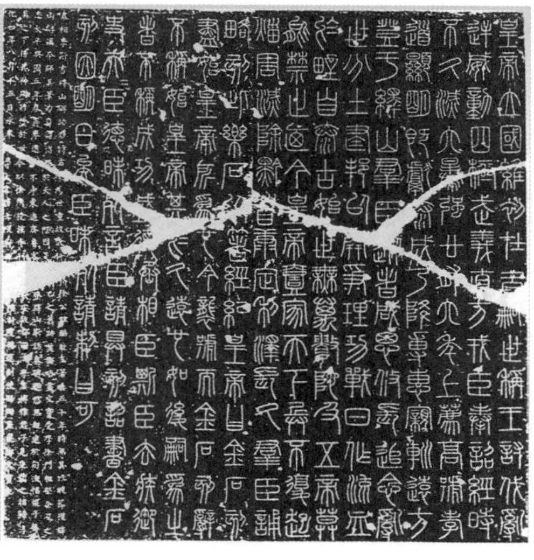

峄山刻石拓本（局部）

《阿房宫图》（局部）

唐代诗人杜牧在《阿房宫赋》中写道："（阿房宫）覆压三百余里，隔离天日。骊山北构而西折，直走咸阳。二川溶溶，流入宫墙。五步一楼，十步一阁，廊腰缦回，檐牙高啄，各抱地势，钩心斗角。"将阿房宫之恢宏壮观，描写得形象具体。许多画家也纵情想象，用丹青妙笔描绘阿房宫，相传此图为唐代著名诗人、画家王维所绘。

睡虎地秦墓竹简

1975年，考古工作者在湖北云梦城西的睡虎地秦墓发现了许多从战国时期秦国到秦始皇时期的竹简，其中影响最大的是11号墓和4号墓出土的竹简。通过阅读这些2000多年前竹简上的文字，我们可以感受到当时秦人生活的一些片段。

摆满竹简的11号墓

1975—1978年，考古工作者在湖北云梦城西的睡虎地陆续发掘出47座秦墓，这些秦墓的时间跨度从战国时期的秦国，延续到秦始皇统一六国之后建立的秦朝。1975年12月发掘的11号墓中出土了1100余枚用“秦隶”书写的竹简及一些残片，还有毛笔、砚和墨块等文房用具。根据出土地点，这批竹简被命名为“睡虎地秦墓竹简”，简称“睡虎地秦简”或“云梦秦简”。

墓里没有发现值钱的物件，但这些竹简却比一般的宝物更加珍贵，它们被分门别类、井然有序地摆放在墓主人周围。其中有些竹简在出土时还能看到标题，但绝大部分竹简的标题已经看不到了。根据竹简摆放的位置和文字内容，学者们将其分成十部分，分别是《编年记》《语书》《秦律十八种》《效律》《秦律杂抄》《法律答问》《封诊式》《为吏之道》，以及《日书》甲、乙二种。

《编年记》放在墓主人的头下，说明它对墓主人非常重要。这卷竹简记载了从秦昭襄王元年（前306年）到秦始皇三十年（前217年）间的大事，以及墓主人的生平。墓主人的名字叫“喜”，他生于秦昭襄王四十五年，十八岁担任“史”（从事文书事务的小吏），此后一直做与刑法有关的低级官吏。他一生三次

汉字形体的演变

汉字形体在历史上经历了两次大的演变。第一次是“隶变”，即由篆书向隶书演变，大约发生在秦汉时期；第二次叫“楷变”，即由隶书向楷书演变，大约发生在汉末至魏晋初期。

隶变是个漫长的过程，分为两个阶段——还带有篆书某些特征的秦代隶书叫古隶或秦隶，汉代成熟的隶书叫今隶或汉隶。隶变是古今文字的分水岭，隶书出现之后，汉字几乎完全摆脱了原来的象形特征，转向符号化。

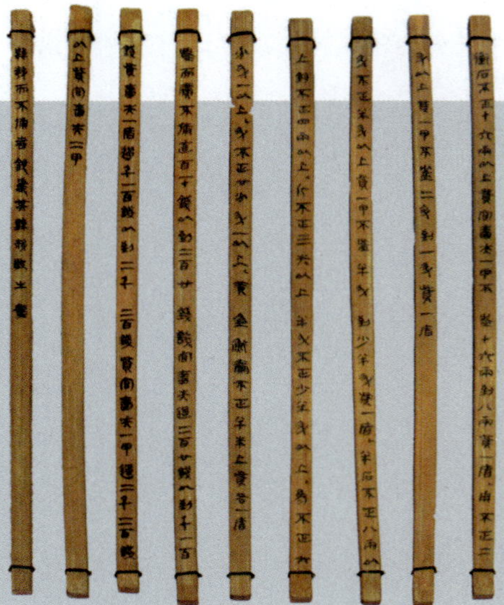

《效律》部分条文

从军，到过几个郡县，亲历了从嬴政亲政到统一六国的历史过程。睡虎地11号墓竹简中的法条，主要是喜生前抄录的常用法律条文和相关专业知识。

小法官摘录大秦律

除了《编年记》，睡虎地秦简的其余几种主要是秦代的行政文书、法律制度和占卜时日吉凶的书籍等。其中，《语书》是秦王政二十年（前227年）南郡郡守腾颁发给下属县、道的一篇文告。《秦律十八种》是律文摘录，包括《田律》《工人程》《徭律》等十八种具体的法律条文。《效律》是核验账目、物资和度量衡等的法律规定。《秦律杂抄》摘录了很多单行法规的条文，其中与军事相关的律文较多。《法律答问》摘录的是秦官方对刑法有关条款的解释和说明。《封诊式》内容是秦司法机构对官吏审理案件的要求和处理案件文书的程式。《为吏之道》记录了处世做官的规矩。《日书》则是一种占卜时日吉凶的数术书籍。

竹简上记录的法律条文并不是秦代法律的全部内容，而是墓主人根据自己工作需要做的摘抄，但也大致反映了秦代法律的成熟与细致，其中有些条文内容在世界法律史上也是领先的。例如，《封诊式》中的《贼死》《经死》《穴盗》《出子》四份文件，是我国迄今发现最早的刑事勘查记录；竹简上记载的检验死者的方法和相关规定，是迄今发现世界上最早的法医记录；《田律》中保护环境的规定，是世界上最早的相关法律条文。今天法律中的许多理念，如自首减罪、自查减罪、正当防卫、保护罪犯人权等，在秦律中也已经有了详细的体现。

秦代强调以法家治国，秦律处处体现出暴政和冷酷，但残酷的死刑和肉刑会对社会劳动力造成巨大破

《秦律十八种》部分竹简

坏，所以并不常用。睡虎地秦简中记载的死刑只有五起，当时使用最多的刑罚是带有经济惩罚性质的“赀（zī）罪”，也就是罚款，或相当于罚款形式的惩罚，受罚者可以通过缴纳战甲、盾牌、钱财等物品抵罪，也可以通过服徭役、守边疆抵罪。

秦律虽严酷，但也有一定的人性化成分。例如，为了保证农业生产，《戍律》中规定政府不能对一户同时征调两个人服役，如果官吏违反了这项规定就要被罚款。《司空》还规定，即便是在服徭役期间，服役人员也有四十天的农忙假期。考虑到男女体力有别和擅长工种不同，《工人程》对男女同酬也作了相关规定。如果哺育婴幼儿的女人在官府做杂役，秦律规定，这些孩子每月由政府发放半石粮食。

世界上最早的家书

睡虎地秦墓4号墓的主人叫衷，他的陪葬品中有两封写在木牍上的家书，写信人是他的亲弟弟黑夫和惊。这是中国目前发现的最早的实物家书，也是世界上最早的实物家书，距今已有2200余年。

黑夫和惊写信时正在服兵役，他们是秦将王翦率大军伐楚战争的亲历者，从驻地淮阳写了这两封信给在家的大哥衷。或许是为了节省材料，抑或是为了减轻送信人的负担，木牍正反面都写满了字。

第一封信是黑夫在二月的一天写的，他在信中先是向大哥和母亲问好，随后告诉大哥自己和惊之前因为战事分开，前日才又相逢。眼看天气要转热，黑夫请家

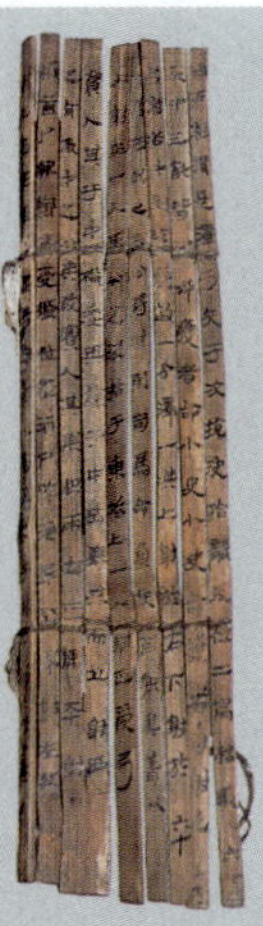

秦代竹简

简牍

简和牍是不同的书写载体，简是竹条，牍是木板，二者材质和形制都不同。竹怕干，木怕水，木牍能在湖北多水的战国墓中保留至今，相对竹简而言更加不易。

其实殷商时期人们使用的主要书写材料应该也是简牍，而不仅仅是龟甲和兽骨，只不过简牍不耐腐蚀，没能保存至今。

木牍家书

里寄些钱，请母亲给他们兄弟俩做几件夏天穿的衣服。他还叮嘱母亲看看家乡安陆（治今湖北云梦）的丝布价格，不贵的话就买来做成夏衣，和钱一起寄过来；贵的话就只寄钱来，兄弟俩自己买布做。因为不知道战事还要持续多久，寄来的钱不要太少。黑夫在信中顺便问了官府给他们家的授爵文书问题（秦国实行军功爵制，根据士兵所立军功授予相应爵位），还提醒大哥，等文书送到后要跟人家说谢谢，寄东西不要弄错地址。最后，他向家乡的亲人和老人问好，说惊很想念新媳妇和婴（yuàn，可能是惊的女儿），又嘱咐新媳妇要孝敬和照顾老人。

过了一段时间，可能是因为没有收到家里的回信，惊给大哥衷写了第二封信，他在信中先问候了家人，说自己和黑夫目前一切都好，接着便催促家里寄五六百钱和至少二丈五尺耐磨的布来，还说他们借了战友垣柏的钱，但是已经花光了，再不寄钱来就要出人命了！惊非常惦念新媳妇和婴，嘱咐新媳妇照顾好爹娘。他还拜托大哥教导婴，告诉她外出打柴时不要走太远。听说新地（秦军攻陷的安陆附近的新地盘，原属楚国）动乱不安，盗贼蜂起，惊很担心在那里的姑姑一家，也叮嘱大哥千万不要去那里。

黑夫和惊的信中充满浓浓的孝道与亲情，兄弟三人因分工不同，各自尽忠尽孝。远在他乡的征夫对母亲、哥哥、妻子、儿女的思恋，对家里内外事务的牵挂，对事情的周到考虑，无不反映出骁勇善战的秦国勇士内心细致柔软的一面。这两封家书传达了2000多年前普通人的思念与牵挂，留给后人无限的遐思。（杨加深）

秦代竹管羊毫笔

睡虎地4号墓出土的墨块、石砚及研磨石（复制品）

陈胜、吴广起义

陈胜、吴广起义又称"大泽乡起义"，由两个青年农民发起，是我国历史上第一次有记载的农民起义。这次起义虽然以失败告终，但意义重大。它向强大的秦帝国发起冲击，点燃了反抗暴秦的熊熊烈火，照亮了当时陷入黑暗的中华大地。

暴政激起民愤

秦朝的劳役、兵役非常繁重，秦始皇在位时就开始大规模征调民力，无论是出于军事目的去征讨百越、修建长城，还是为了个人而修建骊山陵、阿房宫，都动辄役使数十万人。要知道，当时的全国人口只有大约两千万人。秦二世继位后，不仅残杀手足，屠杀官员，还将大量宫女和修建骊山陵的工匠活埋在墓室里，为秦始皇陪葬。他放任赵高擅权，自己纵情享乐，对民众的剥削变本加厉。秦朝的法律又相当严苛，刑罚极其残酷，民众稍有不慎就会被牵连受刑，甚至丢掉性命。如此暴政，让百姓苦不堪言。

如果说秦始皇在位时还能靠自己的威仪压制民众的不满，那么他死后，昏庸的秦二世压根就没有这个本事。于是，一场反抗暴秦的农民大起义就在秦二世夺取皇位的那年爆发了。起义的两名首领叫陈胜、吴广，他们都是普普通通的农民，家乡在今河南境内。一场连绵大雨，不仅改变了他俩的命运，也拉开了秦帝国覆灭的序幕。

鱼腹丹书，篝火狐鸣

秦二世元年（前209年），陈胜、吴广和其他农民共九百人被征调，前往渔阳（今北京密云西南）驻守边防。负责押送队伍的两名军官，见陈胜、吴广个头大，又能干，就叫他俩当屯长，管理其他的人。

那时正是夏季，雨水比较多。当他们走到大泽乡（今属安徽宿州）时，遇到大雨，道路不通，行进缓慢，估计不能按期到达渔阳。秦律规定，只要误了期限，就要杀头。在这性命攸关的时刻，

秦始皇陵全景

秦始皇陵

古埃及金字塔是世界上最大的地上王陵，秦始皇陵则是世界上最大的地下皇陵，是我国人民创造的秦代文明的最高成就。秦始皇陵位于今陕西西安临潼区城东5千米的骊山北麓，是中国历史上第一座皇帝陵园，以规模宏大、埋藏丰富著称于世。1974年，陵园的陶俑坑内出土了大批兵马俑。1987年，秦始皇陵及兵马俑坑被列入《世界遗产名录》。

秦代青铜矛

> 且壮士不死即已，死即举大名耳，王侯将相宁有种乎！
>
> ——［秦］陈胜

陈胜与吴广私下谋划起来，他们认为，现在逃走，被抓回来是死；起来造反，就算失败也大不了一死。同样是死，不如造反而死。陈胜还提出："天下人受秦朝压迫已经很久了。如果咱们自称是公子扶苏和楚将项燕的部下，带头起义，一定会有很多人响应。"吴广深以为然。

于是，陈胜、吴广去找人占卜，预测吉凶。占卜的人知道他们的来意，说道："你们的事能成，可以建功立业。但你们卜问鬼神了吗？"陈胜、吴广心领神会，知道这是让他们先利用鬼神来树立威信。于是，吴广将一块写有"陈胜王"三个红字的帛书偷偷塞到渔民捕获的鱼肚子里。队伍里有人买鱼回来，剖开鱼肚，发现帛书，觉得很奇怪，把这事传了出去。到了晚上，陈胜又让吴广躲到驻地旁边的祠堂里，点燃篝火，学狐狸的声音叫："大楚兴，陈胜王。"大伙儿听到，惊恐了一夜。第二天一早，到处都有人在议论，对着陈胜指指点点。

这"鱼腹丹书""篝火狐鸣"的妙计，起到了在发动起义前动员群众的舆论作用。

揭竿而起，陈县称王

陈胜、吴广见时机已到，故意激怒押送队伍的军官，借机将两名军官杀了，然后召集队伍，慷慨激昂地对大家说：

"我们在这里遇上大雨，误了到渔阳的期限，按秦律都要杀头。即使不被杀头，将来驻守边防也会死去十之六七。况且壮士不死则已，死就要名扬后世。王侯将相难道是天生的吗？"大家一听，群情振奋，都表示愿意听从陈胜、吴广的命令。

看到大家斗志昂扬，陈胜、吴广决定立刻起义。这支由九百名农民组成的队伍，假借公子扶苏和楚将项燕之名，号称"大楚"。每个人都露出右臂，作为起义军的标志。他们砍削树木当兵器，举起竹竿做军旗，还用土筑成高台宣誓立约，用两个军官的首级进行祭祀。陈胜自立为将军，吴广为都尉，率领大家迅速攻占了大泽乡。

之后，他们又一举攻占了蕲（qí）县。接着，陈胜派葛婴率兵攻打蕲县以东之地，很快攻取了五座县城。起义军一路高歌猛进，沿途收编兵马，打到陈县（治今河南淮阳）时，已经拥有了六七百辆战车、一千多名骑兵、数万名步兵。这支浩荡大军攻占陈县之后，陈胜自立为王，国号为"张楚"，意思是"张大楚国"。

这时，各郡县很多深受秦朝官吏之苦的人，纷纷起来造反，杀了当地官吏，响应陈胜、吴广的起义，反秦烈火很快烧成了燎原之势。

跽坐俑

跽（jì）指的是一种长跪的姿态，双膝着地，上身挺直。该陶俑出土于秦始皇陵东侧马厩坑，高65厘米，呈跽坐状，头发中分，挽髻脑后，唇上有短须。身着交襟长衣，双手握拳置于膝上，可能是管理马厩或饲养战马的人。

起义失败

陈胜兵分数路，向秦朝发起总攻。他任命吴广为“假王”，也就是代理王，率军向西进攻荥阳（今河南荥阳东北）；派周文为将军，率主力军攻打秦朝都城咸阳；又派了另外一些人去攻打其他地方。

起义军的战线越拉越长，号令不能统一，形势越来越复杂。一些将领攻占某地之后，就自立为王；还有一些六国的旧贵族，也趁混乱局势开始反秦称王。陈胜起兵不到三个月，赵、齐、燕、魏等地都有人称王，中华大地上再度出现了诸侯分立的局面。

奉命攻打咸阳的周文是陈县有名的贤人，曾经在楚将项燕和楚相春申君手下做事。他一路上收编兵马，到达函谷关的时候，已有战车上千辆、士兵数十万人，驻扎在距离咸阳只有百里的地方。秦二世急了，赶紧派大将章邯（hán）率领修建骊山陵的几十万人迎击周文。在秦军的强大攻势下，周文兵败自杀。

秦代彩绘漆木圆奁

燕雀安知鸿鹄之志

陈胜年轻的时候，曾和别人一起受雇耕田。一天，大家在田埂上休息时，陈胜感慨道：“如果有朝一日富贵了，大家相互不要忘记。”伙伴们都笑着说：“你是被雇来耕田的人，怎么富贵？”陈胜长叹道：“唉，燕子和麻雀怎么懂得大雁和天鹅的志向呢！”这样的远大志向，是陈胜后来成为农民起义首领的重要思想基础。

秦咸阳城遗址

这是秦都城遗址，为全国重点文物保护单位，位于陕西咸阳东15千米处。从秦孝公迁都于此，到秦朝灭亡，这里一直是秦的政治、经济、文化中心。秦始皇时期，咸阳最为鼎盛辉煌。

吴广率军围攻荥阳很久，一直没打下来。吴广的部下田臧假借陈胜的命令，杀害了吴广。后来，田臧也在与秦军将领章邯的交战中兵败身死。章邯接连获胜，一路追击起义军至陈县。此时陈胜手里没有多少军队，只得弃城撤退。退到下城父（今安徽涡阳东南）时，陈胜的车夫庄贾背叛了起义军，将陈胜杀害，投降了秦军。

陈胜、吴广起义虽然失败了，但反秦的烈火却越烧越旺。他们在大泽乡的振臂高呼，唤醒了无数被压迫的民众；他们与秦军的正面交锋，动摇了秦王朝的统治，为后来项羽、刘邦灭秦创造了有利条件。（周作明）

秦兵马俑坑

位于陕西西安临潼区安寨西杨村南，秦始皇陵东垣外1000余米处。目前发掘的三座兵马俑坑，呈“品”字形排列，坑内共出土真人、真马大小的陶俑、陶马8000多件。兵俑仿照秦朝军制，主要有士兵与军吏两大类。士兵包括步兵、骑兵、车兵三类，军吏则有低级、中级、高级之别，不同的兵俑通过装束和兵器加以区分。兵马俑的塑造，手法细腻、明快，流露出秦人独有的威严与从容，具有鲜明的个性和强烈的时代特征，其浑厚、洗练的风格，富于感人的艺术魅力，是中国古代塑造艺术臻于成熟的标志，具有很高的艺术价值，被誉为“世界第八大奇迹”。兵马俑也为研究秦朝军事、政治、经济、文化、科技等提供了珍贵的实物资料。右页图为站立在俑坑中的步兵俑。

项羽破釜沉舟

陈胜、吴广揭竿而起之后，天下英雄云集响应。项梁、项羽在江东一带起兵反秦，势力发展迅猛。巨鹿之战中，项羽命令士兵砸掉烧饭的锅，凿沉战船，与秦军决一死战，创造了以少胜多的奇迹。此战歼灭了秦军主力，项羽威名远扬，成为诸侯首领。

会稽起兵

项羽的祖先是楚国贵族，世代为将，被封在“项”这个地方，便以此为氏。他的祖父是楚国名将项燕，曾击败秦国大将李信率领的二十万秦军。虽然项燕后来在与秦国大将王翦交锋时兵败自杀，但他在楚地还是很有威望的。陈胜、吴广起义的大泽乡就在楚地，所以他们才会想到假借项燕之名，号召楚人抗秦。

项梁是项燕的儿子、项羽的叔父。项羽自幼丧父，由项梁养大成人。项羽小时候学识字和写字，没学成就放弃了。改学剑术，也没学成。项梁为此很生气，可项羽却说：“字只不过用来记记姓名罢了，剑也只能打败一个人，都不值得学，我想学可以打败万人的本事。”于是项梁就教他兵法。项羽一开始非常高兴，可他刚懂得一点兵法的大意，就又不肯认真学下去了。

项羽画像

后来，项梁因为杀了人，便带着项羽从原先住的地方逃到了吴中（今江苏苏州一带），躲避仇家。项梁很有才能，在吴中颇有名望。他一直想恢复楚国，但力量不足，只能等待时机。

兵马俑装甲细节

项羽二十二岁那年，秦始皇出巡至会稽郡，巡游队伍渡江时，项梁和项羽一起去观看。项羽看到秦始皇尊贵无比的排场，不由心生向往，感慨道：“那个人，总有一天我会取代他！”项梁急忙捂住他的嘴，警告说：“不要胡言乱语，这是要被灭族的！”从此以后，项梁对项羽另眼相看，觉得他志气不凡。这时项羽已经长得高大健壮，力能举鼎，才气过人，吴中子弟都很敬畏他。

秦二世元年（前209年），陈胜、吴广发动起义后，项梁觉得时机到了。当年九月，项梁和项羽一起杀掉会稽郡守，召集吴中豪杰，把要反秦的大道理说了一通，豪杰们纷纷表示支持。叔侄俩就这样扯起了反秦大旗，很快征得精兵八千人。不久，他们就带着这八千子弟兵渡过长江，向西进军。

范增献计

项梁和项羽率军渡过长江后，又渡过淮河，攻城略地，天天打胜仗，队伍很快达到六七万人，成为一支反秦的主要力量。得知陈胜被害的消息之后，项梁召集各路义军将领在薛县议事。这时，已经在沛县起兵反秦的刘邦也前往薛县，投靠项梁。

一天，有个名叫范增的七十岁老者来找项梁，对他说："秦灭六国，楚国最没有过错。楚怀王受骗前往秦国，一去不返，楚人至今还怀念他。'楚虽三户，亡秦必楚'的预言是有道理的。如今陈胜首先起事，不立楚王的后裔而自立为王，导致其势不长。现在你起兵江东，楚地将领纷纷前来依附，就是因为项氏世代为楚将，能够再立楚国的后裔。"

项梁觉得范增言之有理，便派人去民间寻访，找到了楚怀王的孙子，当时他已经沦落到给人放羊。项梁立他为楚怀王，顺从了人民的愿望。这样一来，又吸引了许多人前来投靠。项梁自称"武信君"，成为实际上的义军盟主。也就是从那时开始，范增作为谋士跟随项梁和项羽的义军队伍，屡献奇谋，被项羽尊为"亚父"。

斩杀宋义

以楚怀王为名、由项梁领导的楚军，连续打了好几个胜仗，攻克了许多城池，形势一片大好。这时，秦朝召集全部兵力来增援章邯。章邯率军发起猛烈反扑，与项梁在定陶交战，项梁不敌，兵败战死。项羽、刘邦也被迫撤退到彭城（今江

青铜盾牌

这是迄今保存最完整的一块秦代青铜盾牌。盾牌是古代战争中用来防御敌人攻击的主要兵器，夸张变形的图案设计能让敌人感到恐惧。

苏徐州）。

此战之后，章邯认为楚军已经不足为虑，没有乘胜追击，而是渡过黄河，北上进攻秦末起义中新建立的赵国。赵军大败，退守巨鹿城（今河北平乡西南）。秦军将巨鹿团团包围，赵王心急如焚，连连派人去向楚怀王求援。于是，楚怀王准备派出两路兵马，一路北上救赵，另一路往西进攻关中，并与诸将约定："谁先攻入关中，就封谁为关中王。"

当时的其他将领都觉得关中是块硬骨头，先入关并非好事，但项羽、刘邦不怕，愿意去进攻关中。楚怀王斟酌再三之后，决定让刘邦进攻关中，派项羽北上救赵。项羽急着要替叔父项梁报仇，正想跟章邯拼命，便爽快同意了。楚怀王怕项羽势力太大，不易管束，就拜宋义为上将军，命项羽为次将、范增为末将，率领大军出发了。

走到安阳时，宋义害怕秦军太强，按兵不动，足足驻留了四十六天。项羽催促宋义尽快进军，与赵军里应外合，攻破秦军。宋义不以为然，反驳说："身披甲胄，手执利器，冲锋陷阵，我不如你；坐下来运筹决策，你比不上我。"还通令全军说，凡是不听指挥的，一律斩杀。

其实，宋义是想等秦、赵决出胜负，再坐收渔翁之利。但一心想为叔父报仇的项羽哪能等得了？一天早上，项羽去参见宋义，在军帐中斩下了他的人头，出来向军中发令说："宋义想谋反，楚王密令我处死他。"将领们都畏服项羽，谁也不敢抗拒，便一起拥护项羽为代理上将军。项羽派人向楚怀王报告此事，楚怀王只好顺水推舟，拜项羽为上将军。

秦代冷兵器零部件

> **关 中**
>
> 关中，一般指函谷关以西，即今陕西中部一带。秦灭六国之前，长期占据关中。经过大力经营，这里不但物产丰富，而且拥有强固的军事工程基础。也有将战国末年的秦故地泛指为"关中"的说法，认为关中也包括秦岭以南的汉中、巴蜀，但这种说法并不被普遍接受。后来项羽不愿将函谷关以西的地盘分给刘邦，就是以"巴蜀也是关中"为由，硬是将刘邦封到了汉中。

项羽提戈来救赵，暴雷惊电连天扫，
臣报君仇子报父，杀尽秦兵如杀草。
——［清］郑板桥

决一死战

项羽斩杀宋义之后，威震楚国，名闻于诸侯。他先派英布和蒲将军带领两万人马渡过漳水，驰援巨鹿。楚军一参战，就打了些胜仗。困守已久的赵国将领看到了希望，请求项羽再多派些救兵。于是，项羽率领全部人马渡河。

到了对岸之后，项羽命令士兵们把渡河所乘的船全部凿沉，把做饭用的釜（古代炊具，相当于现在的锅）全部砸烂，每个士兵只准带三天的干粮。若此战不胜，楚军将没有退路。项羽"破釜沉舟"的举动，展示了拼死决战的信念，也极大地激发了楚军的斗志。虽然他们的人数远少于秦军，武器装备也不占上风，但既然有了这股昂扬的斗志，就可能创造以少胜多的奇迹。

抵达巨鹿前线之后，项羽骑着乌骓（zhuī）马，奔驰如飞，四处冲杀。楚军深受主将激励，也个个奋勇争先，以一当十，仿佛一头头冲出牢笼的猛兽，将秦军打得毫无还手之力。在楚军震天动地的喊杀声中，秦军吓得肝胆俱裂，不断撤退。同时被吓到的，还有作壁上观的其他诸侯军。原来，当时前去驰援巨鹿的不止一路楚军，只不过其他诸侯军都不敢与秦军交战，只是驻扎在附近。他们看到楚军如此英勇，对项羽又是敬佩，又是害怕。从那以后，诸侯军一律服从项羽的指挥。

就这样，项羽率领楚军大战秦军，九战九捷，不仅解了巨鹿之围，还逼得章邯狼狈地往南退兵。面对咄咄逼人的楚军，章邯不敢再战，一退再退。他派人回咸阳向秦二世请示，却被赵高拦住。既搬不到救兵，又打不赢楚军，章邯只能率领二十多万秦军向项羽投降。巨鹿之战是历史上以少胜多的著名战例，摧毁了秦军主力，确立了项羽在各路起义军中的领袖地位。（周作明）

刘邦约法三章

项羽在巨鹿之战中大展神威的同时，刘邦率军一路西进，直逼咸阳。最终，刘邦率先入关。为了争取民心，他订立了三条法令，维护关中百姓的利益。此举彰显了刘邦争霸天下的野心，是他开创帝业征程中的重要一步。

沛县起兵

刘邦年轻时就有点与众不同，他虽然胸襟宽广、待人宽厚，但是不喜欢下地劳动，成天游手好闲，所以常被父亲训斥。后来，刘邦做了沛县泗水亭长，也就是掌管治安的小官。虽然人到中年才入官场，但刘邦却有着不同寻常的远大志向。他曾经在咸阳见到秦始皇威风出巡，当即喟然长叹："啊，大丈夫就应当像这个样子！"

有一次，刘邦以亭长的身份负责押送一批囚犯去骊山修建秦始皇陵，途中不断有人逃走。刘邦估摸着，等到了骊山，这些人也就跑光了，该怎么交差呢？他脑筋一转，索性把这些囚犯全放了，对大家说："各位都走吧，我也要逃亡了！"当即就有十几个年轻力壮的囚犯表示愿意追随刘邦。

> 斩蛇起义
>
> 相传，刘邦喝得大醉，将囚犯们释放之后，夜里抄小路通过沼泽地，让一个人在前边探路。那人回来报告说："前边有条大蛇挡在路上，咱们还是回去吧。"刘邦借着酒劲说："大丈夫走路，有什么好怕的！"于是赶到前边，拔剑将大蛇斩成两截。汉文帝时为纪念此事，下令在斩蛇处立碑建庙，明代时复立石碑。京剧《白蟒台》《萧何月下追韩信》《大保国》对这个故事均有描述。

刘邦画像

后来，追随刘邦的人渐渐多起来，他们藏身在芒山、砀山一带。

陈胜起兵时，沛县县令想要响应。他的下属萧何、曹参提出，逃亡在外的刘邦很有声望，可以将其请回来召集大家。于是，县令就派樊哙前去，樊哙的妻子是刘邦之妻吕雉的亲妹妹，有了这层关系，刘邦爽快地同意了。这时，刘邦的队伍已经发展到近百人。但是，当樊哙和刘邦一起来到沛县城外时，县令反悔了，不让刘邦进城。于是刘邦写了封信，大意是说："天下百姓共同忍受秦苛政之苦已经很久了！希望大家诛杀县令，响应起义军。"然后把信绑在箭上，射到城内。城内百姓都愿意拥护刘邦，立刻杀了县令，打开城门迎接刘邦，并推举他为新的沛县县令。

就这样，刘邦领导沛县子弟举起了反秦大旗，投身秦末农民战争的洪流之中。因为他起兵于沛县，所以号"沛公"。

挥师西进

刘邦很快组织起一支两三千人的队伍，在沛县活动了一段时间之后，他觉得自己势单力薄，需要找个靠山，就带着人马到薛县，投奔到项梁旗下。刘邦、项羽这两个日后楚汉战汉祖起丰沛，乘运以跃鳞。手奋三尺剑，西灭无道秦。

——［唐］王珪《咏汉高祖》

秦代铜箭镞

争的死对头，这时成了战友。

后来，在楚怀王解救巨鹿之围的部署中，刘邦奉命率军进攻关中。他的战略目标非常明确，就是要快速进军，尽早入关。所以，一旦遇到难以攻打的城邑，刘邦为了节省时间，往往绕道而行，不与秦军纠缠。他先是率兵攻占颍川郡，后来行军至宛城，遭到南阳郡守军的顽强抵抗。他入关心切，不想啃这个硬骨头，便直接绕过宛城，继续西进。这时，谋臣张良认为不妥，劝道："您虽然急于进关，但这一路上秦兵还很多，而且都据守险要之地。现在不拿下宛城，一旦宛城守军从后面追杀过来，那时我们将会腹背受敌，非常危险。"

刘邦采纳了张良的建议，当天夜里就率兵抄小路悄悄返回，赶在天亮前把宛城重重围住。南阳郡守见状，急得想要自杀，他的手下陈恢说："现在还没到死的时候！"然后，陈恢翻过城墙去见刘邦，游说了一番，大概意思是：强攻只会耽误时间，如果招降宛城，封南阳郡守官爵，就可以立刻西进；其他城邑听说了，也会打开城门欢迎，从此通行无阻。刘邦听了，连连点头称是，立刻照办。果然，之后所过郡县没有不降服的。刘邦又下令军队不准掳掠，受到百姓的拥护。就这样，刘邦从进军开始，只花了不到一年的时间，便顺利抵达了武关（今陕西丹凤东南）。

秦朝灭亡

巨鹿之战后，秦军主力被消灭，各郡县的官吏一见到起义军就望风而降，秦朝统治危在旦夕。秦二世三年（前207年）八月，刘邦率军攻陷武关，逼近咸阳。直到这时，秦二世才猛然醒悟——原来之前赵高说的盗贼作乱是欺骗自己，真实情况是百姓造反，如今已经乱得快要亡国了！他气不打一处来，便派人前去责问赵高。赵高恐惧不安，为了逃避惩罚，干脆先下手为强，密谋发动叛乱，逼得秦二世拔剑自刎，然后立秦二世的侄子子婴为秦王。

子婴不愿意做傀儡，他设计杀死了赵高，之后调兵遣将，在峣（yáo）关据守，试图阻挡刘邦。刘邦率兵绕过峣关，在蓝田两次大败秦军。十月，刘邦占领霸上（今陕西西安东），兵锋直指咸阳，并派人劝降子婴。子婴眼看大势已去，便用丝带系着脖子，乘上办丧事用的车马，带着皇帝的玉玺、兵符等，亲自到刘邦军前投降，中国历史上第一个大一统的帝国——秦朝宣告灭亡。

秦二世陵

有人劝刘邦杀掉子婴，刘邦说："当初楚怀王派遣我，是因为我能宽大容人。况且人家已经投降了，杀人不吉利。"于是，他把子婴交给官吏看管，向西进入咸阳。

深得民心

一进入咸阳，刘邦手下的将士们就争先恐后地直奔储藏金帛财物的仓库，私自瓜分起来。而此时的刘邦，正以胜利者的姿态，大摇大摆地在秦宫中观赏。面对堆积如山的珍贵珠宝和数以千计的后宫美女，刘邦真想住在里面不走了。好在他手下还有头脑清醒的人，樊哙立刻劝说道："您是打算将来统一天下，还是只想做个富翁？这些奢靡华丽的东西，都是导致秦朝灭亡的原因，要来有什么用？还请赶快回霸上，不要留在宫中！"

刘邦正沉迷于富丽堂皇的秦宫之中，根本听不进去。这时，张良也赶来劝他："秦暴虐无道，所以您才能来到这里。天下还未平定，应该以俭朴为本。现在刚入咸阳，就要安享其乐，这等于是在帮秦王做坏事。忠言逆耳利于行，良药苦口利于病，希望您能听取樊哙的劝告。"

灞河今景

灞河古称"霸水""灞水"，是渭河的支流。霸上也叫"灞上"，因地处霸水西高原上而得名，是古代咸阳、长安附近的军事要地。

张良语气平和，但软中有硬。刘邦冷静下来一想，也觉得应该以打天下的大事为重，就克制了私欲，下令封存贮藏珍宝、财物的仓库，率领军队返回霸上。之后，刘邦召集各县有名的父老、豪杰来到霸上，对他们说：

"你们苦于秦朝的严刑峻法已经很久了，诽谤朝政的要灭族，相聚议论也要处斩。我与诸侯有约定，先入关者为关中王，我应当就是关中王了。今天，我同你们约定三条简单的法律：第一，杀人的要处死；第二，伤人的根据罪行处刑；第三，偷盗的根据罪行处刑。其余的秦朝法律全部废除。"这就是成语"约法三章"的由来。

随后，刘邦还派人与秦朝官吏一起巡行各地，将"约法三章"之事告知百姓。关中百姓听说刘邦如此宽厚仁慈，非常高兴，争先恐后地拿出牛、羊、酒、粮食来慰劳刘邦的士兵。刘邦不肯接受，说："军中粮食充足，不缺吃的，大家不要破费了。"百姓听了这话，越发高兴，唯恐刘邦不当关中王。就这样，刘邦迅速争得了民心，为日后与项羽争雄天下奠定了良好的基础。（周作明）

萧何慧眼识英

刘邦还是平民百姓的时候，萧何已经在沛县担任掌管人事的小官。他性格随和，善于识人，结交了许多朋友，与后来成为汉朝开国功臣的樊哙、曹参、夏侯婴、周勃等人都有交往，对刘邦更是另眼相待，多次利用县吏的职权暗中袒护他。后来，刘邦以吏员的身份到咸阳服役，县吏们都拿出三百钱为其送行，只有萧何出了五百钱。刘邦逃亡到芒山、砀山一带时，沛县县令把他的妻子吕雉抓捕入狱，萧何和曹参一起将吕雉保释出狱。

告示

鸿门宴

刘邦率先入关，激怒了项羽。军事上处于劣势的刘邦为避免与项羽发生冲突，亲自去鸿门谢罪。项羽设宴款待刘邦，他本想痛下杀手，但最终还是放走了自己最大的敌人。后来人们便用“鸿门宴”来比喻不怀好意的宴会。

曹无伤告密

巨鹿之战后，项羽意气风发地率领大军向咸阳进发。走到新安时，他担心投降的秦军怀有异心，竟然残忍地将二十多万秦军全部活埋了。到了函谷关，只见关门紧闭，有士兵把守，项羽这才知道，原来刘邦已经入了咸阳，占据了富足的关中地区，还把自己拒之门外。他顿时气不打一处来，命令大将英布攻破了函谷关，之后率军到达戏水西岸，驻于新丰鸿门（今陕西西安临潼区东北鸿门堡村），距离刘邦所在的霸上只有四十里路。

这时，刘邦军中的左司马曹无伤，暗地里派人向项羽告密：“刘邦想要在关中称王，让子婴做丞相，还想独吞秦宫中的珍宝。”项羽一听，更是气得吹胡子瞪眼，立刻传令说：“明早让士兵们都吃饱，我要去灭了刘邦！”

秦代玉高足杯

> **座位的讲究**
>
> 按中国古代礼仪，帝王与臣子相对时，帝王应该面朝南，臣子面朝北，因此有“南面称王”“北面称臣”的说法。宾主相对时，则以面朝东的座位最为尊贵，其次是朝南，再次是朝北，地位最低的座位朝西。
>
> 司马迁在《史记》中描写鸿门宴上的座位是：项羽、项伯朝东，范增朝南，刘邦朝北，张良朝西。一般情况下会让客人坐西向东，而项羽却自居尊位，说明他自高自大，没有把刘邦当作平等的宾客来看待。

项羽的谋士范增支持这一决定，并分析说：“刘邦一贯贪财好色，可是入关以后却不掠取财物，不迷恋女色，说明他的志向不小。咱们得赶快攻打，不要错失良机。”当时项羽拥兵四十万，刘邦拥兵十万，如果真的打起来，刘邦毫无胜算。但此事惊动了项羽的另一个叔父项伯，也让后来的形势发展产生了变数。

项伯游说

项伯是楚国的左丞相，早年曾因杀人躲在下邳，受到张良的庇护，两人关系很好。他一听说项羽要攻打刘邦，而张良又在刘邦军中，立刻急了，连夜骑马跑到刘邦的军营，私下会见张良，叫张良赶紧逃走。然而张良不愿离去，他把消息告诉了刘邦，还给刘邦出主意说，可以请项伯去项羽那里求情。刘邦赶紧让张良把项伯请过来，摆上酒席，热情款待。他捧起酒杯敬项伯，要和项伯约定结为儿女亲家，还说了这么一番话：

“我进入关中，一点东西都不敢据为己有，封闭了仓库，就是在等待项羽将军。派遣将领把守函谷关，那是为了防备盗贼和其他意外。我日夜盼望将军到来，怎么敢反叛呢？希望您详细转告将军，我是绝不敢忘恩负义的。”

项伯被刘邦诚恳的态度打动，答应向项羽解释，还建议刘邦明天一大早亲自去向项羽道歉。刘邦当即点头同意。之后，项伯连夜返回军营，把刘邦的话原原本本告诉了项羽，又说道：“刘邦不先攻破关中，你敢进关吗？现在人家有了大功，你却要攻打他，这是不符合道义的，不如借他来请罪的机会好好对待他。”

项羽一琢磨，觉得项伯的话很有道理，便把范增的告诫抛到脑后，不想攻打刘邦了。

宴席上的杀机

第二天早晨，刘邦带着一百多人来到鸿门，向项羽谢罪说：“我和将军合力攻打秦国，将军在黄河以北作战，我在黄河以南作战。我自己也没料到能先入关破秦，在这里又见到将军。现在有小人传播谣言，使您和我之间有了误会。”

项羽心性简单率直，见刘邦如此谦卑，便不假思索地说：“是曹无伤说的，不然，我怎么会生气呢！”然后摆上酒席，招待刘邦。刘邦悬着的心稍稍放下了一些，开始和项羽推杯换盏。宴席上，范增多次向项羽使眼色，并且再三举起自己佩戴的玉

《鸿门宴图》（局部）

《鸿门宴图》是一幅西汉古墓壁画，此局部图中从左至右分别为项庄、范增、张良。

> 殊不知人心去暴秦，天意归明主。项王足底踏汉土，席上相看浑未悟。
>
> ——［唐］王毂《鸿门宴》

玦（jué，环形有缺口的玉器），暗示项羽下决心杀掉刘邦，但项羽却默然不应。范增无奈，只得走出营帐，叫来项羽的堂弟项庄，吩咐道：“我们大王心肠太软，你进去敬酒，舞剑助兴，趁机杀了刘邦。”

项庄依计而行，敬完酒就拔剑起舞。只见那把寒光闪闪的宝剑上下翻飞，越舞离刘邦越近。刘邦哪能不知道项庄是什么心思，吓得直冒冷汗。此时项伯也拔剑起舞，用身体掩护刘邦，使项庄无从下手。在这危急关头，张良走出营帐找到樊哙，说：“现在形势不妙，项庄正在舞剑，其实是想刺杀沛公啊！”樊哙是个暴脾气，立刻带剑持盾闯入帐中，怒发冲冠，瞪着项羽。

项羽吃了一惊，按剑起身问：“来者何人？”张良答道：“是沛公的手下樊哙。”项羽打量樊哙一

番，见他是位壮士，便赐了一杯酒、一只生猪肘。樊哙站着把酒一饮而尽，又将盾牌扔在地上，把生猪肘放在盾牌上，蹲下来用剑边切边吃。项羽觉得此人有趣，赞叹道：“好一位壮士！还能再喝酒吗？”

樊哙找到机会，开始借题发挥：“我死都不怕，又何惧酒呢？秦王像虎狼一样残暴，导致天下反叛。楚怀王与诸将约定，先破秦入关的就是关中王。如今沛公先破秦入关，可他却什么都没拿，反而封闭宫室，还军霸上，以待大王您的到来。您可别学那昏庸的秦王，听信小人谗言，欲诛有功之人啊！”项羽被这番话说得无言以对，只能请樊哙坐下。樊哙便坐在了张良旁边。

刘邦逃脱

过了一会儿，刘邦见气氛有所缓和，便说要去上厕所，出了营帐。樊哙和张良也跟了出去。其实，刘邦是想趁机逃脱，但又觉得没有告辞，失了礼数。樊哙说：“做大事的人，不必拘泥于这些小的礼节。现在人家好比是菜刀和砧板，我们好比是任人宰割的鱼和肉，还告什么辞？”

鸿门宴遗址

典故两则

项庄舞剑，意在沛公

项庄表面上在舞剑，实际上是企图刺杀刘邦。比喻说话和行动的真实意图别有所指。

人为刀俎，我为鱼肉

人家就像是菜刀和砧板，我们就像是鱼肉。比喻别人掌握着生杀大权，自己的处境十分被动危险。

柳叶状剑身的秦剑

刘邦立刻醒悟过来，决定逃走。为了不引人注意，他将马车留在鸿门，单人骑马，由樊哙等四人护送，抄小路赶回霸上。这条小路只有二十里，比走大路节约一半时间。张良留下来，替刘邦周旋。刘邦临走前给了张良白璧、玉杯，让他作为礼物分别送给项羽和范增，并叮嘱说：“等我差不多回到军中的时候，你再进去。”

张良在外面待了好一阵子，估摸着刘邦应该已经回到了霸上军营，这才进去辞别，说刘邦酒量欠佳，已经醉了，不能当面告辞。然后，张良将白璧送给项羽，将玉杯送给范增。项羽问：“沛公现在哪里？”张良说：“沛公听说大王有责备他的意思，不敢久留，已经独自离开，回到军营了。”对于刘邦的不辞而别，项羽似乎并不是很在意，他收下白璧，放在座位上。但范增却气坏了，他接过玉杯就扔在地上，拔剑将其击碎，用恨铁不成钢的语气说：“唉！这小子不足以共谋大事！将来夺天下的一定是刘邦，我们都等着做俘虏吧！”

刘邦从鸿门宴上安全脱身，一回去就杀了曹无伤。项羽不听范增之计，放走了刘邦，埋下了失败的隐患。（周作明）

韩信拜将

秦朝灭亡后，项羽统领天下诸侯。他把刘邦封为汉王，治理偏远的汉中。刘邦无力与项羽对抗，只好接受任命，并听从张良的建议，在前往封地时烧毁沿途栈道。后来，刘邦得到“国士无双”的大将韩信，在他的帮助下很快平定了三秦。

项羽分封诸侯

鸿门宴之后没几天，项羽率军进入咸阳，肆意抢掠，纵兵屠杀，不仅杀死了已经投降的秦王子婴，还放火焚烧秦朝宫室，由于火势太大，三个月都没熄灭。百姓对项羽的种种暴行极为不满，越发感念刘邦的宽厚仁慈。

这时的项羽不知道自己失了民心，还自恃功高，在诸侯中以“老大”自居。他把楚怀王当初立下的“先入关中者为王”之约抛在脑后，对各路诸侯说：“怀王是项梁所立，没有功劳，凭什么由他立约！平定天下的，是诸位将领和我。”然后提议重新分封诸侯。大家慑于其威势，都表示赞成。

于是，项羽假意尊楚怀王为义帝，分封了十八个诸侯王。他自立为西楚霸王，凌驾于十八诸侯之上，封地九郡，占领长江中下游和淮河流域一带的广大肥沃之地，以彭城为都城。在封王的过程中，项羽、范增不想让刘邦当“关中王”，也不愿让他回家乡沛县，就暗中商量了一套说辞，声称巴、蜀也是关中地区，把刘邦封为汉王，占有巴、蜀、汉中三郡，以南郑（今陕西汉中）为都城。而真正意义上的关中地区被划成三部分，封给三名秦朝降将——章邯为雍王，司马欣为塞王，董翳（yì）为翟王，称为“三秦”。项羽这样做，是想把刘邦困在偏僻之地，并让三秦阻挡刘邦向东发展的出路。

韩信画像

一饭千金

韩信落魄时曾在淮水边钓鱼，遇到一群大娘在那里漂洗丝絮。其中有个大娘见韩信饿得有气无力，就把自己的饭分给他吃，一连十几天都这样。韩信非常感激，对大娘说：“我将来一定好好报答您。”大娘却很生气：“我是看你可怜才给你饭吃，哪图什么报答！”后来韩信功成名就，找到那个大娘，送给她一千金。后人根据这个故事，引申出成语“一饭千金”，比喻受恩厚报。

秦代夔纹大瓦当

背有残筒，瓦面纹饰为夔凤纹，遒劲有力，极富装饰效果。直径61厘米，特别硕大，被称为“瓦当王”。

萧何月下追韩信

刘邦听说分封的结果，勃然大怒，想发兵攻打项羽。萧何劝他咽下这口气，因为目前还不是项羽的对手，可以先去汉中，韬光养晦，等到时机成熟了再与项羽争夺天下。刘邦听了，火气渐消，于是率军启程前往自己的封地，还封萧何为丞相。

这时，张良准备去辅佐韩王，他临走时给刘邦出了个计策：把沿途走过的栈道全部烧毁，一是为了防止诸侯偷袭，二是为了迷惑项羽，使他以为刘邦安于待在汉中，不打算出来了，从而放松戒备。

刘邦依计而行，就这么一路走一路烧，几百里栈道被付之一炬。但是，他手下许多人并不理解此举的用意，眼看着好端端的栈道被毁，后路断绝，难免心生恐慌，又因为思念故乡，所以几乎每天都有人逃走。刘邦虽恼，但也没太放在心上。直到有一天，属下跑来报告说：“萧丞相也逃走了！”这下可把他气坏了，仿佛失去了左右手一样。

> 诸将易得耳。至如信者，国士无双。
>
> ——［汉］萧何

过了一两天，萧何回来拜见刘邦。刘邦心里高兴，但嘴上气呼呼地骂道：“你为何逃走？！”萧何说：“我哪敢逃走，我是去追逃走的人。”刘邦好奇地问：“你追的是谁？”萧何答：“韩信。”刘邦一听，又气得骂道：“逃走的将领有几十个，你都不追，偏偏去追韩信，分明是骗人！”

萧何耐心地解释说：“其他将领容易得到，但是像韩信这样的人才，再也找不到第二个，堪称‘国士无双’。大王如果想一辈子待在汉中，没有韩信也就算了；如果要准备打天下，那就非用韩信不可。”能得到萧何如此赞誉，韩信究竟是个怎样的人物呢？

韩信出身贫寒，既不能当官，也不会经商，

拜将坛

相传是刘邦筑坛举行仪式拜韩信为大将的古坛场遗址，位于陕西汉中汉台区，为省级文物保护单位。

经常在别人家蹭饭吃，很不受待见。曾有一个年轻的屠户当众侮辱他说："你虽然长得高大，喜欢带刀佩剑，其实就是个胆小鬼。"然后叉开双腿，指着胯下说："你如果不怕死，就拿剑刺我。如果怕死，就从我的裤裆下爬过去。"韩信盯着他看了很久，低下身去，趴在地上，从那个屠夫的裤裆下钻了过去。满街的人都笑话韩信，认为他懦弱胆小。

秦末农民战争爆发之后，韩信投奔项梁、项羽叔侄，未得重用。刘邦被封为汉王，向巴蜀进发时，其他诸侯军中的许多士兵前来投奔，韩信也在这时投到了刘邦麾下。刘邦让他当一个管粮草的小官，没觉得他有什么出众之处。但萧何经过与韩信几次谈话，认为他有胆有识，是个不可多得的军事人才。

刘邦入蜀之后，手下将士逃走了很多。韩信心里琢磨："萧何既然赏识我，一定已经向刘邦推荐过。到现在我还没得到提拔，看来没什么希望了。"于是他也逃走了。萧何得知韩信逃了，如失至宝，来不及告诉刘邦，赶紧策马去追，费了好大力气终于追上，把韩信劝了回来，留下了一段"萧何月下追韩信"的佳话。

登坛拜将，平定三秦

萧何追回韩信之后，在刘邦面前对其一通盛赞。刘邦准备让韩信做个将领，但萧何却说："只做普通将领，他还得逃走。"刘邦半开玩笑道："那拜他为大将怎么样？"萧何一本正经地回答说："很好。"刘邦见萧何如此郑重，也认真了起来，马上要拜韩信为大将。萧何却说："大王太不注重礼仪了，任命大将可不能随随便便。得选个好日子，筑起拜将的高坛，斋戒沐浴，然后隆重地举行登坛拜将仪式。"刘邦觉得很有道理，便一一照做。

汉军将领看到这些前期准备工作，都以为是自己要当大将了，摩拳擦掌，兴奋不已。到了拜将那天，他们看到接受大将任命的居然是管粮草的小官韩信，都惊得目瞪口呆。之后，韩信在刘邦面前侃侃而谈，分析楚汉形势，一针见血地指出：虽然现在看起来项羽比刘邦强，但项羽不会用人，之前种种作为也让他失了民心；刘邦恰好相反，不仅知人善任，还与秦地百姓约法三章，深得民心。如果刘邦带兵东进，只要发一道檄文，三秦之地就可以平定。

刘邦听了特别高兴，后悔没有早点重用韩信。他立刻决定挥师东进，让萧何留下负责收租，供应军粮。从巴蜀到关中，行军路漫长，他们一开始走的那条路被雍王章邯派重兵把守。刘邦估摸着没法取胜，就打了退堂鼓，想要撤军。这时，一个名叫赵衍的官员指出了一条小路。刘邦沿着这条小路绕开了重兵封锁，在陈仓（今陕西宝鸡东）发动突然袭击，大败雍王章邯，之后又击败了塞王司马欣、翟王董翳。不到三个月的工夫，三秦就成了汉王的地盘。（周作明）

（韩信）抱王霸之略，蓄英雄之壮图，志轻六合，气盖万夫。

——［宋］苏轼

明修栈道，暗度陈仓

根据《史记》记载，刘邦先是听从张良建议烧毁栈道，表示无意东进；之后又绕道北上，在陈仓发动突袭，一举平定三秦。后人把这个故事演绎得更为曲折，在元代戏曲和明代小说中，刘邦是采用了韩信的计策，派少量士兵假装重修烧毁的栈道，同时率大军抄小路偷袭陈仓。成语"明修栈道，暗度陈仓"就是这么来的，比喻以表面行动为掩护，迷惑对方，暗中进行某种活动。

陈仓故道

楚汉争雄

刘邦扫清关中周围势力后，公开向项羽宣战，为期四年的楚汉战争拉开了序幕。一开始，项羽占据上风，但他不善于用人，后来形势渐渐逆转。经过多次交手，楚汉双方约定以鸿沟为界，中分天下。刘邦听取张良、陈平的建议，全力追击楚军，最终大获全胜，建立汉朝。

彭城之战

刘邦平定三秦之时，早有齐、梁之地的诸侯对分封不满，举起了反楚大旗。项羽正忙着北上攻齐，心想等回来再收拾刘邦。错判形势的他，又派人暗杀了楚义帝。这样的天赐良机，刘邦怎能错过？他迅速以为义帝发丧为由，召集天下诸侯反楚，得到积极响应。

汉王二年（前205年）四月，刘邦率领一支号称五十六万人的诸侯联军，兵分三路直捣楚都彭城。项羽的精兵强将都被牵制在齐地，所以刘邦没遇到大的阻截，很快占领了彭城。胜利来得如此容易，刘邦顿时昏了头，他把项羽的财宝和美女都据为己有，每天饮酒作乐。

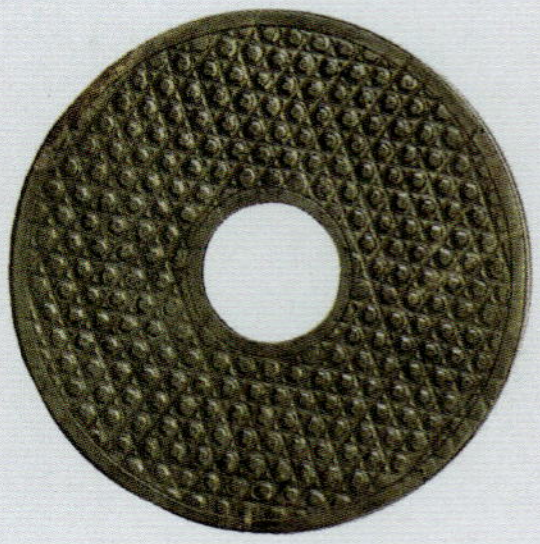

秦代玉璧

听说都城失守，项羽十分惊愕，但他很快镇定下来，决定把大部队留下继续攻齐，自己率三万精锐骑兵疾驰南下，回救彭城。以三万兵力对付五十六万诸侯联军，这不是鸡蛋碰石头吗？但项羽却出奇制胜，他充分利用骑兵的机动性优势，在拂晓时分发动偷袭，以迅雷不及掩耳之势收复了彭城。

刘邦率领的诸侯联军猝不及防，无力反击，只得败走，路上被楚军追击，损失十几万人。还有被逼得掉入河里的，也有十几万，尸体叠压堆积，甚至截断了水流。此时，项羽率军把刘邦残部团团包围，准备全部歼灭。忽然西北风大作，天昏地暗，飞沙走石，楚军被风吹得阵形大乱。这真是老天救了刘邦，他趁机带上十余名骑兵突围而逃。

彭城之战是楚汉相争的第一次大战，刘邦遭到了自起兵以来的最大惨败，父亲刘太公和妻子吕雉被楚军俘获，诸侯纷纷背汉投楚，汉军元气大伤。但刘邦没有气馁，他收集残部，退守荥阳，准备卷土重来。

金镶嵌短剑

这是秦末汉初时期的手持短兵器，除了防身外，还可用于代表主人身份。此剑有如此华丽名贵的装饰，表明主人的身份很特殊。短剑主要由剑身与剑茎两部分组成，剑身前端称“锋”，剑体中线凸起称“脊”，剑把称“茎”。

不可沽名学霸王

虽然彭城之战以项羽的完胜而告终，但他没有一鼓作气，彻底消灭汉军。后来楚汉对峙时，项羽又多次错失良机，放跑刘邦，最终失了天下。2000多年后，毛泽东作《七律·人民解放军占领南京》一诗，诗中“宜将剩勇追穷寇，不可沽名学霸王”这句，讲的就是项羽不乘胜追击刘邦的错误。

上下五千年

颐和园长廊彩画《张良进履》

博浪沙行刺失败后，张良改名换姓，逃到下邳。相传，有一天张良在下邳的桥上闲逛，遇到一个老人，老人故意把鞋甩到桥下，让张良给自己捡鞋、穿鞋。张良出于尊重就照做了。老人约张良五天后在桥上见面，但等到那天，老人嫌弃张良来得晚，就走了。如此反复三次，张良终于通过了考验，老人给了他一本《太公兵法》。张良熟读此书之后，成为一名运筹帷幄的谋略家，后来他投奔刘邦，助刘邦夺得天下。“圯（yí，即桥）上敬履”的典故由此而来。

离间之计

荥阳是一座重要的军事战略城市，刘邦到了这里，各路败军也向这里会合，萧何又征发关中的老弱过来，汉军声势又振。荥阳附近有座著名的粮仓——敖仓，刘邦派人修了一条甬道，从敖仓获取军粮。项羽多次派兵袭击这条甬道，刘邦无力与项羽对抗，又害怕断粮，就派人向项羽请和。项羽心里琢磨：如今还有其他诸侯不服，不如先放过刘邦。但范增坚决反对，说：“汉军容易对付，现在不消灭他们，以后一定会后悔！”于是，项羽率兵加紧围攻荥阳。

眼见要被围困到山穷水尽了，这时，刘邦采用了谋臣陈平的妙计，离间项羽和范增的关系。一天，项羽的使者来到刘邦军中，刘邦叫人准备了牛、羊、猪等齐备的盛宴招待。端饭菜的人看到使者，假装惊愕地说：“我以为是亚父的使者，

京城古城址

位于河南荥阳豫龙镇京襄城村。京城在春秋时期属郑国，战国时期韩灭郑后属韩国。秦朝在此置京县，据《史记·项羽本纪》记载，楚汉曾“战荥阳南京、索间”，京指的就是京城。北齐时废京县，并入荥阳县。清代时合京、襄二字，称“京襄城”。2013年，京城古城址被公布为全国重点文物保护单位。

没想到是项王的使者。”然后把丰盛的佳肴端了下去，换成粗茶淡饭。使者回来将这事报告了项羽，项羽便怀疑范增私通刘邦，渐渐限制范增的权力。

范增感受到项羽的转变，非常生气，对他说：“天下形势基本已定，大王好自为之。请赐我这把老骨头回乡吧！”项羽应允了。范增负气启程，背上长了个毒疮，死在半路上。这样一来，项羽身边再也没有能出主意的人了。

鸿沟之约

离间计虽然成功了，但刘邦还是没守住荥阳。他逃到成皋，没过多久又被项羽打跑了。其实，这是刘邦在韩信帮助下设计的战略：自己待在中原，吸引项羽的主力；韩信北上，平定魏、代、燕、赵等地；东面联合梁地的彭越，策反九江王英布，动摇楚军后方。所以，楚汉双方在荥阳、成皋的对峙，表面上是项羽把刘邦打得狼狈逃跑，实际上却是项羽顾此失彼，逐渐陷入了汉军的合围。

项羽攻下成皋后，刘邦与韩信会合，派人协助彭越烧毁楚军粮草，连下梁地十七城。项羽准备去打彭越，临走时命大司马曹咎坚守成皋，不要与汉军交战，只要坚持半个月，守城任务就算完成。刘邦见项羽离开，立刻攻打成皋。曹咎一开始牢记项羽的话，避而不战，严防死守。刘邦便派人去城下辱骂楚军，连骂五六天。曹咎终于沉不住气了，怒而出兵，想要渡过汜水与汉军决战。渡到一半时，刘邦指挥汉军铺天盖地冲杀出来，楚军进退无路，很快溃败。曹咎这才知道中

清代年画《韩信九里山十面埋伏》

计，无颜再见项羽，自刎而死。成皋再次落入汉军手中。

项羽回来后，楚汉双方在广武对峙。这时楚军粮食开始匮乏，项羽为了尽快结束战争，在阵前摆了个大砧板，将刘邦的父亲刘太公放在上面，威胁刘邦说："现在你不赶快投降，我就把太公煮了。"刘邦一点也不害怕，很淡定地说："当初咱们共同受命于楚怀王，约定为兄弟，那么我的父亲就是你的父亲。如果你要煮咱们的父亲，别忘了分给我一碗肉汤。"项羽大怒，要杀刘太公，被项伯劝住了。

后来又经过多场战斗，汉军变得兵多粮足，而楚军则渐渐兵疲粮绝。汉王四年八月，项羽与刘邦讲和，约定以鸿沟为界，中分天下，以西为汉，以东为楚。项羽释放了刘太公和吕雉，率军东归。

垓下之围

项羽东归时，刘邦也准备西归。这时，张良、陈平都劝刘邦说："如今汉占有大半个天下，诸侯也都归顺了我们。楚军兵疲粮尽，不如乘机灭楚，否则就是养虎遗患。"刘邦采纳了他们的建议，立即派兵追击，同时令韩信、彭越前来会合。但是韩信、彭越按兵不动，结果刘邦在固陵被项羽打得大败。

刘邦赶紧筑起堡垒，坚守不出。他困惑地询问张良："诸侯不遵守约定，怎么办？"张良建议给已被封为齐王的韩信加封土地，同时封彭越为梁王，也加封土地，表现出和他们共享天下的态度。刘邦立刻照做，韩信、彭越果然马上率军前来增援。

经过漫长的四年，楚汉战争终于到了最后阶

楚河汉界

中国象棋棋盘上的"楚河汉界"，即源于楚汉战争。

汉霸二王城遗址

位于河南荥阳西北的广武山上。两座城址中隔鸿沟，遥遥相对。2013年被列为全国重点文物保护单位。

琵琶曲《十面埋伏》

楚、汉两军决战垓下，汉军在韩信的指挥下，用"十面埋伏"的阵法，将楚军团团围困，最终逼得项羽自刎于乌江。后人根据此事编写出一首大型琵琶套曲，运用琵琶特有的技巧，描绘古代战争场面，表现千军万马冲锋陷阵之势，颇为生动，与《春江花月夜》并称为琵琶古曲"一文一武"的代表。明代散文家王猷定在《四照堂集·汤琵琶传》中详细记载了汤应曾弹奏琵琶曲《楚汉》，一般认为《楚汉》就是《十面埋伏》的前身。

虞姬画像

项羽自刎身亡，但史书没有记载虞姬的结局，后世文艺作品通常设定为虞姬自刎殉情。“霸王别姬”成为流传千古的经典故事。

段。汉王五年十二月，项羽率领的楚军败退到垓下（今安徽固镇东北、沱河南岸），陷入汉军重围。一天夜里，项羽听到四面八方的汉军都在唱楚地的民歌，大吃一惊，喃喃道：“难道汉军已经占领了全部的楚地？为什么有这么多楚人啊？”后来，人们就用“四面楚歌”来形容遭受攻击或逼迫，陷入孤立无援的困境。

项羽意识到大势已去，无法入睡，便在营帐里借酒浇愁。此刻，他最宠爱的美人虞姬还陪在身旁，他最喜欢骑的乌骓马还在营帐外嘶鸣，一切似乎都没变，但一切确已无可挽回，项羽实在想不通，自己怎么会沦落到这步田地？他留恋美人和骏马，更留恋自己未竟的功业，胸中涌出一股悲壮之气，大声吟唱道：“力拔山兮气盖世，时不利兮骓不逝。骓不逝兮可奈何，虞兮虞兮奈若何！”大意是说，我曾是那样英雄盖世，如今时运不济，连我的乌骓马都不肯跑了，这如何是好呢？虞姬啊虞姬，你又能怎么办呢？

项羽慷慨悲歌，吟唱了一遍又一遍，虞姬也跟着他吟唱。唱着唱着，项羽泪流满面，左右侍从也哭得抬不起头来。但项羽终究是西楚霸王，他收拾了悲伤的心情，率领八百多人骑马突围，向南飞驰而去。

天亮时，汉军发现项羽已突围，赶忙追赶。项羽渡过淮水后，跟随的八百多人只剩下一百多人。后来他又迷了路，陷入一大片沼泽之中，汉军追了上来。项羽又带兵向东，到东城时，身边只有二十八人了，而此时汉军追兵有数千人之多。项羽仍不肯服输，他带领二十八人杀入敌阵，怒目大吼，吓得汉军后退好几里路。汉军被杀掉一名将领、一名都尉和百十个士兵，而项羽这边只损失两人。

项羽跑到乌江（今安徽和县东北），乌江亭长

古诗中的不同看法

唐代大诗人杜牧在《题乌江亭》中写道：“胜败兵家事不期，包羞忍耻是男儿。江东子弟多才俊，卷土重来未可知。”他设想项羽如果回江东重整旗鼓，说不定可以卷土重来，表达了对项羽负气自刎的惋惜。宋代女词人李清照在《夏日绝句》里表达了不同的看法：“生当作人杰，死亦为鬼雄。至今思项羽，不肯过江东。”她认为人们之所以到现在还追思项羽，就是因为他有气节，宁死也不肯回江东苟且偷生。

把船靠在江边，劝他说："江东虽小，但是也纵横上千里，民众数十万，足以称王。希望大王赶快渡江，现在只有我有船，汉军追到这儿，也没法渡江追赶。"项羽却苦笑着说："上天要亡我，渡江干什么呢！当年我和江东子弟八千人渡江西进，现在那些人没有一个能跟我回去，即使江东父兄同情我，让我称王，我哪有脸去见他们？即使他们不说什么，我难道不心里有愧吗？"然后他指着乌骓马说："这马我不忍杀，送给你吧。"说完，项羽和身边仅剩的二十六人都下了马，与汉军短兵相接，拼死搏杀。项羽一人杀死汉军数百人，身上负伤十余处，最后精疲力竭，自刎而死。

历时四年的楚汉战争中，刘邦虽然常被项羽击败，但最终取得了胜利。后来，刘邦总结经验教训，说："运筹帷幄之中，决胜千里之外，我不如张良；管理国家，安抚百姓，供应粮饷，我不如萧何；连百万之众，战必胜，攻必取，我不如韩信。这三人都很杰出，我能用之。项羽只有一个范增却不能用。这就是我能夺取天下的原因。"

昔项籍七十余战，未尝败北，一朝失势而身死国亡者，恃勇无谋故也。
——[汉]郭嘉

楚汉战争结束了秦末农民战争爆发以来的混乱局面，刘邦重新统一了天下，建立了汉朝，定都长安（今陕西西安），史称西汉，他就是汉高祖。（周作明）

冒顿单于统一大漠

秦末农民战争如火如荼之际，北方辽阔的草原上也是风云变幻。匈奴头曼单于的儿子冒顿（mò dú）果敢冷酷，智慧非凡，他弑父夺取单于之位后，开疆扩土，统一了大漠，建立起强大的奴隶制匈奴帝国。

韬光养晦，夺取王位

匈奴在头曼单于统治时期，处境艰难：东边有强邻东胡，西边的月氏也颇为兴盛，北边还有浑庾、屈射、丁零、鬲昆、薪犁等国，南方则遭到强秦的攻击。面对这种局面，头曼单于不得不向强大的东胡纳贡，并将儿子冒顿送到月氏做人质。

冒顿原本是太子，但后来头曼单于宠爱的阏氏（yān zhī）生了个小儿子，所以头曼单于想废掉冒顿，立小儿子为太子，于是他在送冒顿为人质的同时攻击月氏，想激怒月氏杀冒顿。危急关头，冒顿偷了一匹良马，逃回了匈奴。头曼单于并没有因此怪罪冒顿，反而十分欣赏他的机智果敢，认为他是可造之材，赋予他带兵之权。

冒顿单于雕像

得到兵权后，冒顿便开始培养士兵绝对服从命令的精神。为此，他制作了一种会发出响声的箭，叫“鸣镝”，并规定鸣镝射向哪里，士兵必须随之把箭射向哪里，违令者要被砍头。冒顿先是用鸣镝射杀猎物、自己的良马，后来甚至射杀自己宠爱的阏氏，有些士兵心里害怕，没跟着鸣镝射向目标，都被处死了。经过这样残酷的训练，士兵们自然对冒顿绝对服从。秦二世元年（前209年）的一天，冒顿跟随头曼单于去狩猎时，突然将鸣镝射向父亲，左右士兵毫不犹豫地一起随鸣镝所指而射，头曼单于就这样被乱箭射死了。随后，冒顿又杀了后母、弟弟以及大臣中不服从自己的人，夺取王位，自立为单于。

狼噬牛金牌饰

金牌饰是中国北方草原文化的典型器物，多以动物为题材，是显示身份等级的标志性佩物。这件金牌饰反映了战国时期的匈奴文化，狼在森林中咬住牛腿的场景，体现出弱肉强食的自然法则。

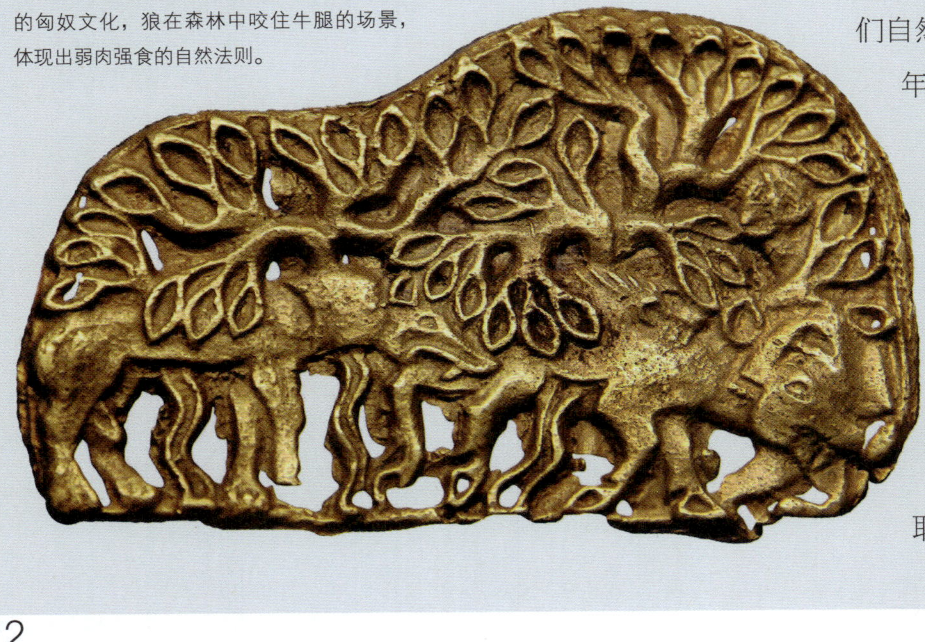

以弱侍强，大败强邻

冒顿夺权的消息很快传到了东胡。东胡认为这是一个挑衅的良机，于是派遣使者到匈奴，勒索一匹号称千里马的良马。冒顿询问群臣意见，群臣都认为千里马是匈奴的宝马，不能给。但冒顿却满不在乎地说："怎么可以和人家邻国友好却吝惜一匹马呢？"于是很爽快地将千里马送给了东胡。东胡以为冒顿怕他，过了一段时间，再次派使者前来勒索，说想要单于的一位阏氏。冒顿又询问左右大臣，大臣们都怒气冲冲地说东胡不讲道理，应该出兵攻打。但冒顿的反应又令众人大吃一惊，他说："怎么可以和人家邻国友好却吝惜一个女人呢？"于是又大手一挥，把宠爱的阏氏也送给了东胡。冒顿的行为使得东胡王越发骄横，更加相信他怯弱无能，所以随后东胡对匈奴的勒索变本加厉。

阏氏

匈奴的最高首领为单于，其妻称阏氏。许多史书中将阏氏等同于中原的皇后，其实并不准确，因为皇后只有一位，但单于可以有多位阏氏，而且匈奴诸王的妻子也可被称为阏氏。

阏氏这个称号可能源于胭脂花。匈奴活动的焉支山地区盛产一种花，汁液可以制成胭脂，用来美容。匈奴单于、诸王之妻被称为阏氏，就是说她们美丽可爱如同胭脂。

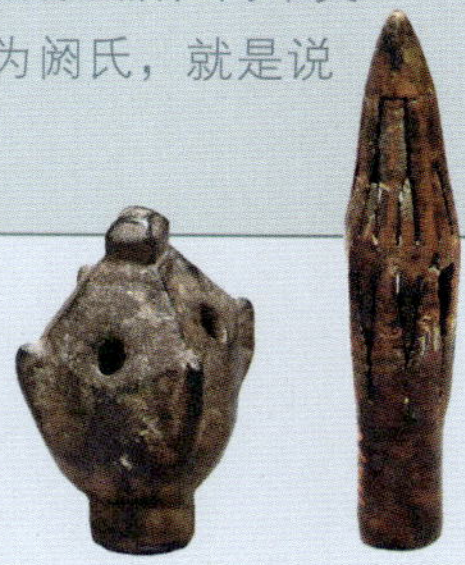

汉代青铜鸣镝

东胡与匈奴之间有块地叫"瓯脱"，东胡王为了向西扩张，盯上了这块地。于是他派使者对冒顿说："那块叫'瓯脱'的地，你们的人也去不了，和弃地差不多，我想要那块地。"冒顿又召集臣下商议，有人认为把这块地给东胡也行，不给也

匈奴古墓中出土的地毯

行。冒顿听了大怒，说："土地是国家的根本，怎么可以随便给！"他立刻斩杀了主张将瓯脱送给东胡的大臣，同时下令匈奴各部落迅速集结，由他亲率大军攻打东胡。之前东胡王以为匈奴软弱可欺，连边境都没设防，怎么可能挡得住匈奴全军出动？这一战，冒顿大破东胡，不仅杀了东胡王，还掳掠了东胡人及其畜产。东胡就此没落，一蹶不振，沦为匈奴的附属。

击败东胡后，冒顿用掳掠的东胡畜产充实国力，用掳掠的东胡人充实部队，向西出击月氏，将月氏人从敦煌、祁连山一带驱赶到伊犁河流域。同时，趁中原楚汉相争无暇北顾的有利时机，向南消灭了楼烦王、白羊王，又一鼓作气夺回了被秦将蒙恬所占的地盘，征服北方诸国。至此，匈奴政权已经十分强大，冒顿单于不仅彻底扭转了头曼单于时期的被动局面，同时也为统一北方草原奠定了基础。

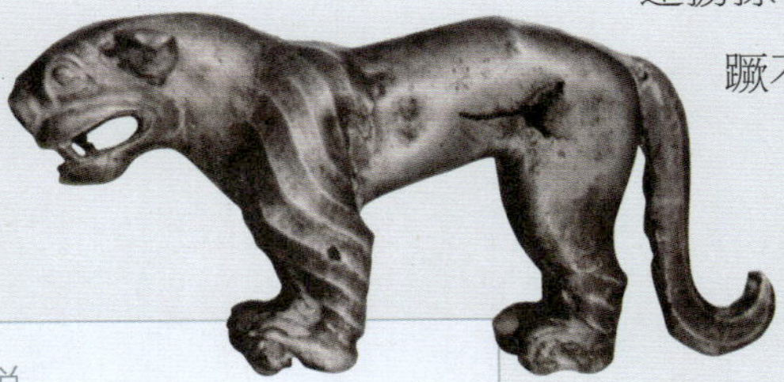

银虎

这是一件战国时期的匈奴文物。

瓯脱

北方大草原不同的部落联盟，或者说不同的政治实体，在各自游牧地区之间，经过双方协调后，会留下一块地，彼此互不进入，作为双方的缓冲地带，避免彼此动辄兵戎相见，这块地可能是根本无法放牧的沙地，也可能是水草不丰美的地方，以其侦测对方是否入侵。匈奴语称这块地为"瓯脱"。

内蒙古和林格尔汉墓壁画《牧羊图》

匈奴弓
（复制品）

汉文帝三年（前177年）前后，冒顿派右贤王率军对月氏发起第二次攻击，迫使月氏再次西迁，还兼并了楼兰、乌孙、呼揭及附近二十六个小国。至此，冒顿单于完成了大漠的统一，将领地远拓至贝加尔湖，西北的草原游牧民族均归于匈奴的统治之下。

稳固政权，强国立威

在开疆扩土、稳定边防的同时，冒顿单于也不断完善国家制度。他规定匈奴的最高统治者为单于，下设左右贤王、左右谷蠡王、左右大将、左右大都尉、左右大当户、左右骨都侯，命他们统率数量不等的军队。并且设立二十四长，其下又设立千长、百长、什长等官职，让他们在各自管辖的地方带领人们游牧、迁徙。大臣、贵族们定期到单于帐下集会，定期组织安排祭祀。这样一来便形成了一套等级严密的行政体制，加强并巩固了单于的权威，推动了经济迅速发展。除此之外，冒顿单于还规定，凡是被掳掠来的人，都分给掳掠者为奴，以此鼓励士兵英勇作战。经过二十多年的发展壮大，匈奴的经济和军事实力进一步增强。

冒顿单于建立起的匈奴帝国盛极一时，汉朝在一段时期内十分忌惮匈奴的力量。汉高祖刘邦曾率大军亲征匈奴，被围困在白登山，非常狼狈，最后还是谋士陈平帮他解了围。刘邦去世后，吕后听政，冒顿单于曾给吕后送去一封具有挑衅意味的书信，吕后大怒，但冷静下来后，也不得不选择隐忍。由此可见，冒顿单于统治的匈奴是何等强大。汉文帝六年，冒顿单于去世，此后匈奴仍保持了数十年的强盛，直到汉武帝时期，中原地区经过长时期的休养生息，才积蓄起足够的力量，反击匈奴对边境的袭扰和掠夺。

冒顿单于是中国历史上杰出的军事家、政治家，他结束了北方草原游牧民族纷争混战的局面，完成了大漠的统一，创造了草原文化的辉煌，加速了多民族之间的融合。有学者认为，他的功绩可以与秦始皇统一六国相媲美。（杨力源）

> 将军出紫塞，冒顿在乌贪。笳喧雁门北，阵翼龙城南。雕弓夜宛转，铁骑晓参驔。应须驻白日，为待战方酣。
>
> ——［唐］卢照邻

金怪兽

这是一件战国至西汉时期的文物，出土于陕西神木纳林高兔村匈奴墓，高15厘米，重0.22千克。学者们推测，它可能是匈奴首领帽上的冠饰。

西汉龙纹铜镜

大风泱泱

《大风泱泱》主要讲述了西汉（前 202—9）的故事。

吸取秦朝二世而亡的教训，西汉前期的三位皇帝——汉高祖、汉文帝、汉景帝，都推行“轻徭薄赋，与民休息”的政策，经济发展，社会稳定，“文景之治”被后世称颂。汉武帝时期，西汉王朝达到鼎盛，成为当时世界上最强大繁荣的国家之一。

“大风起兮云飞扬”，西汉王朝延续二百多年，始终面临着稳固多民族统一国家的严峻考验。汉景帝平定“七国之乱”，汉武帝实施“推恩令”，中央集权逐步战胜了地方割据；周亚夫、李广、卫青、霍去病等名将抗逐匈奴，“犯强汉者，虽远必诛”；张骞、苏武等出使域外，以及“丝绸之路”的开辟，显示出西汉王朝的闳拓与远见。

儒家学说在西汉时期日益强大，开始成为国家的主流文化。司马迁的《史记》开创了纪传体史学，有着“究天人之际，通古今之变”的气魄。汉赋“铺张扬厉”的文学风格，与西汉王朝的雄放气质两相吻合。长沙马王堆汉墓等地出土的文物，揭示了汉人璀璨的精神世界。《氾胜之书》传世虽然不足四千字，却是历代农书公认的“祖本”，对中华农耕文明影响深远。

白登之围

汉初发生的“白登之围”，是西汉与匈奴的第一次正面交锋，也是冒顿单于与汉高祖刘邦的最后一次交锋。刘邦领兵冒进，被匈奴围困在白登山（在今山西大同东北）达七日之久，后来采纳陈平的计策，得以突围。

偶然发生的必然之战

汉高祖刘邦统一中原之时，冒顿单于也在大漠雄起。匈奴经常掳掠侵扰汉朝边疆，成为汉朝一大忧患，双方的战争势不可免。而这场必然的战争，却是因为一个偶然事件而引发的。

事情要从刘邦称帝说起。从一介布衣到九五至尊，刘邦的经历非常传奇。他称帝后，基本沿袭了秦朝的法令制度，但并没有推行全面的郡县制，而是采用了郡县与分封并行的方法。刘邦分封了七位异姓诸侯王，后来这些人在各自封地拥有兵权和行政权，实力日益增强，有脱离中央成为独立王国的趋势，对朝廷造成很大威胁，于是刘邦又开始限制、消灭他们。

青铜当卢

当卢又叫“当颅”，是中国古代的一种马饰，多用青铜制成，装饰在马的额头中央。这对青铜当卢出土于西汉海昏侯刘贺墓，上有精美的错金纹饰。

西汉青铜头盔

异姓诸侯王

异姓诸侯王，即非皇帝宗室的诸侯王，在汉朝就是不姓刘的诸侯王。汉高祖刘邦分封的七位异姓诸侯王是：楚王（原齐王）韩信、梁王彭越、淮南王英布、韩王信、赵王张耳、燕王臧荼（后为卢绾）、长沙王（原衡山王）吴芮。

刘邦登基不到半年，燕王臧荼谋反，虽然不到两个月就被平定，但刘邦对异姓诸侯王已有戒心，所以第二年又把韩信贬为淮阴侯，再分封了许多同姓诸侯王，与异姓诸侯王抗衡。

异姓诸侯王中，韩王信的封国位于中原腹地的颍川郡一带，刘邦认为这里是兵家必争的战略重地，便以防御匈奴为名，将韩王信的封地迁至太原郡以北，都城在晋阳（今山西太原西南古城营）。不久，韩王信请求将王都迁到更北边的马邑（治今山西朔州），得到了刘邦的批准。

汉高祖七年（前200年）秋天，匈奴又一次南下掳掠，目标直指马邑。韩王信派出多个信使，试图与匈奴接触，希望达成和解。但朝廷怀疑韩王信私通匈奴，怀有二心，便派人前去斥责。韩高祖之被困白登，失之于骄，若非陈平之多谋，几致陷没。骄兵必败，理有固然。

——［清］蔡东藩

王信唯恐被杀，索性献出马邑，投降匈奴。于是，匈奴便引兵南下，攻打太原郡，直抵晋阳。刘邦得到消息后，率军亲征，希望平定韩王信的叛乱，并彻底解决匈奴对边地的威胁。

陈平分肉

陈平年轻时，为乡亲们分祭肉，分得特别平均。大家称赞他，陈平说："如果让我主持天下，我也能像分祭肉这样。"后来，陈平成了汉朝重臣，官至丞相。此图出自明代陈洪绶《博古叶子》。

领兵冒进，陷入重围

刘邦出师告捷，击败了韩王信的军队。韩王信逃到了匈奴那里，他的部将曼丘臣、王黄等人拥立赵国王室后代赵利为王，召集被打散的部队，联合韩王信、匈奴一起攻打汉军，但几次交锋都被汉军打得大败。

汉军乘胜追击，当打探到冒顿单于驻军于代谷的消息时，刘邦正驻军在晋阳，他并未麻痹轻敌，而是十几次派人侦察军情。冒顿单于也是个老狐狸，他让精兵强将隐藏起来，将弱兵劣马列于阵前。因此，汉军的侦察兵回来，都说可以进击匈奴。这时，谋士娄敬看出匈奴暴露虚弱的反常现象，分析是诱兵之计，建议刘邦不要冒进。刘邦大怒，骂道："你这齐地的奴才，靠着能说会道当了官，现在还敢乱讲，败坏我军士气！"于是把娄敬关押了起来，并且未等到军队主力集齐，就率少数先锋部队冒进至平城东北三十里的白登山，进入了冒顿单于带领四十万大军精心设计的包围圈。

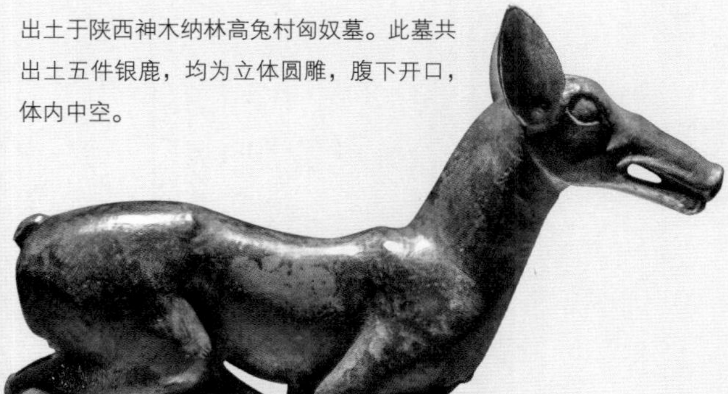

银蹲鹿

出土于陕西神木纳林高兔村匈奴墓。此墓共出土五件银鹿，均为立体圆雕，腹下开口，体内中空。

刘邦被困在白登山后，内无粮草，外无援兵，几次突围都失败了。冒顿单于率精锐骑兵从四面围攻，西面清一色的白马，东面清一色的青马，北面清一色的黑马，南面清一色的红马。匈奴兵虽组织严谨、兵力强悍，但也未能如愿将汉军击败。双方损失惨重，相持不下。

陈平献计突围

匈奴兵围困白登山七个昼夜，汉军饥寒交迫，情势危急。随军谋士陈平向刘邦献计，派密使贿赂冒顿单于的阏氏。密使和阏氏的谈话内容，正史中没有记载，但也有一些史料称，陈平在献给阏氏大量金银珠宝的同时，巧妙地威胁阏氏，说如果刘邦迟迟不能突围，就打算将汉朝最美的女人送给单于，并且劝告阏氏，不如趁着美女还没送到，先劝单于退兵。阏氏担心美人的到来会夺走冒顿单于对自己的宠爱，于是答应去游说。

阏氏劝说冒顿单于："两位君王不要互相为难，您即使占领了汉朝的土地，终究也不能久留，况且汉朝皇帝有神灵庇佑，请单于慎重考虑。"与此同时，冒顿单于与王黄、赵利相约的会师日期到了，但王、赵二人却没有如期到来。冒顿单于怀疑他们与汉军勾结，又担心汉军主力部队赶到，会对匈奴军不利，于是下令将包围圈放开一角。当时天降大雾，汉军在陈平指挥下，保护刘邦徐徐撤出包围圈。刘邦返回平城后，汉军主力陆续到达，冒顿单于遂下令撤兵北返。汉匈的第一次军事交锋就此落幕。

西汉珠饰

韩王信其人

韩王信并不是那个在楚汉战争中名震天下的大将军韩信，而是战国时期韩国国君韩襄王的孙子。他带兵追随刘邦，帮助刘邦打下韩国故地，被刘邦封为韩王，为了与大将军韩信相区别，后世多称他为韩王信。

大风起兮云飞扬

白登之围后，刘邦将十几名声称可以进击匈奴的侦察兵全部处死，放出被关押的娄敬，对他说："我都是因为不听你的话，才被围困的。"同时

皇后之玺

这是迄今发现唯一的汉代皇后玉玺，也是国家一级文物。玉玺质地为新疆和田的羊脂玉，上部雕刻了一只螭（chī）虎，底部刻有篆书“皇后之玺”四个字。考古学家推测，它很可能是吕后生前所用的印章。

给娄敬平反，封他为关内侯。

汉高祖八年，娄敬提出“和亲”的建议。他认为朝廷一时无法战胜匈奴，建议将汉朝公主嫁给冒顿单于，并每年送给匈奴一定数量的布匹、酒、粮食等物资。这样一来，去和亲的汉朝公主生的儿子就是匈奴太子，将来接替单于之位，哪有外孙和外祖父作对的？刘邦采纳了娄敬的建议。他原本想将自己的嫡女鲁元公主送去和亲，但吕后认为匈奴的生活环境艰苦，心疼女儿，因此日夜哭泣。后来，刘邦选了一名宗室女，封为公主，远嫁匈奴。而冒顿单于通过白登之围，也认识到马背民族虽然战斗力强，但无法解决粮草问题，无法彻底战胜汉军，再加上军队受到重创，只能接受和亲。和亲之后，匈奴在汉朝边境虽然还有小规模的侵扰，但双方在相当长的一段时期内没有大战。

汉高祖刘邦的心中，始终期待着一个更为强大的汉王朝。白登之围后的第五年，也就是公元前195年，刘邦在行军途中，顺道回老家沛县。从起兵反秦，到建立与巩固汉王朝，刘邦已十四年未曾回到家乡。这一次，刘邦将故旧老友都喊来喝酒，又招呼一百二十名少年现场伴歌。酒到酣处，刘邦拍打着乐器，率领众人高唱：“大风起兮云飞扬，威加海内兮归故乡，安得猛士兮守四方！”边歌边舞，六十多岁的刘邦已是老泪纵横。这三句歌诗，不仅表现出刘邦在群雄竞逐后荣归故里的豪迈气魄，也流露出他居安思危，渴求贤才镇守国家的愿望，后人将其命名为《大风歌》。

（杨力源）

西汉“单于和亲”瓦当

[金]宫素然《明妃出塞图》（局部）

此图取材于汉元帝时宫女王昭君（明妃）远嫁匈奴呼韩邪（yé）单于的故事，生动呈现了王昭君与随行人员艰苦出塞的情形。

文景之治

汉高祖刘邦死后，吕后把持朝政十六年。后来，汉文帝刘恒、汉景帝刘启先后即位，在他们父子俩近四十年的当政时间里，社会稳定，经济发展，人民安康，国家富裕，被视为中国古代的盛世，史称“文景之治”。

周勃安刘，文帝登基

汉高祖十二年（前195年）四月，刘邦走完了他充满传奇色彩的一生。五月，刘邦和吕后的儿子——刘盈即位，也就是汉惠帝。吕后被尊为皇太后。

西汉错银“堂阳侯”虎符

吕后性格刚强，手段狠辣。在刘邦还活着的时候，她曾设计除掉韩信、彭越，为剪除异姓王起了不小的作用。刘邦死后，吕后对险些抢走汉惠帝皇位的赵王如意怀恨在心，将他毒死，还残忍虐杀了他的母亲戚夫人。汉惠帝看到戚夫人的惨状，嚎啕大哭，病了一年多，从此不理朝政，年仅二十三岁就郁郁而终。吕后先后扶持两个小皇帝为傀儡，自己临朝听政。吕氏家族势力迅速膨胀，引发了许多大臣的不满，但没人敢公开反对。吕后得了重病之后，预料到吕氏家族将会在自己死后成为众矢之的，便将守卫都城长安（今陕西西安）的南、北两支军队分给了两个侄儿吕产、吕禄。

汉文帝画像

高后八年（前180年）七月，吕后病死。吕产、吕禄想夺取天下，但又不敢轻举妄动，长安城笼罩在不安定的氛围中。危急时刻，太尉周勃找到丞相陈平商量对策，决定绑架周侯郦商，以此胁迫他的儿子郦寄去游说吕禄交出兵权。郦寄是吕禄的好友，果然说服吕禄交出了兵权，周勃得以入主北军。此时，吕产以为吕禄仍掌有兵权，按照原计划入宫作乱。周勃立刻派人领兵进宫，杀掉了吕产。很快，吕禄及吕氏家族其他人也被周勃铲除。

陈平智有余，然难以独任。周勃重厚少文，然安刘氏者必勃也。

——汉高祖

刘姓的天下安定了，周勃又与陈平商议，另立刘邦的儿子——代王刘恒为帝。刘恒谦让一番之后同意了，他就是后世所说的汉文帝。

安民为本，以德化民

汉文帝在位二十三年后去世，他的儿子汉景帝即位，做了十六年皇帝。两人在位的这段时间被称为“文景之治”，为后来汉武帝将汉朝推向巅峰打下了坚实的基础。

为什么会出现“文景之治”的盛世呢？这与文、景两帝的治国理念密切相关，他们始终将“民”与“农”作为治理国家的根本。文、景两帝的诏令中，常有“安民为本”的训条。汉文帝认为，“安民”就是“思安百姓”，不要“苦民”。他即位后，因为要立皇后，就想到应该安抚百姓中的鳏（guān，无妻）、寡（无夫）、孤（无父）、独（无子）和穷困的人，下诏赐给年过八十的老人和不满九岁的孤儿每人若干布、帛、米、肉。

安民为本，还要“以德化民”，也就是给人民做榜样。汉文帝一生躬修节俭，在位期间没有新建宫室、园林，也没有买新的服饰、车马。他曾经想建一座露台，问工匠需要花多少钱，工匠估算说需要百金，他感慨道：“百金相当于十户中等人家的财产，我继承了先帝的宫室，还常觉得羞愧，怎么能花这么多钱去建露台呢？”于是便放弃了。为了减轻人民税负，汉文帝减少

黄老之学

战国时期，稷下学宫的一批学者假借黄帝、老子之名著书立说，形成“黄老学派”，在政治上主张“贵清静而民自定”“无为而治”。中国古代每当大的政治动乱之后，统治阶级为了稳定社会秩序，往往采用黄老之学，与民休养生息。汉初统治者信奉黄老之学，促成“文景之治”，唐、宋初年也有相似做法。但是，黄老之学过于强调“无为”，不利于加强中央集权，在王朝局势稳定以后通常会逐渐衰落。

鎏金铜蚕

长5.6厘米，腹围1.9厘米，胸高1.8厘米，重10克，制作精致，造型逼真，是汉代养蚕缫丝业达到高峰的历史见证。

漆屏风

出土于马王堆1号墓，通高62厘米，宽58厘米，是为随葬而制作的明器。西周初期，人们就开始使用屏风进行挡风和遮蔽。到了汉代，屏风的使用更加普遍，漆屏风属于考究的家具，只有富贵人家才能拥有。

汉景帝画像

自己的开支，裁减侍卫人马，甚至穿着草鞋上朝。他还要求自己宠爱的夫人不要穿长到拖地的衣裙，使用的帷帐上不要绣彩色的花纹图案。汉文帝身体力行，做好表率，以此来教化民众。

汉景帝深受父亲影响，即位后也厉行节俭。他曾经下诏不接受地方进贡的锦绣等奢侈物品，降低宫中的饮食标准，禁止地方官员征发百姓采挖黄金珠玉，否则以贪赃盗窃罪论处。

在对外关系方面，文、景两帝延续了“和亲”之策，对匈奴的入侵并不组织军队主动出击，目的还是在于安民，避免加重百姓的兵役负担，防止刚复苏的经济发展受到破坏。

躬耕垄亩，轻徭薄赋

农业是农耕社会的根本，汉文帝和汉景帝都深知这一道理。由于连年战乱的影响，当时社会经济凋敝，更加迫切地需要恢复农业生产。所以，到了春耕时，他们都曾经亲自下地劳作，给百姓做榜样。

之前汉高祖实行十五税一的田赋税率，即国家征收农作物总产量的十五分之一，与秦朝时相比，已经大大减轻了农民负担，而汉文帝则更

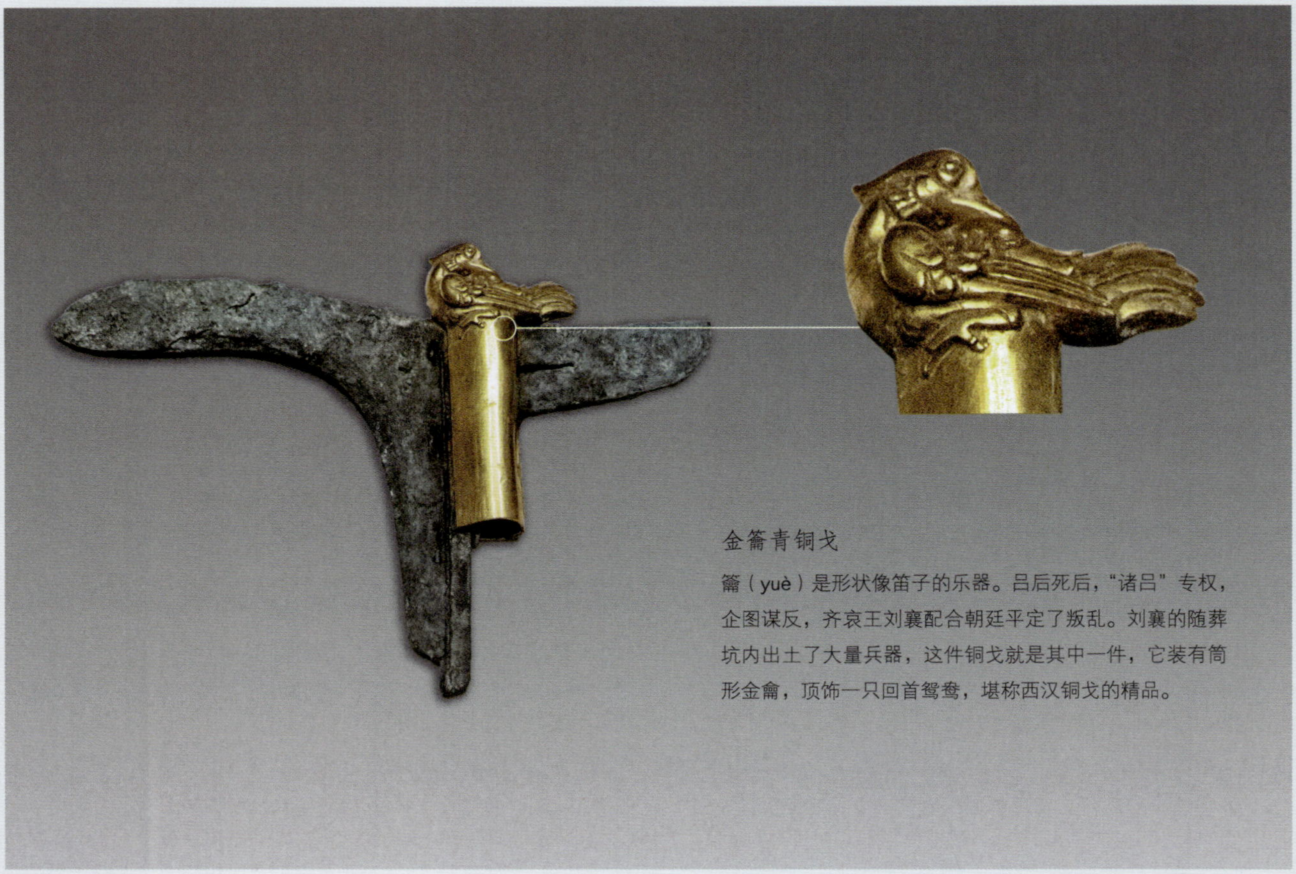
金籥青铜戈

籥（yuè）是形状像笛子的乐器。吕后死后，“诸吕”专权，企图谋反，齐哀王刘襄配合朝廷平定了叛乱。刘襄的随葬坑内出土了大量兵器，这件铜戈就是其中一件，它装有筒形金籥，顶饰一只回首鸳鸯，堪称西汉铜戈的精品。

进一步，曾两次下诏免除一半田租，将税率降到三十税一，还有一年把田租全免了。汉景帝即位当年就下诏免除一半田租，实行三十税一，从那以后，三十税一成为定制，为后代所继承。这是中国封建社会田赋税率最低的时期。

汉文帝多次颁布诏令，说农业是天下的根本，人民依赖农业生存，要致力于根本，不能舍本逐末。为了让百姓有更多时间耕作，汉文帝大力减少徭役，将成年男子的徭役从每年服役减到每三年服役一次。汉景帝将男子服役的年龄从十七岁提高到二十岁。

文、景两帝坚持以农为本，躬耕垄亩，轻徭薄赋，恢复了农业生产，发展了社会经济。

汉代的各种尺

尺是用于计量长短的器具，如今考古发现的汉代尺有90余枚，材质、纹饰不尽相同，长短略有参差，但都在23 ~ 23.5厘米之间。

扫除烦苛，废除酷法

严刑苛法是引起社会动乱的重要原因，汉文帝以秦朝灭亡为前车之鉴，力图改善社会法治状况。他即位当年就废除了连坐法，希望以引导百姓向善的方式来治理国家。第二年，他又废除了“诽谤妖言”“祝诅上（即诅咒皇帝）”等罪名，民众有了一定的言论自由。

后来，汉文帝看到一个小女孩的上书，废除了肉刑，即残害犯人肉体的刑罚。这个小女孩名叫淳于缇萦（tí yíng），她的父亲淳于意犯了罪，被判了肉刑，要被押送到长安受刑。淳于意有五个女儿，被押走之前，他愤愤地骂道：“生女不生男，到了紧要关头一点用也没有！”缇萦听了，暗自垂泪，跟着父亲来到了长安，上书说：“受了肉刑的人，即便想要改过自新，受损的身体也无法

汉文帝霸陵

霸陵是汉文帝的陵墓，因靠近霸水而得名。汉文帝遗诏要求修霸陵都用瓦器，装饰朴素，在当时深受百姓好评。2021年，国家文物局公布陕西西安白鹿原江村大墓就是汉文帝霸陵，纠正了以往认为汉文帝霸陵在“凤凰嘴”的说法。江村大墓入选为当年的全国十大考古新发现之一。

霸陵发掘现场

复原。我愿被收入官府为奴婢，以此来赎父亲的罪。”汉文帝被缇萦的孝心深深打动，他也觉得肉刑很不合理，便让大臣们商量用其他刑罚取代肉刑。于是，脸上刺字、割鼻子、砍脚趾这些残忍的肉刑被做苦工、打板子所取代。“缇萦救父”由此传为佳话。

汉景帝在位时，也做了一些减轻刑罚的好事。有些肉刑尽管被改成打板子，犯人虽然因此免于肢体损伤，但量刑过重，有些人甚至会被打死。汉景帝两次下诏减轻打板子的刑罚，把原本打五百大板改为打三百，打三百改为打二百，打二百改为打一百，还规定板子只能打在屁股上，而且不能中途换人打。这样一来，挨板子的人就不至于送命。

开创盛世，美名传扬

经过文、景两帝的努力，汉初残破荒凉的景象不复存在，取而代之的是一个政治清明、经济发展、人民生活安定的社会。《史记》中这样描绘当时的盛世景象：

国家没有战事，如果没有天灾，百姓们都丰衣足食。国库里的铜钱数以亿计，穿钱的绳子腐朽断裂，钱撒了一地，数都没法数。京城的国家粮仓里堆满了粮食，堆不下的只好放在外面，甚至腐坏了，不能食用。街头巷口都有马，田野之上更是马匹成群。看门人都吃上了小米和肉，官吏们安守其位，教养儿孙。人们都爱惜自己而惧怕犯法，凡事以礼义为先。

不过，盛世繁荣的背后也掩藏着危机，诸侯势力恶性发展酿成动乱，关外的匈奴仍在虎视眈眈……大一统的汉王朝，仍面临着分裂与战争的危险。（周作明）

［宋］佚名《却坐图》（局部）

汉文帝的爱妾慎夫人很受宠，常和汉文帝、窦皇后同席而坐。一次，汉文帝和窦皇后、慎夫人游玩上林苑，坐下休息时，大臣袁盎把慎夫人的座位搬到了窦皇后的后面。慎夫人生气，不肯就座。汉文帝也不高兴，准备起身回宫，袁盎上前劝道：“皇后是主，慎夫人是妾，哪有妾和主同坐的道理？陛下宠爱慎夫人，但尊卑失序会害了她。难道皇上没听过戚夫人被吕后虐杀的事吗？”左页图描绘的就是这一段故事。

西汉铜升

农业税

中国是传统的农业国，农业税收一直是国家统治的基础，因此被称为“皇粮国税”。有记载的最早的农业税，是公元前594年春秋时期鲁国实行的“初税亩”。2006年1月1日，农业税被废止。如此算来，农业税在中国历史上共实行了2600年。

西汉人形足高柄灯

七国之乱

汉高祖吸取秦朝灭亡的教训，实行郡国并行制，但高度自治的诸侯国逐渐发展成了地方割据势力，严重威胁中央。汉文帝、汉景帝采取一系列措施消除威胁，后来汉景帝采纳晁错"削藩"的建议，引发了七个诸侯王反叛。

郡国并行

秦汉时期，分封制与郡县制一直在"斗争"着。秦朝初年，由于秦始皇和李斯的坚持，郡县制得以在全国推行，但在秦末就出现了反复。先是项羽分封十八个诸侯王，刘邦在楚汉相争时，迫于形势，也分封了一批异姓诸侯王。称帝之后，刘邦采取郡县与分封并行的体制，异姓诸侯王的势力很大。

西汉鎏金四人舞俑青铜扣饰

刘邦的皇位才坐了不到半年，燕王臧荼就起兵谋反，虽然很快被平定，但刘邦对异姓诸侯王已经有了戒心，所以第二年就把韩信贬为淮阴侯，又分封了许多同姓诸侯王，与异姓诸侯王抗衡。从登基到驾崩的八年时间里，刘邦一直致力于铲除异姓诸侯王。在消灭了大部分异姓诸侯王之后，刘邦杀了一匹白马，和大臣们立下誓约："如果有不是刘氏子弟却称王的，天下共同讨伐他！"刘邦死后，吕后执政，曾经广封吕姓子弟为王，但在吕后死后，吕姓诸王很快被消灭了。

西汉谷纹玉璧

异姓诸侯王的问题解决了，但同姓诸侯王也不是省油的灯。他们都是汉高祖的子孙，拥有自己的封地，俨然统治着一个个独立王国。汉高祖去世时有九个同姓王，到了汉文帝时，已经增加到二十多个。在与皇权博弈的过程中，这些同姓王也给汉朝的大一统制造了不小的麻烦。

贾谊画像

初步削藩

汉文帝三年（前177年），济北王刘兴居叛乱，首开同姓王武装反抗朝廷之先例。汉文帝派兵镇压，叛军顷刻瓦解，刘兴居被俘后自杀。才过了三年，淮南王刘长又举起叛旗，但尚未行动，就被朝廷发觉。汉文帝派人传刘长入京，罢去他的封号，将他发配蜀郡。途中，刘长绝食而死。

虽然汉文帝雷厉风行地平息了这两起叛乱，但同姓王势力恶性发展，已经成为对抗中央朝廷的分裂势力。当时有位青年才俊名叫贾谊，给汉文帝呈上一篇《治安策》，形象地将汉朝比喻为得了肿病的患者，而那些过于强大的诸侯国是肿块，如不及时医治，必然危及生命。他提出“众建诸侯而少其力”之策，就是将诸侯国分割为几个小国，削弱其势力，从而达到中央集权的目的。

然而，汉文帝一直下不了决心，将此事拖了好几年，贾谊没能等到自己的主张实现就英年早逝。这时又有一位青年才俊脱颖而出，他名叫晁错，官拜太子家令，就是太子家的总管，被尊称为“智囊”。晁错和贾谊的想法不谋而合，他也上书给汉文帝，陈述了削减诸侯国领地的必要性。恰好这年齐王刘则去世，没有儿子继位，汉文帝便顺水推舟，在第二年将领地最大的齐国分为六个小国，又将曾经发生过叛乱的淮南国一分为三。

但是，此举并未从根本上解决皇权和王权的矛盾，分权和集权的问题依然存在。一场搅动帝国局势的风暴，正在暗中酝酿。

叛乱再起

当年，吴王刘濞（bì）的太子刘贤在京城与皇太子刘启（也就是后来的汉景帝）玩六博棋时发生争执，刘启用棋盘击打刘贤头部致其死亡。刘濞痛失爱子，怀恨在心，从此假装生病，再也不去京城朝见皇帝。汉文帝想治他的罪，但又自知理亏，就忍了下来，还派人去安抚他。但是这种宽容却被刘濞视为软弱，他越发骄横起来，甚至有了谋反之心。吴国靠海，还有铜矿，刘濞自己煮盐售卖，采铜铸钱，过得跟皇帝一样富有，这引起了朝廷的注意。

汉景帝即位后，重用晁错。汉景帝三年（前154年），晁错再次提出削藩的建议，指出吴王刘濞的种种作为

“汉并天下”几何纹砖

贾生

［唐］李商隐

宣室求贤访逐臣，贾生才调更无伦。
可怜夜半虚前席，不问苍生问鬼神。

贾谊曾被排挤，贬为长沙王太傅。后来汉文帝突然想起贾谊，召他回长安，询问鬼神之事，一直问到半夜。唐代诗人李商隐写下这首诗，为贾谊的怀才不遇而叹息，也抒发了自己在政治上备受排挤、壮志难酬的感伤。

晁错画像

都昭示他迟早要反，不如先下手为强，趁早削夺他的领地。汉景帝认为晁错说得对，但有些犹豫，怕这样会激起诸侯造反。晁错坚定地说："诸侯如果存心造反，那么削地要反，不削地也要反。削地的话，造反的祸患还小；不削地的话，他们势力雄厚了再反，祸患就更大了。"

汉景帝被说服了，开始着手削夺诸侯的封地。有的诸侯被削去一个郡，有的被削掉几个县，削夺的土地都归中央政府直接管辖。此举引发了轩然大波，晁错的父亲甚至还跑到京城指责儿子不该离间皇家骨肉亲情，晁错说这都是为了国家安

六博

六博是中国古代的一种棋类游戏，比象棋要古老得多，盛行于战国至汉代。战国时期一套完整的六博棋具，包括梮（jū）、棋、箸。梮是博局，也就是棋盘，多为木质方形，中间有方框和曲道；棋是棋子，一般双方各执6枚棋子，以颜色区分；箸相当于骰子，多用细竹管制成，用来投筹码。西汉有些博具中开始用茕（qióng）代替箸，那是一种18面体的球形物，更易于滚动。六博的具体玩法在唐代时已经失传。

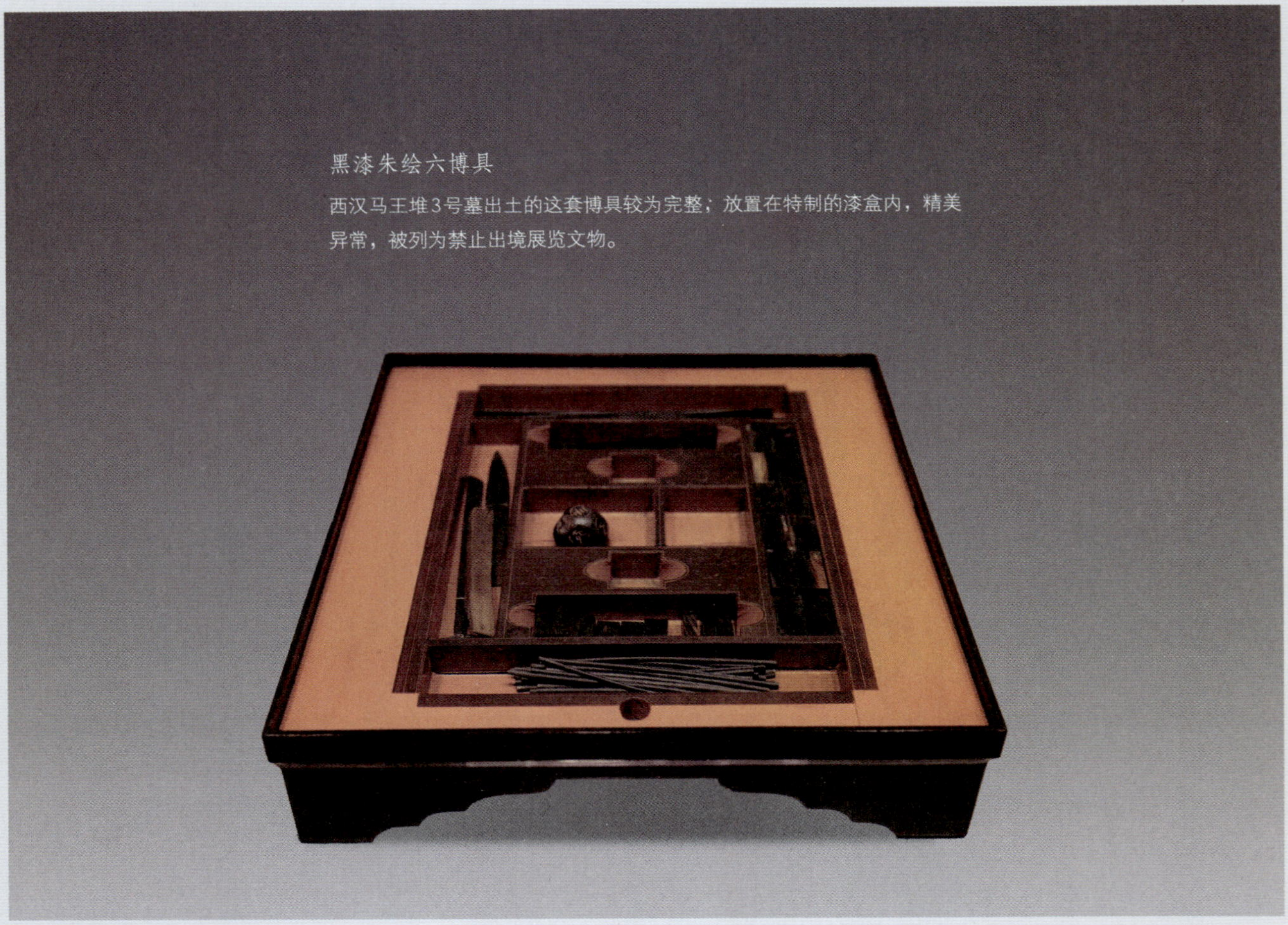
黑漆朱绘六博具

西汉马王堆3号墓出土的这套博具较为完整，放置在特制的漆盒内，精美异常，被列为禁止出境展览文物。

西汉青铜剑

定。晁错的父亲哀叹道："刘家的天下安定了，我们晁家却危险了！"然后他气得回家服毒自尽了。

眼看下一步就要削吴国的地，刘濞坐不住了。他联合楚王刘戊、赵王刘遂、济南王刘辟光、淄川王刘贤、胶西王刘卬、胶东王刘雄渠，共七个诸侯王，以"诛晁错，清君侧（杀掉晁错，清除君王身边的坏人）"为名发动叛乱，史称"七国之乱"。

枉杀晁错

汉景帝得到消息，立刻派太尉周亚夫等将领率兵平叛。这时，曾当过吴国丞相、与晁错有矛盾的大臣袁盎对汉景帝说，七国发兵完全是晁错引起的，只要答应七国"清君侧"的要求，杀了晁错，他们就会撤兵。汉景帝听了这番话，沉默许久之后叹道："如果真的能这样，我不会为了一个人而得罪天下人。"于是下定决心要杀晁错。

一天，中尉陈嘉来到晁错家，传达皇帝的命令，要他上朝议事。晁错立刻穿上朝服，跟着陈嘉上车走了，结果被直接拉到东市，处以腰斩之刑。一心想维护汉家天下的晁错，就这样稀里糊涂地冤死了。然而，他的死并没有换来七国叛军退兵。当朝廷使者来到叛军营中，让刘濞拜受皇帝诏书时，刘濞却笑着说："我现在已经是东方的皇帝，还要拜谁？"事已至此，枉杀晁错的汉景帝后悔也来不及了，只能认清现实，武力平叛。被委以重任的周亚夫只用了三个月的时间，就平定了七国之乱。

七国之乱的平定，基本上清除了诸侯王势力对汉朝中央的威胁，为汉武帝以"推恩令"进一步解决诸侯王问题创造了条件。（周作明）

［明］杜堇《伏生授经图》

伏生原为秦朝博士，相传秦始皇焚书坑儒时，他逃回故乡，冒死将《尚书》藏于壁中。后来，汉文帝派晁错去找伏生，由伏生口授，晁错整理记录出了传世的《今文尚书》。此图表现的就是伏生传授典籍的情景。

周亚夫治军有方

西汉名将周亚夫是将门之后，他严谨治军，善于用兵，为平定七国之乱立下了汗马功劳。他的胆子也很大，竟然敢阻拦汉文帝的车驾。汉文帝非但不生气，还赞许他是“真将军”。

将门之后

周亚夫的父亲周勃是沛县人，和汉高祖刘邦是老乡。周勃早年家贫，靠编养蚕器具维持生活，还经常在人家办丧事时去吹箫奏挽歌，后来又成为能拉硬弓的勇士。刘邦在沛县刚起兵的时候，周勃便跟随了他，堪称汉朝开国功臣中的元老。

周勃南征北战，在灭秦之战和楚汉战争中立下赫赫战功，汉朝建立后，他为了保卫刘氏江山也出了不少力气。因为在平定燕王臧荼叛乱时立功最多，周勃被汉高祖封赐列侯爵位，以绛县

八千一百八十户作为食邑，封号“绛侯”。后来他又随汉高祖平定了韩王信等人的叛乱，被升为太尉。

周勃为人质朴刚强，老实忠厚，汉高祖曾经夸奖他说：“能安定刘氏天下的必定是周勃！”这话没有说错，吕氏作乱之时，正是周勃如同定海神针一般稳住了局势，留下了“周勃安刘”的佳话。汉文帝即位后，任周勃为右丞相。

汉文帝十一年（前169年），周勃去世，谥号“武侯”，由长子周胜之继承爵位。后来周胜之因为犯法被剥夺爵位，他的弟弟周亚夫被封为“条侯”，继承了周勃的爵位。

细柳营“真将军”

当年汉高祖刘邦定下了和亲之策，缓和了汉朝与匈奴的紧张局势，但后来匈奴仍然时不时攻扰汉朝边境。汉文帝后元六年（前158年），匈奴进犯汉朝北部边境，来势汹汹，抢走不少财物。汉文帝急忙调拨大军前去迎战，还任命了三名官员为将军，率兵马驻扎在京城长安附近，以防万一。宗正刘礼驻军在霸上，祝兹侯徐厉驻军在棘门，河内郡守周亚夫驻军在细柳（今陕西咸阳西南渭河北岸）。

一天，汉文帝为鼓舞士气，亲自到这三路驻

周亚夫画像

军的营地犒劳慰问。他先到了霸上军营，又到了棘门军营，这两处军营都不用通报，就能长驱直入。见到皇帝车马的到来，两名将军都率领属下，骑马列队迎接并送别皇帝。但是，当汉文帝到了周亚夫的细柳军营时，居然吃了一道闭门羹，守卫营门的士兵拦住他的先头卫队，不让进入。先头卫队的官员说："皇上稍后就到。"守卫营门的都尉却说："将军有令，军中只听将军命令，不听天子诏令。"

汉文帝乘车一路走来，远远看到细柳军营的官兵都披甲戴盔，拿着锋利的兵器，一派剑拔弩张的氛围，和之前去过的两个军营截然不同。等到他的马车到达营门外，又被拦住。汉文帝只好派使者拿着符节进去通报，告诉周亚夫："皇上要进营慰劳军队。"周亚夫这才命令开门迎接。

汉文帝一行人马进入军营时，守营的士兵还严肃地告诉皇帝的随从车骑："将军规定，军营之中不准纵马奔驰。"汉文帝也不生气，真的就让车骑慢慢前行。到了将军的营帐之前，周亚夫这才一身戎装出来迎接。他向汉文帝行拱手礼，不卑不亢地说："我是盔甲在身的将士，不能跪拜，请陛下允许我以军礼参见。"

汉文帝听了非常感动，马上神情严肃地俯身扶着车前横木，向官兵们致意，敬重地慰劳将士们。劳军礼仪完毕后，出了细柳军营的大门，许多大臣都对周亚夫如此对待皇帝表示惊诧，汉文帝感慨地对他们说："这才是真将军啊！霸上、棘门的军营简直是儿戏一般，如果敌人来偷袭，恐怕他们的将军都要被俘虏。至于周亚夫，谁敢对他轻举妄动？"

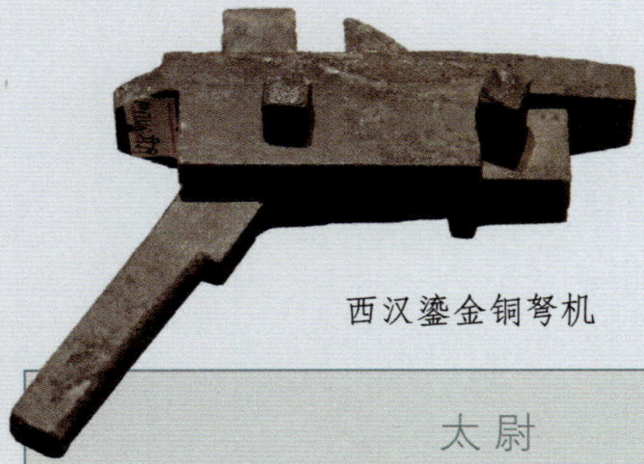
西汉鎏金铜弩机

> 周亚夫刚正之气，已开后世言气节者之风。观其细柳劳军，天子改容，已凛然不可犯。
>
> ——［清］曾国藩

太尉

秦汉时期，太尉是掌管全国军政的最高官员，与丞相、御史大夫并称"三公"。西汉早期，太尉的设置多与军事行动有关：汉高祖刘邦为讨伐陈豨（xī）叛乱，任命周勃为太尉；汉景帝刘启为平复七国之乱，任命周亚夫为太尉。由此可见，当时的太尉有虚位性质。汉武帝时曾改称太尉为"大司马"。东汉时复名"太尉"，与司徒、司空并称"三公"。后来，太尉这一官职虽然历代沿用，但多为加官，并无实权。

智平七国之乱

在细柳营的这次经历，让汉文帝对周亚夫赞叹不已。匈奴退兵之后，汉文帝命驻守京城的三路军队撤兵，然后升周亚夫为中尉，掌管京城治安。后来，汉文帝在病重弥留之际嘱咐太子刘启："如果发生危急情况，周亚夫是真正可以担当领兵

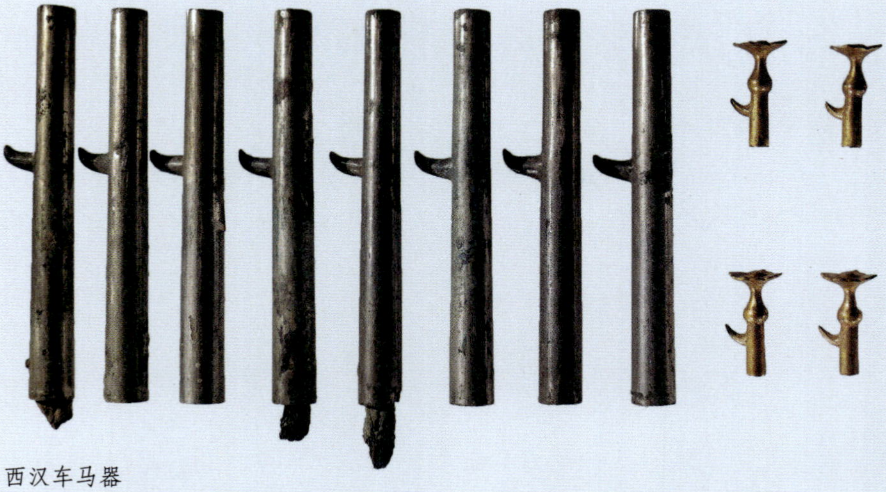

西汉车马器

一天晚上，吴军朝周亚夫军营的东南角奔来，周亚夫意识到这是声东击西，就让士兵们注意防备西北角。过了一会儿，吴国精兵果然奔到了西北角，因为周亚夫早有防范而没能攻入。吴军饥饿难耐，只能撤退。这时，周亚夫等待的时机已到，他立即派出精兵追击，一举大败吴军。吴王刘濞

重任的。”汉文帝去世后，刘启即位，就是汉景帝，他任命周亚夫为车骑将军。

七国之乱时，周亚夫用自己的实际行动说明了汉文帝没有看错人。当时，他已由中尉升至太尉，领兵向东进攻吴、楚叛军。出战前，周亚夫已经想好了战术，他对汉景帝说：“吴、楚兵将勇猛，与他们正面交锋，很难取胜。让梁国拖住他们进攻，我去断绝他们的粮道，这样才能把他们制服。”汉景帝同意了。

于是，梁国首当其冲，被叛军轮番攻打，梁王刘武眼看形势危急，请求援救。而周亚夫则领兵向东北直奔昌邑，深挖壕沟，高筑壁垒，守而不战。梁国天天派使者向周亚夫求救，甚至上书报告汉景帝，汉景帝派使者诏令周亚夫救梁，但周亚夫仍坚守营垒不出兵，而是派遣轻骑兵暗中截断了吴、楚叛军后方的粮道。叛军转头去打周亚夫的军队，他们屡次挑战，但周亚夫始终不出战。

抛弃大军，与几千名壮士逃到江南丹徒自保。周亚夫乘胜追击，将叛军全部俘虏，让他们投降了汉军，同时悬赏千金捉拿吴王。过了一个多月，就有越人斩了吴王的头来报告。

周亚夫平定吴楚七国之乱，一共只用了三个月。到了这时，众将领才意识到他的计谋是正确的，纷纷称赞。但梁王却因为周亚夫没有及时救援，和他结了仇。周亚夫因平叛有功，受到汉景帝重用，升任为丞相。但是，因为他有些意见与汉景帝相左，又遭到梁王的攻击和诬陷，逐渐失势，称病罢相。后来，周亚夫的儿子私下购买官方军用物品，想给父亲用作陪葬，被人告发，牵连到周亚夫。周亚夫被逼认谋反，绝食而死。平叛七国之乱的最大功臣，最终以这样惨烈的方式走下历史舞台，令人慨叹。（周作明）

西汉漆龟盾

出土于湖北江陵凤凰山8号汉墓，为龟腹甲形，背面有木质把手。正反两面朱绘人物及怪兽图案，形态诡谲，想象丰富。

马王堆汉墓与最早的地形图

1972—1974年，考古工作者在湖南长沙马王堆先后发掘了三座古墓。墓主人是西汉初期长沙国丞相利苍及其家属。马王堆汉墓出土了一具保存完好的女湿尸，以及3000余件重要文物，其中包括一幅世界上现存最早的高精度地形图。

千年湿尸

1号墓是马王堆三座墓葬中规模最大的，其中保存完好的女湿尸震惊世界。

据考证，这具女尸是利苍的妻子辛追，去世时年龄约五十岁。她在地下沉睡了近2200年，出土时身体各部位和内脏器官的外形仍相当完整，全身软组织有弹性，血管清晰可见，部分关节还可活动，几乎与新鲜尸体相似。这是防腐学上的奇迹，在世界考古史上前所未见。

1号墓的椁室用整块厚木板构成，中央放置装饰华丽的四层套棺，椁室外面填塞了大量木炭和白膏泥。深埋、密封造成的恒温、恒湿、缺氧和无菌条件，使得辛追的棺椁有效地避免了受潮腐烂，加以尸身防腐之术，她的尸体因而完好地保存下来。

朱地彩绘棺

是马王堆1号墓木棺椁的第三层，通体内外涂朱漆。棺外表的朱漆地上，又用青绿、粉褐、藕褐、赤褐、黄白等明亮的颜色，彩绘龙、虎、朱雀、鹿和仙人等“祥瑞”的图案。

《马王堆地形图》

《马王堆地形图》是在3号墓中发掘出土的地图。这幅地图没有标注图名，人们根据出土地点和图面内容把它命名为《马王堆地形图》。同时出土的还有另外两幅地图，分别被命名为《马王堆驻军图》和《马王堆城邑图》，但是由于这两幅地图破损严重，尤其是城邑图，研究更少，故很少为人知晓。

根据出土的三枚印章以及记事木牍，可知该墓下葬时间为汉文帝十二年（前168年），由此可把《马王堆地形图》的年代定为2100多年前。

《马王堆地形图》绘在一种极薄的丝织品帛上，与其他帛书一起被折叠放置在墓椁的漆奁（lián）里。漆奁渗入棺液，经过2000多年的时间，各层之间互相粘连，出土时已腐烂破碎，断裂为32片。经过专家的努力拼复，形成横4片、纵8片、长宽各98厘米的正方形地图。

根据图上县级地名及山川形态，可知其制图区域大致在东经111°至112°30′，北纬23°至26°之间，地跨今湖南、广东和广西三省（区）交界，方向是上南下北，图中左上部月牙形的水体为南海。主区所绘为汉初长沙国所属桂阳郡的中部深平地区，相当于今湖南沱江流域，比例尺大致为十八万分之一。

确认墓主身份

马王堆汉墓曾被讹传为五代十国时期楚王马殷的墓地，故称“马王堆”；还曾被认为是汉朝长沙王两位妃子的墓葬，俗称“双女冢”。后来，考古学家根据2号墓出土的“轪（dài）侯之印”“长沙丞相”和“利苍”三枚印章，确认此墓主人是死于汉高后二年（前186年）的长沙国丞相轪侯利苍。1号墓的主人被推测为利仓的妻子，3号墓可能是利苍之子的墓葬。

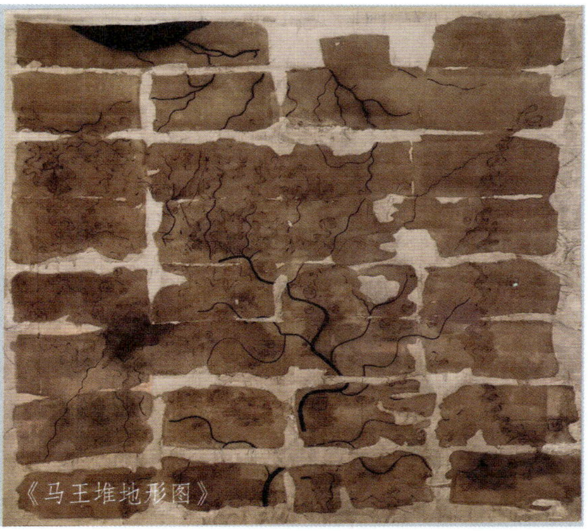
《马王堆地形图》

高精度的地图测绘技术

《马王堆地形图》中已经有了统一的图例，其中县治用方框表示，乡村聚落用圆框表示，地名标注在框内，与今天的注记方法相异。其中县级居民地共有8个，乡里级地名有80多个。道路和山脉没有注记。河道用粗细不等而有弯曲的线来表示，上游的线最细，下游的线渐渐变粗，是自然河床的准确反映，河名多数记在下游与其他河道汇合的地方。山脉一般勾出其盘亘的范围和逶迤的走向，中间加画横线。总体来说，主区详密精确，而邻区疏略粗讹。

《马王堆地形图》内容丰富，主区绘制精度很高，是世界上同期绘制地图的翘楚。它的发现，一方面证实了我国先秦文献《管子·地图篇》记载内容的真实性，另一方面也纠正了西晋地图学家裴秀对前代地图绘制水平的误判。由于裴秀没有见到类似的精确地图，因此得出前代地图“虽有粗形，皆不精审，不可依据”的结论，全面否定了西晋以前地图的绘制水平，《马王堆地形图》的出土，证明他的观点并不符合历史事实。

帛书与T形帛画

马王堆汉墓的众多其他陪葬品中，最具史料价值的是帛书。3号墓出土了

1号墓出土的竽

素纱单衣

出土于马王堆1号墓，用纱料制成，因没有颜色，没有衬里，得名“素纱单衣”。衣长160厘米，袖子展开长195厘米，称得上是宽袍大袖。然而它的重量只有48克，如果除去衣领和袖口较厚重的边缘，其余部分仅重20多克，可谓薄如蝉翼，轻若烟雾，是汉代缫纺蚕丝技术高水平发展的标志。

20多种帛书，12万余字，大部分是失传的古佚书，涉及医学、哲学、天文、地理、历史等各个方面。其中《五十二病方》是目前发现最古老的中医学方书，成书时间被认为早于春秋战国时代的《黄帝内经》。《导引图》则是现存最早的养生图谱。出土的《老子》有甲、乙两本，次序与通行本相反，《德经》在前，《道经》在后，是现存最古老的《老子》完整抄本，非常珍贵。

马王堆汉墓共出土5幅帛画，画上绘有墓主头像及宴饮、车马、仪仗等场面，也有描绘传统神话场景的，其中最为著名的是1号墓的T形帛画。这幅帛画大致分为三部分：下部是冥界，描绘海神足踏双蛟、托举蓬莱仙岛、献上不死神药；中部是仙界，交龙穿璧之上，描绘墓主人登升昆仑神山的情景；上部是神界，描绘九天之上的日、月、鸾凤、双龙和蛇身之人等图像。整幅帛画系统表达了汉代的神仙信仰，色彩鲜艳，保存完整，是一件不可多得的思想与艺术珍品。

（韩昭庆 周作明）

1号墓出土的T形帛画

云纹漆鼎

马王堆1号墓共出土7件漆鼎，器型、大小均相同，通高28厘米。器表色彩丰富，描饰线条婉转流畅，颇为华丽，与西周造型浑厚凝重、装饰严谨的青铜鼎差异较大。

中华医学瑰宝：针灸

作为中国传统医学的重要组成部分，中医针灸这项源自上古时期的医学技术已经传承了两千余年，至今仍活跃在我们的临床医疗实践中。

针灸起源

先秦时期的针灸学发展脉络并不十分清晰。据《素问》记载，“砭（biān）石从东方来”“毒药从西方来”“灸焫（ruò）从北方来”“九针从南方来”“导引按跷从中央出”，这大概是说中国早期有五种地域性的医学。春秋战国时期，针灸理论体系便已成型，并有着丰富的治疗手段，如砭石法、针刺、汤熨、艾灸等，可以治疗各类内伤、外科疾病。中山靖王刘胜墓中出土了一套西汉时期的金针，已经与《灵枢・官针》中记载的九针十分相近。正是在西汉时期，针灸器具发生了巨大的变革，上古时期针灸学常用的砭石已逐渐被金属针具替代。当下针灸临床上使用的微针，就是这样演变而来的。

西汉刘向父子整理天下图籍时，将医学书籍划在“方技略”，并分为医经、经方、房中、神仙四类。针灸学应归“医经”之列，属于当时的主流医学。《史记》中记载了两位代表先秦两汉医学最高成就的医生——扁鹊、淳于意，他们是史籍所载针灸学最早的传承者。

各种针灸器具

从左到右为：中山靖王刘胜墓中的金针（复制品）、《灵枢》九针（复制品）、现代微针。

扁鹊与仓公

扁鹊是春秋战国时期的名医，主要活动于齐鲁之地。史载扁鹊擅长以砭石治病，如《史记·扁鹊仓公列传》讲述了扁鹊与虢国医者讨论医理，命弟子现场制备针石，用针灸、汤熨等方法使虢国太子起死回生的故事。扁鹊精于针灸之术，并能通过诊脉发现患者症结，故司马迁称赞道："至今天下言脉者，由扁鹊也。"2012年底，成都天回镇老官山汉墓3号墓出土了900余枚医学竹简，这些竹简后来被命名为《天回医简》，其中有五处出现"敝昔曰"，敝昔即传世文献中的扁鹊。

针灸学发展至汉代，西汉著名医家淳于意继承了扁鹊的衣钵。淳于意曾任太仓令，故世称"仓公"。仓公三十六岁时见到公乘阳庆并拜其为师，当时阳庆年事已高，收仓公为徒后，便将秘藏的"黄帝扁鹊之《脉书》"倾囊相授。仓公学有所成之后，逐渐医名鹊起。汉文帝十三年（前167年），仓公遭显贵诬告而获罪，被押至长安受刑。他的小女儿缇萦上书皇帝，为父求情。汉文帝深受感动，不但赦免了仓公，还废除了肉刑。

东汉画像石《扁鹊行针图》拓片

山东、江苏等地出土的汉画像石上，扁鹊常被塑造成人首鸟身的形象。

大风泱泱

针灸的传承

据考证，《天回医简》的文辞有诸多齐语特征，并多次出现齐地的地名，说明其学术应上承自扁鹊与仓公，其中部分医简又可与传世针灸典籍《灵枢·经脉》对读，说明仓公之学已被后人赓续至今。

随着考古成果的不断涌现，西汉以后针灸学的发展脉络逐渐清晰。经络系统由张家山、马王堆《脉书》的十一脉，历经《天回医简》的十二脉后，逐渐变为《灵枢·经脉》中十二经脉首尾相贯如环无端的闭合系统。东汉时的《明堂孔穴针灸治要》，将各个腧（shù，人体上的穴位的统称）穴的主治病证与治法进行系统的归纳，使得针灸的治疗程序不断简化。

针灸学在历代医学体系中都占有重要的地位。隋唐以后，历朝的医学教育、考试中，都设置有针灸科。我们耳熟能详的针灸铜人，即是古代的一种针灸教具。针灸教具的使用历史，可追溯至两千多年前的西汉早期。成都天回

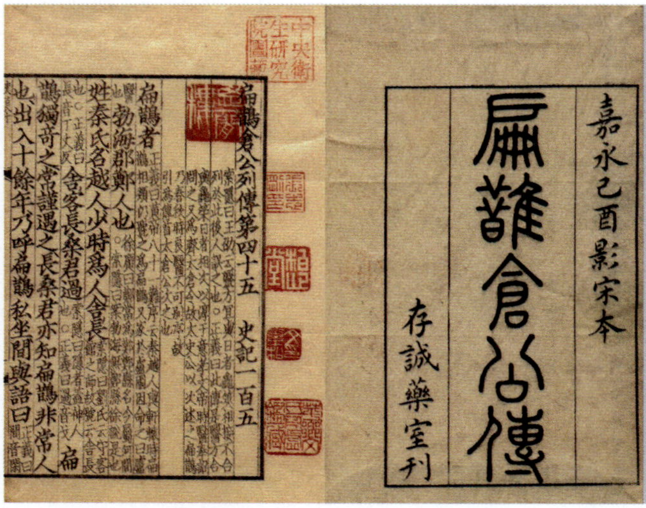

左图：日本存诚药室刊本《史记·扁鹊仓公传》书影

右图：明代彩绘本《足经图》(局部)

髹漆经脉人像

镇老官山汉墓3号墓中，除了珍贵的《天回医简》，还出土了一具髹（xiū，把漆涂在器物上）漆经脉人像，身上刻有纵横复杂的经络线，并刻以圆点标示穴位。

此外，古代医者还会绘制有着复杂经络线与腧穴的针灸《明堂图》，让传习者能按图索骥地找到需要针灸的经络与穴位。同时，民间也流传着名医针灸治疗的传说与书画作品。

现代针灸学的经络、腧穴与明清时期又有所不同，已形成一个世界范围内统一、规范的学术体系。针灸卓越的临床疗效也得到了世界各国的普遍认可，在美国，已有46个州和1个特区对针灸学进行了定法规管，全美注册针灸师已近3万名，且已形成针灸学专科、硕士、博士、博士后的完整教育体系。2010年11月，联合国教科文组织将中医针灸正式列入《人类非物质文化遗产代表作名录》，推动了这一古老的东方医术更为广泛地传播，为人类的医学健康事业继续贡献着中国的力量。（周　琦）

［宋］李唐《灸艾图》

画作生动描绘了一位宋代医生为患者进行灸法及局部外科痈疡（yōng yáng，化脓性炎症和疮）治疗的场景，艾炷的熏烟清晰可见，旁边侍从手中拿着膏药，准备灸法治疗完毕之后进行贴敷。

彩绘乐舞杂技陶俑

出土于山东济南北郊无影山11号西汉初期墓，为国家一级文物。长67厘米，宽47.5厘米，盘上共塑有陶俑22人（出土时缺1人），布局井然有序，人物造型古拙，姿态生动传神。这是我国首次发现，目前也是唯一一件立体展示汉代百戏表演及观赏场景的实物。

汉武帝巩固大一统

汉朝建立之后，吸取秦朝灭亡的教训，实行无为而治的政策，尽量不干预百姓生产生活，经过六七十年的休养生息，国力逐渐恢复。与此同时，国内的诸侯王日益骄横，北方匈奴也步步紧逼，汉武帝刘彻想要干一番轰轰烈烈的事业，彻底解决这两大祸患。

董仲舒建议尊崇儒术

汉景帝去世后，太子刘彻即位，后世称他为汉武帝。当时，汉武帝只有十五岁，朝政大权掌握在他的祖母窦太后手中，窦太后推崇无为而治的“黄老之术”，还让皇室和文武大臣都熟读黄老之书，汉武帝虽然推崇主张积极有为的儒学，但也无可奈何。

汉武帝画像

建元六年（前135年），窦太后去世。第二年，汉武帝便下诏征集天下人才，咨询治国方略。一个名叫董仲舒的儒家学者趁机向汉武帝上书，大谈以儒学治国的好处。那时，汉武帝还是个“初出茅庐”的青年，对儒家学说有很多疑问，便召见董仲舒当面请教。汉武帝问了三次，董仲舒答了三次，这就是历史上著名的“天人三策”。在这场君臣对话中，董仲舒提出了“君权神授”和“天人感应”思想——

皇帝的权威来自上天，皇帝是代替上天管理百姓。如果皇帝失德，干得不好，上天会生气，降下灾祸，这时皇帝需要反省自己的过失。百姓的道德水平和朝廷治理有关：政治清明，百姓就尊崇道德，人民安居乐业；政治腐败，百姓就会变成盗匪，危害国家安全。

西汉古墓壁画《车马出行图》（局部）

三年不窥园

董仲舒年幼时喜欢读书，经常废寝忘食。他的书房旁边就是一座庭园，但是自从庭园建好三年以来，他没有进去过一次，甚至连看都没看一眼，留下了“三年不窥园”的典故。正因为董仲舒读书如此用功，所以才能博采各家所长，终成一代儒学大师。

西汉铜朱雀衔环杯

董仲舒一方面将君权神圣化，认为皇帝的权力来自上天；另一方面又用“灾异”学说警示君权——皇帝犯了过错，虽然没有法律可以制裁，但上天必然会生气，降下灾祸。他这是改造了由孔子创立的儒家学说，糅合了阴阳五行等各家思想，建立起了一套充满神学色彩的新儒学体系。同时，董仲舒还建议将孔子的学说作为正统，以此统一思想。

董仲舒的这番回答，深受汉武帝的赞许。后来，汉武帝接受了董仲舒的建议，尊崇儒术，还专门设置五经博士，教授儒家经典，朝廷官员也都从儒生中选拔。此后，儒家学说成为钦定的正统思想，影响了中国两千多年。

主父偃与“推恩令”

汉朝建立初期，汉高祖刘邦分封了许多个诸侯王，本意是想用这种方式巩固统治，不料这些诸侯渐渐尾大不掉，甚至拥兵自重，成了朝廷的心腹大患。汉景帝想解决这个问题，他采纳晁错的建议进行“削藩”，却引发了七国之乱。汉武帝也想解决这个难题，但七国之乱的教训就在眼前，他苦苦思索，始终找不到稳妥的办法。这时，一个叫主父偃的大臣向汉武帝提出了“推恩”的建议。汉武帝听了之后，连连称妙，下令在各个诸侯国实行推恩令。

所谓推恩令，实际上是一种继承制度。在此之前，诸侯国普遍实行嫡长子继承制——老诸侯王死的时候，所有权利归嫡长子继承——这对诸侯国的存续是有好处的，可以使资源集中，让诸侯国作为一个整体，稳定地传承下去。而推恩令就是要打破这种局面，它规定嫡长子和其他儿女都可以继承，由此将诸侯的势力分散削弱，减轻对中央的威胁。

推恩令下达之后，各诸侯王自然明白皇帝的用意，消极抵制。淮南王刘安甚至想要举兵造反，但不料造反之事还在筹备，就被人告发了，刘安

西汉鎏金博山炉

只好畏罪自杀。告发之人，居然是刘安的孙子刘建。刘建的父亲叫刘不害，是淮南王的庶子，按照嫡长子继承制，刘不害在刘安死后是没有继承权的，但推恩令给了他继承权。

这样，刘建的心态也就不难理解了：如果施行推恩令，他可以获得封地，成为“人上人”，结果他的爷爷刘安抵制推恩令，还要谋反，为什么不告发呢？这正是推恩令的厉害之处，它将诸侯国与中央的矛盾转化为诸侯国内部的矛盾，诸侯王即使想要抵制，也得不到大多数子女的赞成，最终只能乖乖执行。

推恩令实施之后，齐国一分为七，赵国一分为六，梁国一分为五，淮南国一分为三，而像长沙国、燕国、代国等较小的诸侯国，已经名存实亡。就这样，汉武帝不费一兵一卒，将汉初分封埋下的祸根消弭于无形。

“滇王之印”金印

元封二年（前109年），滇王降汉，汉武帝在滇国地区设益州郡，赐滇王王印。该印为纯金铸造，边长2.3厘米，高1.8厘米，重89.5克。上有蛇纽，印面凿刻“滇王之印”四字。

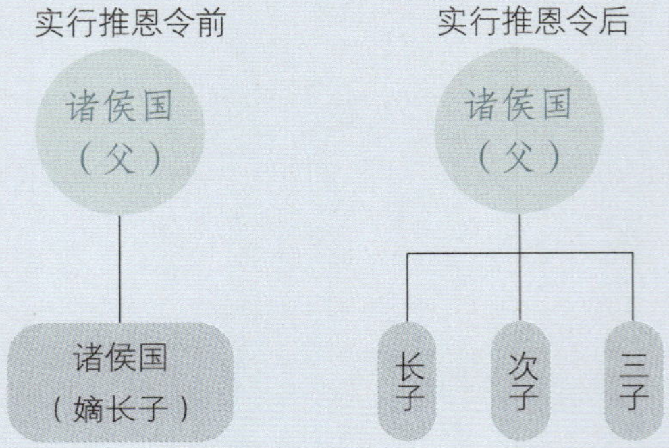

推恩令示意图

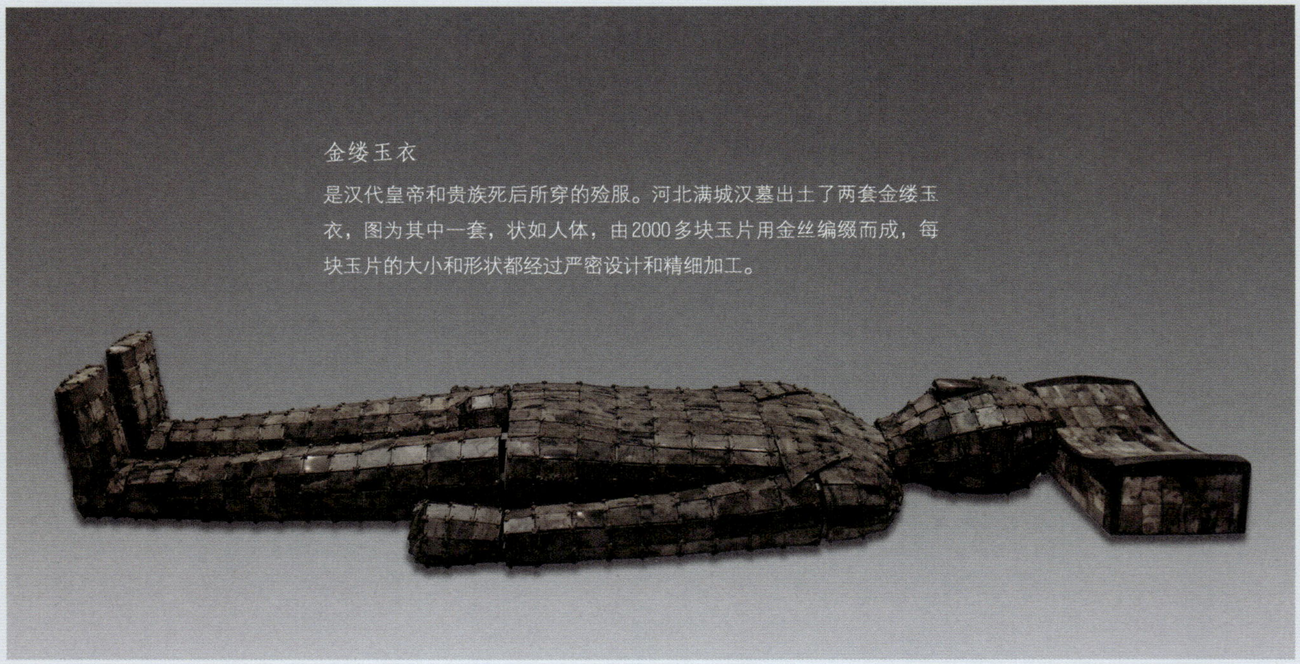

金缕玉衣

是汉代皇帝和贵族死后所穿的殓服。河北满城汉墓出土了两套金缕玉衣，图为其中一套，状如人体，由2000多块玉片用金丝编缀而成，每块玉片的大小和形状都经过严密设计和精细加工。

桑弘羊与“盐铁官营”

随着国力的强盛，汉武帝准备大举反击匈奴。战争要动员几万、十几万人马，对国家财政是很大的负担，因此，汉武帝急需善于理财的人才。这时，一个叫桑弘羊的大臣进入了他的视野。

桑弘羊出身于洛阳的一个富商家庭，从小耳濡目染，对商业经营之道很有心得。当时，农民的负担已经很重，如果再加税，他们会不堪重负而破产，给国家增加不稳定因素，因此不能再将筹集军费的压力转移给农民。桑弘羊经过深思熟虑，向汉武帝提出了“盐铁官营”的策略。盐和铁是百姓日常必需的商品，其生产和买卖被富商豪族垄断，而推行盐铁官营，可以让朝廷夺回盐铁生产贸易的控制权，既能充盈国库，又能抑制和打击豪强势力。

汉武帝听了很高兴，任命桑弘羊为大农丞，掌管会计事务，后来又让他担任大司农，相当于今天的财政部部长。在汉武帝的支持下，桑弘羊建立起从中央到地方的财经管理系统，推行了一系列财政经济的改革措施，先将盐和铁收归国家经营，后来将酒也收归国家经营。更重要的是，地方铸造钱币的权力被废除，市面上只能流通中央铸造的五铢钱。

桑弘羊还设立了平抑物价机制，将征收、买卖和运输货物的平准、均输机构进行统一，把各郡国应向朝廷纳贡的东西，按当地价格折合成土特产。这样就能征收到大量廉价的产品，然后由国家统一管理、统一运输，并在各地低价买进，高价卖出，既平稳了物价，又为朝廷增加了财富。

桑弘羊的这些措施，虽然在一定程度上伤害了地方豪强的利益，但国家财政状况大为改善。有了坚实的物质基础，汉朝不仅在与匈奴的战争中占据了上风，还将五岭以南及西南地区几乎全部纳入版图。汉武帝时的中国疆域，与秦朝相比扩大了近一倍，西汉王朝由此进入鼎盛时期。

（何昭旭）

《盐铁论》

西汉始元六年（前81年），桑弘羊在一次会议上与来自全国的贤良、文学（“贤良”是取得了“贤良方正”称号而还没有官职的儒生，“文学”则指一般儒生）60多人展开了激烈辩论。

贤良、文学抨击汉武帝推行的盐铁官营、酒类专卖、平准均输等政策，认为这是与民争利，是造成百姓贫穷困苦的根源。桑弘羊则坚持国家干预经济的政策，认为这样既可以增加财政收入，又可以排挤豪商富贾，有利于“建本抑末”。会后，国家放开了酿酒和一部分的冶铁权力，其他保持不变，继续由国家经营。因为这次会议围绕盐铁展开，故后世称之为“盐铁会议”。

后来，西汉学者桓宽将盐铁会议上的辩论整理成《盐铁论》一书，共10卷60篇，是研究西汉经济史、政治史的重要史料。

五铢钱

最初铸于西汉元狩五年（前118年），钱面有“五铢”字样，意为钱重五铢。元鼎四年（前113年），汉武帝下令禁止地方私自铸钱，中央政府成立专门的铸币机构，铸造的五铢钱被称为上林三官五铢，首次实现全国货币标准的真正统一。五铢钱是中国历史上使用时间最长的货币，一直用到隋代，共计流通700多年。

“飞将军”李广

秦汉时期，北方游牧民族匈奴屡屡进犯中原，战事不断。汉朝与匈奴的战争中，涌现出许多名垂青史的战将，李广是其中比较突出的一位。他出身将门世家，从军四十余年，参与大小战斗七十多次，英勇善战。匈奴对李广心生畏惧，称之为“飞将军”。

智勇双全退敌兵

白登之围后，汉朝与匈奴开启了新的交往模式，即采用和亲的办法维持稳定。但是，匈奴骑兵仍然时不时地入侵汉朝边塞地区，掳掠百姓。汉文帝十四年（前166年），匈奴大举入侵萧关，那里是自关中通向塞北的交通要冲。一个叫李广的年轻人毅然从军，开始参与抗击匈奴的战争。

李广是战国末期秦国将军李信的后代，家族世世代代擅长射箭。他从小练习骑射，弓马娴熟，作战勇猛，斩杀了不少匈奴人，多年积累的军功使他从士兵一步步晋升到将领。汉文帝十分欣赏李广，曾经对他说：“可惜啊，你没有遇到合适的时代，假如你生在高祖那样的乱世，被封个万户侯不在话下！”

李广画像

西汉彩绘骑兵俑

汉景帝即位后，李广与周亚夫一起平定七国之乱，立了大功，被任命为上郡太守。由于上郡靠近匈奴的地盘，汉景帝还派了朝中一个显贵大臣到李广军中检查训练情况，整军备战。有一次，这个大臣带了几十名骑兵出营，遇到了三个匈奴人，展开了战斗。那三个匈奴人箭术了得，不仅伤了大臣，还将几十名骑兵射杀殆尽。

大臣逃到李广那儿，一五一十地说明了情况。李广说：“那三人一定是匈奴中的射雕能手。”于是他带领一百多名骑兵追赶，追了几十里，终于赶上了那三个匈奴人。李广下令骑兵散开，从左右两面包抄，自己则上前张弓搭箭，射死二人，活捉一人。正在捆绑俘虏时，李广突然看见远处有几千匈奴骑兵，漫山遍野而来。匈奴兵也看见了

关于李广的名句

时运不齐，命途多舛。冯唐易老，李广难封。

——［唐］王勃《滕王阁序》

相看白刃血纷纷，死节从来岂顾勋？君不见沙场征战苦，至今犹忆李将军。

——［唐］高适《燕歌行》

汉兵奋迅如霹雳，虏骑崩腾畏蒺藜。卫青不败由天幸，李广无功缘数奇。

——［唐］王维《老将行》

西汉“广汉大将军章”银印

李广他们，大吃一惊，以为汉军就在附近埋伏，连忙列阵以待。

李广带领的一百多名骑兵十分害怕，想要撤退。李广说：“我们离大营有几十里，如果现在撤退，一定会被匈奴人追上。要是我们留下来，匈奴人一定以为我们是为大军前来诱敌的，不敢袭击我们。”于是，李广带着部下继续前进，到距离匈奴阵地约二里处停了下来，命令大家卸下马鞍，就地休息。有个骑白马的匈奴将领想过来探探底细，李广带着十余骑上前，一箭将他射死。天色渐暗，匈奴人怕汉军趁着夜色偷袭，只得悄悄撤走。就这样，李广靠着自己的足智多谋，成功地化解了一场危机，带领部下安全回到了汉军大营。

单枪匹马逃追击

汉武帝即位后，国力越发强盛，他准备积极用武力征讨匈奴。元光二年（前133年），汉武帝派大将李广、韩安国等人率兵三十余万埋伏在马邑城外的山谷中，又让马邑人聂壹前往匈奴诱敌。匈奴首领军臣单于一开始上了当，亲率十余万大军进入武州塞，向马邑进发，半路上他发现沿途有牲畜却无人放牧，心生怀疑，然后又发现了汉军的埋伏，于是下令立即撤军。李广参与的“马邑之谋”虽然没有成功，但拉开了汉匈大规模战争的序幕。

元光六年，汉武帝派李广、公孙敖、公孙贺和卫青兵分四路抗击匈奴。当时，李广在四人中名气最大，匈奴人也最怕他，于是在他的必经之路上埋伏了重兵。一场恶战后，李广的人马被打散，李广自己也受了伤，被匈奴俘虏。匈奴人把他放在绳子编成的网兜里，用两匹马驮着，送往单于的大营。李广虽然伤重，意识却还清醒，躺在网兜里装死。走了十几里路之后，李广斜眼看到身边一个匈奴兵骑着一匹好马，觉得机会来了。他突然纵身跳上那匹好马，把那个匈奴兵推下马

甘肃天水李广墓

去，夺了弓箭，打马向南飞驰。

匈奴出动几百名骑兵追赶，李广用抢来的弓箭射杀追兵，竟然单枪匹马逃脱了追击。但是，他这次损兵折将，又被俘虏，被判了死罪。按照当时的法律，李广付了一大笔钱，免于一死，回家做了平民。

汉代复合弓

飞将射虎成传奇

几年后，匈奴入侵辽西，杀死太守，打败汉朝大将韩安国。汉武帝重新起用李广，让他镇守右北平。李广虽然已经多年不带兵，却依然在军中拥有极高声望。匈奴对李广的评价也很高，送了他一个“飞将军”的外号，并且好几年都不敢靠近右北平，避免与他作战。

右北平一带有老虎伤人，李广常常亲自射虎。据说有一回，李广与随从行走在山林之间。太阳就要下山了，夕阳为树木染上了金色的光辉，李广突然瞅见前方草丛中蹲着一只斑斓猛虎，他条件反射般举起弓，用尽全力射出一箭。只听“噗”的一声，老虎中箭了。随从们提着刀枪上前捉虎，结果全愣住了。原来被射中的不是老虎，而是一块有花纹的大石头，箭枝已经深深地陷入石头中，拔都拔不出来。还有一次，李广遇上了真老虎，那老虎非常凶猛，腾跳着扑向李广，将他抓伤了。李广毫不畏惧，最终将老虎射杀。

“飞将军”射虎的故事让李广声名远扬，匈奴人原本就知道他箭术了得，又听说他能一箭射进石头，更是害怕，不敢来犯，于是辽西地区保持了多年和平。唐代诗人卢纶的诗作《和张仆射塞下曲六首（其二）》取材自李广射石的故事：“林暗草惊风，将军夜引弓。平明寻白羽，没在石棱中。”

错金银狩猎纹

河北定县（今定州）的西汉墓葬中出土了一根中空的分节铜管，据专家考证可能是车伞的柄。铜管分为四节，每节都有金银丝嵌错的狩猎图，并以菱形绿松石和圆形宝石镶嵌其中，精美华丽。

李广难封留遗憾

元朔六年（前123年），李广随大将军卫青出征匈奴，许多将领因战功被封侯，而李广却无功而返。两年后，汉武帝派张骞和李广兵分两路攻打匈奴，李广率领的四千士兵被匈奴左贤王的四万大军包围。面对危局，李广沉着指挥，顽强抵抗，等张骞的军队赶到才解了围。但此战李广几乎全军覆没，功罪相抵，还是没有得到封赏。

西汉玉鸟

元狩四年（前119年），汉武帝发动漠北之战，李广请求随军出征。一开始，汉武帝认为李广年纪大了，运气又不好，没有答应他，后来经不起李广请求，让他出任前将军，同时却暗中授意大将军卫青命令李广从东路迂回，不要随大军一起行动。李广听从指令，却不幸迷路。等他带兵赶到目的地时，卫青已经打败了匈奴，不过单于却逃跑了。在打仗时迷路，是一条大罪。李广不堪忍受质问，对部下说道："我从少年起与匈奴作战七十多次，如今有幸随大将军出征，同单于军队决战。可是大将军调我的部队走远路，偏偏我还迷了路，这难道不是天意吗？我已六十多岁，不能再面对朝廷里那些刀笔吏了。"说完就拔刀自刎。军中将士都为之痛哭，在他曾经驻守过的地方，百姓得知消息后也潸然泪下。司马迁在《史记》中用"桃李不言，下自成蹊"来评价李广。桃树、李树不会说话，但因为能长出美味的果实，树下自然形成一条小路。后来，这个成语用来比喻为人真诚笃实，自然能感召人心。

李广一生历经汉文帝、汉景帝、汉武帝三朝，忠诚爱国，骁勇善战，善待部下。他一生参战七十余次，令匈奴闻风丧胆，却始终未能封侯，最终愤而自杀的结局让人感慨万千。后人惋惜李广的际遇，就用"李广难封"的典故来宽慰那些失意的人。（阿　杜）

刀笔吏

纸张还未普及的时候，古人一般用毛笔在竹简、木牍上写字，写错的话，需要用小刀将错字刮掉重写。因为小刀和毛笔都是常用的写字工具，所以大量书写文字的文官就被称为"刀笔吏"。后来，替人打官司、写状纸的讼师也被称为"刀笔吏"，意思是说他们文笔犀利，像刀一样能杀伤人。

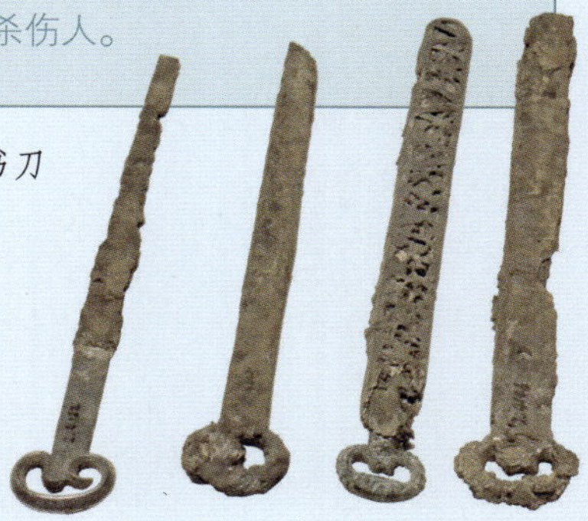

汉代铁书刀

甘肃敦煌玉门关汉长城遗址

卫青与霍去病

西汉名将卫青和霍去病是舅甥关系，卫青英勇善战，七征匈奴，连战连捷，高歌凯旋；霍去病少年英豪，千里驰骋，勇冠全军，为国忘家。他们为击败匈奴立下了赫赫功勋，帮助汉武帝在军事上进一步巩固了大一统。

锋芒初露夺首胜

卫青，字仲卿，河东平阳（今山西临汾西南）人，原本是汉武帝的姐姐平阳公主的家奴。他的三姐卫子夫被举荐入宫之后，备受汉武帝宠爱，于是他相随入宫当差，并开始得到汉武帝的重用。

卫青画像

元光六年（前129年），初出茅庐的卫青被任命为车骑将军，和李广、公孙敖、公孙贺一起领兵四万，分四路抗击匈奴。第一次领兵出战，卫青就显示出非凡的军事才干，他审势而行，不惧险境，率军出上谷，进军至匈奴的祭天之地龙城（又称“茏城”“龙庭”，在今蒙古国鄂尔浑河西侧的和硕柴达木湖附近），斩获七百人。而与此同时，李广、公孙敖战败，公孙贺也一无所获。四路大军只有卫青凯旋，汉武帝因此对他刮目相看，封他为关内侯。

“单于天降”瓦当

出土于内蒙古包头召湾，“降”字是读xiáng还是读jiàng，有不同说法。根据同时出土的“单于和亲”“千秋万岁”等瓦当判断，“降”应该读xiáng，是对当时汉军击退匈奴侵扰的一种颂扬。

卫青龙城首战的胜利，也是汉朝对匈奴的首战胜利，打破了自汉初以来匈奴不败的神话，汉匈战局由此开始发生反转。

夺回河南地，击退右贤王

元朔元年（前128年）春天，卫子夫生了个男孩，被立为皇后。这年秋天，卫青领骑兵三万出雁门，灭杀扰境匈奴数千人，全胜而归。第二年，匈奴又举兵入侵，在上谷、渔阳大肆杀掠。面对来势汹汹的匈奴大军，汉武帝派李息、卫青率军出云中迎敌，卫青负责攻打匈奴白羊王、楼烦王驻守的河南地（今内蒙古河套地区）。

此时卫青已经历了多场战斗，积累了丰富的经验，他采用“迂回侧击”的战术，先从西边绕到河南地的后方，攻占高阙，切断了匈奴白羊王、楼烦王与单于王庭的联系，接着迅速进兵河南地，赶跑了白羊王和楼烦王，俘虏数千人，夺得数百万头牲畜，然后经陇西返回长安。汉武帝为了表彰卫青此战立下的大功，封他为长平侯，食邑三千八百户。

河南地水草肥美，战略地位重要。夺回河南地之后，汉武帝下令在此设朔方郡（治今内蒙古

“汉匈奴破虏长”铜印

杭锦旗北），修复秦时蒙恬所筑边塞，并从内地迁徙十万人屯边。这些措施有力巩固了汉朝的北部边关，解除了匈奴骑兵对都城长安的直接威胁。

匈奴不甘心失败，伊稚斜单于即位后，三次以数万兵力攻汉。右贤王更是多次侵扰，想要夺回河南地。元朔五年春天，汉武帝派卫青率三万骑兵出高阙，统领各路兵马共十余万人，向匈奴发动全面反击。右贤王轻敌，认为汉军一时无法深入，毫无防备，还在军营里饮酒取乐。卫青率军奔驰六七百里，趁夜色突袭，包围了右贤王的兵营。此时右贤王吓得酒醒，却无力抵挡，仓促间只带着爱妾和数百精骑冲破包围圈，向北而逃。

这一仗，卫青又是大获全胜，俘虏了右贤王属下小王十多人，民众一万五千多人，牲畜近百万头。汉武帝接到战报，立即派特使捧着“大将军”印信，到军中拜卫青为大将军，让所有将领听令于卫青。于是，卫青以大将军的名义率军凯旋。

少年勇冠全军

卫青对匈奴立下赫赫战功之时，他的外甥霍去病也开始崭露头角。霍去病是卫青二姐卫少儿之子，善于骑马射箭，第一次上战场只有十七八岁。那是元朔六年，汉武帝任命霍去病为票姚校

酒泉庆功

相传，霍去病西征匈奴，大获全胜，得汉武帝赏赐御酒，霍去病认为功在全军，就把酒倒在泉水中，与将士共饮，后来人们便将这个地方命名为“酒泉”。图为甘肃酒泉胜迹公园中表现这一故事的雕像。

霍去病画像

尉，让他随舅舅卫青一起出征漠南（蒙古高原大沙漠以南地区）。

卫青拨给霍去病八百名轻骑勇士，让他率军担当突击队的角色。霍去病初生牛犊不怕虎，英勇无比，常常远离大军几百里，独立作战，不仅斩敌两千余人，还活捉了匈奴的大官，杀死了单于祖父辈的元老，生擒了单于的叔父。汉武帝得知战况后，感慨英雄出少年，称赞霍去病勇冠全军，以二千五百户封他为“冠军侯”。

河南漠南之战取胜之后，为了打通河西走廊，

严风吹霜海草凋，筋干精坚胡马骄。
汉家战士三十万，将军兼领霍嫖姚。
——［唐］李白

汉武帝决定发起河西之战。元狩二年（前121年）春天，十九岁的霍去病被任命为骠骑将军，率领骑兵一万，从陇西出发进击匈奴。霍去病深入敌境，辗转战斗六天，横穿匈奴五个王国，越过焉支山一千多里，不仅斩杀了匈奴折兰王、卢胡王，消灭敌军八千余人，还俘虏了浑邪王的儿子和许多官员，缴获了休屠王用来祭天的金人。这年夏天，霍去病又与公孙敖分两路作战。在与公孙敖的队伍失去联系的情况下，霍去病孤军深入，进军祁连山，直捣敌人心脏，俘虏匈奴小王五人、官吏两千余人，斩杀三万余人。

河西之战让匈奴人受到沉重打击，他们悲伤地唱道：“失我祁连山，使我六畜不蕃息，失我焉支山，使我妇女无颜色。”自此，汉朝完全控制了河西走廊，不仅为后来西北地区的用兵创造了极为有利的条件，还促成了丝绸之路的开通。

汉武帝茂陵

茂陵因其所在地原属汉时槐里县（今陕西兴平东南）茂乡而得名，耗时53年修成，耗资占汉武帝时期每年税赋的三分之一。封土略呈方锥体形，平顶。1961年被列为全国重点文物保护单位。

漠北之战

西汉犀角玉杯

以卫青、霍去病为首的汉朝将领屡次大胜匈奴，这让伊稚斜单于非常愤怒，想以作战不力为由杀掉浑邪王、休屠王。二王感到害怕，密谋降汉。汉武帝得知消息，担心是诈降之计，命霍去病前去接应。休屠王可能是反悔了，被浑邪王所杀。霍去病率军渡过黄河，看到浑邪王的军营有骚动，立即骑马冲过去，与浑邪王谈判，斩杀变乱者，随后护卫浑邪王率数万人归汉。之后，汉武帝封浑邪王为漯阴侯，把归降的匈奴人分别安置在黄河以南边塞的五个郡，让他们作为汉朝的属国，保持自己的风俗习惯，安居乐业。

元狩四年春天，汉武帝派大将军卫青、骠骑将军霍去病各率五万骑兵，分两路深入漠北，征讨伊稚斜单于的主力，并组织步兵数十万、马数万匹以保障作战。霍去病从代郡出兵，卫青从定襄出兵。

卫青率军向西北穿过大漠，与伊稚斜单于遭遇，展开激战。当时天色已晚，狂风呼啸，飞沙走石，卫青在极为恶劣的环境下包围了对手。伊稚斜单于自忖难以取胜，便率精骑数百突围向西北逃走，匈奴军溃散。卫青追击至寘（tián）颜山赵信城，歼敌近两万人。

霍去病率军从代郡一路向北，他让匈奴俘虏组成先头部队为汉军开路，行军两千里，经过激烈战斗，打败了匈奴左贤王，抓获了屯头王、韩王以及官员八十余人，歼敌七万余人，左贤王主力几乎全军覆没。千里奔袭的路上，霍去病在狼居胥山（今蒙古国境内肯特山）筑坛祭天以告成功，后人便用“封狼居胥”来比喻武将建立显赫功绩。这一战，霍去病最远打到了瀚海（今蒙古高原东北呼伦湖与贝尔湖，一说今俄罗斯贝加尔湖），然后班师回朝。漠北之战后，匈奴被迫北迁，漠南再无王庭。

卫青一生七次率军出击匈奴，七战七捷，无往不胜。他用兵果敢，号令严明，爱护将士，与将士同甘共苦，对同僚大度有礼，深受属下爱戴。霍去病前后六次出击匈奴，意气风发，身先士卒，在汉武帝要为他修建豪华住宅时留下一句“匈奴未灭，无以家为也”（匈奴还没灭，顾不得安置自己的家），传为千古佳话。卫青、霍去病舅甥二人作为中国历史上的名将，被后人所铭记。（周作明）

立马石刻

霍去病墓石刻

元狩六年，年仅二十三岁的霍去病去世，陪葬于汉武帝茂陵。茂陵是规模最大的西汉帝王陵，还有李夫人、卫青、霍光、金日磾（mì dī）等人的墓陪葬。汉武帝下令将霍去病的坟墓修成祁连山的模样，彰显其力克匈奴的奇功，并设石雕群，主体为立马石刻，又称马踏匈奴，高168厘米，是汉代纪念碑雕刻的重要代表性作品。

张骞出使西域

汉武帝时，有一位勇气可嘉的使者名叫张骞，他在三十多年间奉命两次出使西域，第一次出使途中曾被匈奴俘虏，扣留十年有余，仍不忘使命。张骞的远行，拓展了中西和平往来的“丝绸之路”，对汉朝与西域各国的经济文化交流做出了卓越贡献。

踏上西行之旅

建元三年（前138年），刚做了三年皇帝的汉武帝刘彻年方十八岁，雄才大略、血气方刚的他，想彻底扭转以往六十多年来汉朝对匈奴屈辱的军事外交形势。他想到的办法是远交近攻，联合匈奴的敌人，去打击匈奴。而匈奴的死敌，是原本在河西走廊一带游牧的月氏。

秦汉时期，月氏曾是中国西北方游牧民族中的霸主。秦二世元年（前209年），被匈奴头曼单于送到月氏做人质的太子冒顿逃回匈奴，他杀死父亲，成为单于，率领大军击破月氏。到了冒顿的继承者老上单于统治时，匈奴继续对西逃的月氏穷追猛打，斩杀月氏王，将其头盖骨制成饮血盟誓的容器。从此，匈奴作为北方大国，占据和控制了东起秦长城以北，西至河西走廊乃至今新疆一带的广阔地区，成为汉朝最严重的边患。

镶宝石金冠饰

这件汉代文物具有一定的古希腊风格，是当时中西方文化交流的见证。

汉武帝向新近投降汉朝的匈奴人了解月氏的情况，他们都说月氏仍有强烈的报仇复国意图，但苦于找不到合作伙伴。汉武帝一听，立即制订了联合月氏夹攻匈奴的计划，并下诏令招募使者出使月氏，商议两国合作大计。

一名担任宫廷侍卫的青年郎官闻讯后，立即自告奋勇应征。他叫张骞，当时二十多岁，身强力壮，勇敢自信，在汉人与归顺汉朝的匈奴等族人中很有威望。汉武帝面试张骞后十分赞赏，当即委任他为全权代表皇帝的使者，出使月氏。不久，张骞手持节杖，率领由他招募的一百多名各

敦煌壁画《张骞出使西域图》

位于敦煌莫高窟第323窟北壁，绘制于唐代初期，是南北朝至唐朝时期人们将张骞出使西域的史实加以神佛化的结果。

上下五千年

西域

“西域”一词不见于西汉司马迁的《史记》，而始见于东汉班固的《汉书》。显然，“西域”应该是汉宣帝在神爵二年（前60年）设西域都护府时才正式形成的政治历史名词。而汉武帝派张骞出使月氏等国时，不存在属于汉朝的“西域”。

张骞乘槎纹带扣

相传张骞曾乘木槎（chá，木筏），直上九霄云汉，遇到了牛郎织女。图中清代玉饰上的纹样，描绘的就是这一传说。后来人们用“张骞乘槎”的典故来比喻出使远行。

族忠勇之士，组成使团，出长安向西而去。

这次出访，冒险精神有余，人力、物力和知识都准备不足，特别是缺乏军队的武力支援，由此埋下了失败的隐患。

被俘后不忘使命

汉朝与月氏既没交往，又不接壤，只知月氏原本游牧的地区，在汉朝新近收复的陇西郡以西一带。要联络已经西逃的月氏，必须穿过以前从未有汉朝官员通过的广阔敌占区——匈奴控制的河西走廊，及其西边交错的大沙漠和小绿洲，这一史无前例的征途，可想而知非常艰险。

张骞使团自汉朝西边的长城关口离境后，虽然尽力走向荒僻无人的地方，但还是很快被匈奴的巡逻骑兵队发现，全体被俘，押往匈奴中部的大王庭（今内蒙古呼和浩特附近），由老上单于的继任者军臣单于处置。

军臣单于得知张骞的意图，故意欺骗他说：“月氏在我国北方，汉使怎能不经我同意，就想穿

张骞邮票

张骞（前164—前114），字子文，汉中成固（今属陕西）人。奉汉武帝之命两次出使西域（也有学者认为是三次出使），“陆上丝绸之路”在此基础上形成，以通西域之功，先后封博望侯、大行。图为中国邮政发行的《张骞》特种邮票。

过我国去找他们?”于是下令将张骞使团分散押回西部，监管居住，还让他与匈奴女子成家、生子。但是，张骞一直是“身在匈奴心在汉”，始终不忘使命，保留着汉朝的节杖。

在匈奴生活了十年有余，张骞终于等到了机会。匈奴人以为他再无逃脱的心思，放松了监管，张骞趁机与一些部下逃了出来。此时，他仍未忘却使命：联合月氏！他没有被“月氏在匈奴北方”之说所骗，向西南走了几十天后，进入一个名为大宛（yuān）的国家，也就是今天的帕米尔高原西麓附近。张骞在这里打听得知：大部分西逃的月氏人后来又被匈奴支持的乌孙人击败，继续向西方逃跑。他只得求见大宛国王，请求帮忙寻找月氏，并许诺说：“归汉后上报皇帝，一定重谢大王。”贪图厚报的大宛国王被说动，派人领张骞使团向西北走了一千五百多里，到达康居国。张骞使团又在康居人的指点下，向西南走了五百多里，终于在妫（guī）水河北岸找到了新建立的大月氏国。

艰难的归程

张骞面见大月氏国王，说明来意，国王却冷淡回绝，因为他们在这里已经建立了新国家，成功征服了大夏（位于今阿富汗一带），日子过得安全美好，而且大月氏与汉朝远隔万里，不便联合。张骞又到大夏辗转一年多，也没有什么收获，这时他终于意识到：联合大月氏、大夏等国夹攻匈奴的事，没希望了。怎么办呢？只能回去了。

对鸟菱纹绮地“乘云绣”

中国是丝绸的发源地，以发明植桑养蚕、缫丝织绸技术闻名于世，被称为“丝国”。汉代的丝织技术已经达到很高水平，图为马王堆汉墓出土的刺绣衣料，用朱红、浅棕红、橄榄绿三色丝线绣出云纹和凤鸟，寓意“凤鸟乘云”。

节杖

节杖是古代使臣奉帝王之命到地方或外国办事时，帝王赐给的象征权力之物，持之便如帝王亲临，多用竹或木制成。使者持节杖，简称“持节”，如宋代诗人苏轼在《江城子·密州出猎》中写道：“持节云中，何日遣冯唐?”

西汉“四夷尽服”瓦当

这次归程，张骞一行人选择匈奴以南的路线东行，但被少数逃到南羌地方的月氏人建立的小月氏国驱逐，只好再往北走，结果又被匈奴俘虏。一年后的元朔三年（前126年）冬天，军臣单于去世，匈奴内乱，张骞等人趁乱逃出，一路风餐露宿。张骞身边的使团成员只剩堂邑父一人，全靠他射猎飞禽走兽为食，张骞一家三口才得以生还，回到长安。

在皇宫中，汉武帝望着衣衫褴褛、手持光秃节杖的张骞，不禁万分惊喜，非常赞赏他忠君爱国的精神。张骞向皇帝详细报告了出使月氏沿途所见所闻的情况，建议避开北道和南道，改走从蜀郡（治今四川成都）出发到身毒（今印度）的西南夷道，比较安全快捷。汉武帝便命令张骞为主要负责人，分派四组使团，前往身毒，但各团都遭到沿路国家阻拦，无功而返。

沟通欧亚的丝绸之路

元朔五年和元狩二年（前121年），汉朝先后两次出兵大败匈奴，将盘踞河西走廊多年的匈奴右部大部分消灭或招降，小部分赶到大漠以北，完全打通了从长安经河西通往远西各国的道路。

在这大好形势下，汉武帝再次听从了张骞提出的新建议，派他出使乌孙，希望他能说服乌孙东归河西走廊，和汉朝合作抗击匈奴。虽然张骞没有达到这一目标，但是却成功吸引乌孙国王派使团回访长安，乌孙由此成为西方首个与汉朝建立朝贡关系的国家。而且张骞还从乌孙分派副使出使大宛、康居、大月氏、大夏、安息、身毒、于阗（tián）、扜（yū）弥等国家，都取得了类似的外交成果。张骞因此为汉朝立下大功，被封为“大行”，也就是在朝廷主管外交事务的长官。

越来越多的外国政治、外交、商贸、文化使团，经过汉朝在“西域”开辟的道路与驿站，进入汉朝在河西走廊逐步增设的郡县城镇，最后进入汉朝的首都长安，无不感到心悦诚服，满载而归。当然，汉朝也从西北各国得到各种精神和物质上的收获。当时的史学家司马迁所写的《史记》，称赞张骞这次出使为“凿空”，就是指他全面拓展了汉朝与西域各国在政治、经济、文化等方面和平交往的通路。而现代西方学者所说的连接东西方贸易的“丝绸之路”，也从此开通了。（谭学超 马晓菲）

西汉毡帽

出土于罗布泊楼兰遗址。楼兰城筑于西汉末或东汉初，是著名的“丝绸之路”上的重要一站。

沟而通之者，实始博望，博望实世界史开幕一大伟人也。

——梁启超

苏武牧羊

世界上最深的淡水湖是贝加尔湖，它被汉代人称为“北海”。两千多年前，有一位牧羊人在北海附近孤独地生活了十九年。他身处恶劣的环境中，却始终心怀故国，坚贞不屈，只身放牧着羊群，手里紧握一杆旄（máo）节——那是汉朝使者所持的出使凭证。这位牧羊人名叫苏武。

出使匈奴，变故陡生

汉武帝的“马邑之谋”拉开了汉朝与匈奴之间战争的帷幕，此后汉军在卫青、霍去病、李广等名将的率领下，连续出征河南、漠南、河西、漠北等地，大规模反击和远程奔袭匈奴。经过数次大战，汉军占了上风，连战连捷，而匈奴失去了河南、漠南、河西的地盘，退回漠北草原。

但是，汉匈之间的和平并没有维持多久。匈奴虽然口头上臣服于汉朝，实际上还是随时想着进犯中原，掠夺土地和财富。汉朝的使者去匈奴出访，经常被扣留，而汉朝也扣留了匈奴的一些使者。且鞮（dī）侯单于即位后，地位尚未稳固，担心受到汉朝攻击，就声称汉朝皇帝是自己的长辈，还释放了羁押在匈奴的全部汉朝使者。看到匈奴主动服软，汉武帝非常高兴，为了表示友好，他决定派苏武以中郎将的身份出使匈奴，护送被扣留在汉朝的匈奴使者回国，并给新任单于带去丰厚的礼物。

彩绘雁鱼灯

这件西汉灯具出土于山西朔县（今朔州）城西照什八庄，为国家一级文物，造型生动，灯盘、灯罩可转动开合，调节灯光照射方向并防御来风。鱼身、雁颈和雁体中空相通，可纳烟尘，减少污染。

汉代青铜削刀

天汉元年（前100年），四十岁的苏武率领副手张胜、临时委派的使臣属官常惠以及招募来的士卒、侦察人员等一百多人，前往匈奴。不巧的是，当时匈奴内部正在酝酿着一场叛乱。有个叫卫律的汉朝使者之前投降了匈奴，被单于封为丁零王，他的手下虞常对此非常不满。曾经归降过汉朝的匈奴缑（gōu）王与虞常密谋，准备绑架单于的母亲，回到汉朝去。虞常和苏武的副手张胜在汉朝一直有交情，这次张胜出使来到匈奴，虞常便把归汉的计划告知张胜，还说要为汉朝杀掉叛徒卫律。张胜送给虞常一些财物，表示支持。

后来，这次叛乱被人告发，缑王战死，虞常被抓。这时，张胜才将事情经过告诉了苏武。苏武无奈地说：“事情到了如此地步，我们一定会受牵连。如果让人审问，受辱而死，更对不起国家。”说完，拔刀就要自杀。幸好张胜和常惠眼疾手快，一把夺下刀来。

软硬不吃，拒绝投降

西汉龙凤形玉佩

虞常受不了严刑逼供，果然供出了张胜。单于勃然大怒，想要杀死以苏武为首的汉朝使者。他的手下却认为，让汉使投降才是更重的惩罚。于是，单于让卫律去召苏武来受审。苏武听了卫律的话，对常惠说："如果投降匈奴，就是丧失气节，玷辱使命。即便活着，还有什么脸面回到汉朝去！"然后又拔出佩刀向脖子抹去。卫律大惊失色，连忙将苏武扶住，又派人快马去请医生。经过一番紧张的抢救，几乎断气的苏武从鬼门关被拉了回来。单于听说此事，敬佩苏武是个有节操的汉子，早晚派人前去探望。

单于心想，这样忠贞的臣子，能为我所用该多好啊！所以，等到苏武伤好了，单于又想逼他投降。卫律当着苏武的面杀死了虞常，又举剑要杀张胜，张胜怕死，请求投降。卫律威胁苏武说："你的副手犯了罪，你也要连坐。"在古代，一个人犯罪，与他有一定关系的人（如亲属、邻里或主管者等）要连带受刑，这叫连坐。苏武面不改色道："我既没有参与谋划，又不是他的亲属，为什么要连坐？"卫律举剑逼近苏武，苏武仍岿然不动。

西汉错金银鸟篆文青铜壶

卫律见硬的不行，又来软的。他放下剑，苦口婆心地劝说："我以前归顺匈奴，有幸受到单于的大恩，被封为王，拥有几万奴隶和满山牲畜，享尽荣华富贵！先生您今天归顺，明天就可以和我一样！何必白白送命，葬身荒原乱草之中呢？"

这番话非但没有劝动苏武，反而令他怒发冲冠。他指着卫律痛骂道："你是汉朝的大臣，却忘恩负义，背叛国家，抛弃亲人，厚颜无耻地做了叛徒。单于信任你，而你却居心叵测，想要挑拨汉朝和匈奴相斗。你今天杀死我苏武，匈奴的灾祸就要来临了！"卫律碰了一鼻子灰，只好灰溜溜地回去禀报单于。

北海牧羊，苏李泣别

单于还是不死心，将苏武囚禁在地窖里，不给吃喝，逼他投降。恰逢天降大雪，苏武卧在地

［宋］李迪《苏武牧羊图》

上，把雪和毡毛一起吞下充饥，过了好几天也没有死。单于又惊又怒，干脆把苏武送到北海边荒无人烟的地方，给他一群公羊，说只要公羊下了小羊羔，就让他回汉朝去。公羊永远生不出小羊羔，单于言下之意是决不放苏武回去了。

临河濯长缨，念子怅悠悠。远望悲风至，对酒不能酬。

——［汉］李陵《与苏武诗》

北海烟波茫茫，草原空阔无边。这里只有单调的风景，没有什么人，更没有可口的饭菜。苏武饿了，只能掘开野鼠的洞穴，吃野鼠储藏的果实。他总是拿着代表汉朝的旄节，放牧、睡觉都不撒手，以至于缀在节上的旄牛尾毛全部脱尽了。就这样，苏武在苦寒的北海度过了许多年。且鞮侯单于去世后，狐鹿姑单于继位，他对苏武也很感兴趣，派了一个人去北海劝降。这个人名叫李陵，是“飞将军”李广的孙子，天汉二年（前99年）率五千人出击匈奴，陷入重围，力战之后因寡不敌众而投降，从此留在匈奴。

当初在汉朝时，李陵和苏武都担任侍中，称得上是故交。这次李陵前往北海，还安排了酒宴和歌舞，他对苏武说：“单于让我来劝你，希望对你虚心相待。你终究不能回到汉朝，白白地在这荒无人烟的地方受苦，谁又知道你的信义呢？你的大哥和弟弟小心翼翼地服侍皇帝，结果都因为一点小事而自杀。你的母亲已经去世，听说你的夫人也改嫁了。家中只剩两个妹妹、两个女儿和一个儿子，如今不知生死。我刚投降时，整天痛

苏武

［唐］李白

苏武在匈奴，十年持汉节。
白雁上林飞，空传一书札。
牧羊边地苦，落日归心绝。
渴饮月窟水，饥餐天上雪。
东还沙塞远，北怆河梁别。
泣把李陵衣，相看泪成血。

心对不起汉朝，又得知母亲被拘禁，几乎要发狂。你不想投降的心情，怎么能超过我呢？皇上年纪也大了，法令随时在变，大臣无罪而全家被杀的有几十家。你还打算为谁守节呢？”

苏武得知家里的消息，非常痛心，但他仍旧坚定地说："我们苏家父子都是皇上栽培提拔的，兄弟三人都是皇上的亲近之臣，愿意为朝廷牺牲一切。现在得到牺牲自己来效忠国家的机会，即使上刀山下火海，我也心甘情愿！”李陵与苏武畅饮了几天，始终不能劝服他，因此慨然长叹道："啊，苏武真是义士！我与卫律罪恶滔天！”李陵说着，落下的眼泪沾湿了衣襟，告别苏武而去。

终归故国，名垂青史

征和四年（前89年），狐鹿姑单于向汉朝提出讲和，汉武帝也下诏休兵养民，从“马邑之谋”开始持续四十余年的汉匈战争告一段落。汉武帝去世后，汉昭帝继位，恢复与匈奴和亲，并派使者到匈奴去，要求放回苏武。

当时匈奴首领是壶衍鞮单于，他不想放人，谎称苏武已经死了。后来汉朝使者又去匈奴，苏武以前的属官常惠私下和他见面，把苏武在北海牧羊的情况说了出来。汉朝使者见到单于时，厉声质问："我们皇上在上林苑射下一只大雁，雁脚上拴着一条绸子，上面说苏武还活着，在北海放羊。你怎么说他死了呢？”单于着了慌，只好承认苏武还活着，将他放回。

始元六年（前81年），在被匈奴扣押十九年之后，苏武终于回到了汉朝首都长安。当时正是春天，阳光明媚，杨柳依依，来街头迎接他的人摩肩接踵。苏武在塞外饱经风霜，已经须发皆白，但手里还紧握着那光秃秃的旄节。他忠贞爱国、矢志不渝的精神，千百年来为人称颂。（邱　硕）

［明］陈洪绶《苏李泣别图》

司马迁发愤著《史记》

苏武在北海苦寒之地孤独牧羊的时候，有一个人正在长安忍辱负重，发愤著书。他以坚韧的毅力，历时十三年完成了皇皇巨著《史记》，开创了纪传体通史的史书编写新体例。这个人就是西汉伟大的史学家、文学家、思想家——司马迁。

秉先父遗志

司马迁，字子长，夏阳（今陕西韩城南）人，出身于史官世家。司马氏家族从周朝开始担任史官，到了汉武帝时代，司马迁的父亲司马谈任太史公。司马迁受家庭熏陶，十岁就能诵读古文，遇到不懂的问题，他总要反复琢磨，直到弄明白为止。二十岁那年，司马迁开始在全国各地游历，往南到达长江、淮河流域，还登上会稽山，寻访传说中大禹留下的遗迹；他在沅江、湘江泛舟，并爬上九嶷山，相传那里是舜的安息之地；往北到达齐、鲁之地，体会孔子、孟子留下的儒家遗风……这段游历不仅让他大大开阔了眼界，还积累了海量的写作素材。返回后，司马迁做了郎中，奉朝廷之命出使西南地区。

司马迁画像

元封元年（前110年），汉武帝封禅泰山，司马谈身为太史令，却被留在洛阳，不能亲临盛典，因此心中愤懑，生了重病。正在这时，司马迁出使归来，看望父亲。司马谈一直想要编写古今通史，但他自知时日无多，因此将希望寄托在儿子身上，紧

西汉嵌贝鹿形青铜镇

沉箭式铜漏壶

出土于河北满城汉墓，通高22.4厘米，口径8.6厘米。漏壶是中国古代的一种计时器。

《太初历》

开始撰写《史记》之前，司马迁参与主持了历法的修订。新修的历法叫《太初历》，是中国历史上第一部比较完整的历法，从西汉太初元年（前104年）使用到东汉元和二年（85年）。《太初历》规定1年为365.2502天，以夏历正月为岁首（以前是十月），首次把二十四节气增入历法，把闰月定在无中气的月份，还首次记录了五大行星运行的周期。

西汉漆盒石砚

握司马迁的手，哭着说："我们的先祖在周朝就做史官，记载历史的事业不能断绝在我手里。你继任太史令，我们的祖业就可以延续了。如今天子封禅这样的大事，我却不能随行，真是命运弄人！等我死后，你做了太史令，不要忘记我想要编写的史书啊！"

司马迁低头流泪，向父亲做出承诺："儿子虽然驽钝，但一定会详述先人所整理的历史旧闻，不敢有缺漏。"司马谈病逝三年后，司马迁继任太史令，他秉承父亲的遗志，收集各种材料，开始进行著述《史记》的工作。

亦欲以究天人之际，通古今之变，成一家之言。

——［汉］司马迁

承《春秋》精神

司马迁编写《史记》的时候，不仅广泛摘录《左传》《国语》《世本》《战国策》《楚汉春秋》及诸子百家著作，还参考了国家收藏的档案、民间保存的材料，并将亲身采访和实地调查的内容也融入其中。在浩如烟海的材料中，《春秋》对司马迁的修史理念造成很大影响，这是我国第一部编年体史书，也是鲁国的国史，据传由孔子修订而成。

《春秋》记事语言简练，暗含褒贬之意，被称为"微言大义""春秋笔法"。司马迁博览古书，非常推崇《春秋》，认为这部书记载的历史极具价值："《春秋》往上阐明三王治道，往下分辨人事纲纪，辨别嫌疑，判明是非，论定犹豫不决之事，奖善罚恶，尊重贤能之人，鄙视不才之人，使灭亡的国家存在下去，继续断绝的世系，补救衰敝之事，振兴废弛之业。"

他还认为："《春秋》是礼义根本所在，是论述道义的。平定乱世，使之复归正道，没有哪本书能比《春秋》更有效。做国君的不可不知《春秋》，否则就会前有谗佞之徒而不见，后有奸贼之臣而不知；做臣子的不可不知《春秋》，否则就只会守常规而不懂因事制宜，不会灵活对待突发事件。"

司马迁祠墓

位于陕西韩城芝川镇，1982年被列为全国重点文物保护单位。其中祠建于西晋永嘉三年（309年），历代有修葺。

因为深受《春秋》的影响，司马迁继承父志，著述《史记》时，并非只是简单地记录历史事件，而是想要秉承《春秋》的褒贬精神，记载天子的圣明盛德，陈述功臣、世家、贤明士大夫的功业，褒扬人间正道。

西汉绫纹绢绣

忍奇耻大辱

司马迁著述《史记》的第五年，也就是天汉二年（前99年），汉武帝派宠妃李夫人的哥哥李广利带兵三万攻打匈奴，李陵作为辅助，率五千名步兵深入匈奴诱敌。路上，李陵被匈奴单于所率的三万骑兵围困，后来单于又增派了八万骑兵。面对如此悬殊的兵力差距，李陵率军顽强抵抗，血战十几天，歼灭匈奴万余人，但后来因为没有援兵，箭矢用尽，兵败投降。

汉武帝得知消息后，食不甘味，精神不振，大臣们也都谴责李陵不该贪生怕死，丢了汉军的颜面。汉武帝就此事询问司马迁的看法，司马迁分析说：“李陵带去的步兵不满五千，深入敌人腹地，打击了几万敌人。虽然最终战败，可是他已经杀了这么多敌人，也可以向天下人交代了。如果有机会，他一定还想将功赎罪，报答陛下。”

汉武帝听了，认为司马迁是为李陵辩护，勃然大怒，把司马迁下了监狱，判处宫刑（阉割生殖器）。如此奇耻大辱，使司马迁受到了极大的思想煎熬，他一度觉得自己的身体残毁，没有用了，甚至考虑过自杀。但他想到父亲的遗愿还没有完成，便决定坚强地活下去。

司马迁在写给好朋友任安的信中说：“从前，周文王被拘禁，推演了《周易》；孔子遭遇困厄，著有《春秋》；屈原被放逐，写下《离骚》；左丘明双目失明，编撰了《国语》；孙膑被挖掉膝盖

明刻本《史记》书影

司马迁死后，了解《史记》的人并不很多。汉宣帝时，司马迁的外孙杨恽祖述其书，公布于世，《史记》从此开始流传。流传过程中有所残缺，今本掺杂后人续笔，如书中“褚先生曰”即为汉元帝、成帝时褚少孙所作。

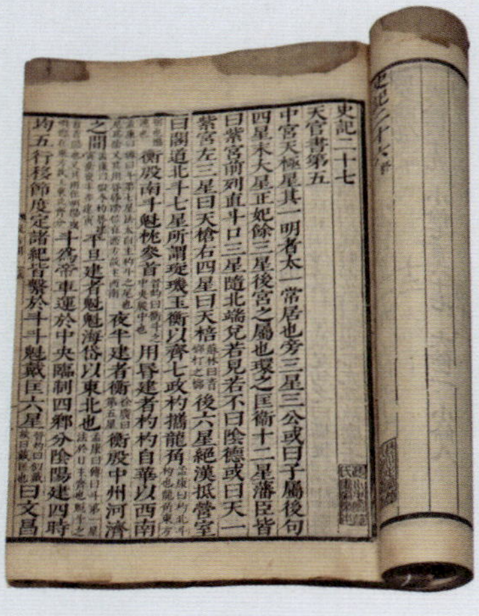

骨，还论述兵法；吕不韦被贬到蜀地，后世才有了《吕氏春秋》流传；韩非被囚禁在秦国，写出《说难》《孤愤》;《诗》三百篇，大多是圣人贤士抒发愤懑之作。”正是因为胸中郁结，理想得不到实现，先贤们才想要留下著作，以此表达自己的思想。司马迁以先贤们为榜样，忍受了常人难以想象的痛苦，夜以继日地发愤著书。

（司马迁）善述序事理，辩而不华，质而不野，文质相称，盖良史之才也。

——［汉］班彪

成一家之言

征和二年（前91年），五十五岁的司马迁终于完成了《史记》。这部巨著记载了从黄帝时代到汉武帝时代长达三千多年的历史，全书共一百三十卷，包括十二本纪、十表、八书、三十世家、七十列传，五十多万字。司马迁在《史记》的最后一卷《太史公自序》中，系统讲述了《史记》的体例和内容安排。

“本纪”按年月为序，记述帝王的言行政绩；“列传”记述帝王、诸侯以外的重要人物生平事迹以及少数民族的传记；“表”用表格来简列世系、人物和史事；“书”记述礼乐制度、天文兵律、社会经济、河渠地理等方面的内容；“世家”记述子孙世袭的王侯封国史迹和特别重要的人物事迹。本纪、列传是主体，与表、书、世家相辅相成，因此《史记》被称为“纪传体”史书。

《史记》是中国历史上第一部规模宏大、体制完备的通史，由它开创的纪传体影响深远，后来的历代“正史”都采用了这一体裁。因其开创之功，《史记》被列为“前四史”之首，与宋代司马光编写的《资治通鉴》并称“史学双璧”。后人还将司马迁与司马光并称“史界两司马”。

《史记》不仅是一部伟大的史书，还是一部优秀的文学作品，文字生动，笔力洗练，感情充沛，对中国古代小说、戏剧、传记文学、散文的发展，具有重要的参考价值。《史记》记载的历史事件，具有很强的故事性，自然成为后代戏剧取材的宝库，其中的人物性格鲜明，矛盾冲突尖锐，由此建立了一批重要的人物原型。可以说，《史记》对中国文化的发展产生了广泛而深远的影响，鲁迅先生誉之为“史家之绝唱，无韵之《离骚》”。（周作明）

西汉木简

二十四史

二十四史包括《史记》《汉书》《后汉书》《三国志》《晋书》《宋书》《南齐书》《梁书》《陈书》《魏书》《北齐书》《周书》《隋书》《南史》《北史》《旧唐书》《新唐书》《旧五代史》《新五代史》《宋史》《辽史》《金史》《元史》《明史》。这24部史书，是中国古代“正史”的总称。1927年《清史稿》编纂完成后，也被列入“正史”，有学者将二十四史加上《新元史》《清史稿》，合称“二十六史”。

司马相如与卓文君

辞赋是汉代文学创作中最流行的文体，在汉武帝时期最为兴盛，蜀郡成都人司马相如擅长辞赋，被誉为“汉赋四大家”之一。他与妻子卓文君因琴声成为知音，互生爱慕，结成眷属，传为一段佳话。

结识同好，辞官游梁

司马相如从小喜欢读书，还学习击剑，可以说是文武双全。父母本来给他取名为“犬子”，等他长大求学之后，因为仰慕战国时期赵国名臣蔺相如，就把自己的名字改成了“相如”，借此表明自己的人生志向。后来司马相如因辞赋名扬千古，人们便将“犬子”一词用作对自己孩子的谦称。

司马相如二十多岁时成为汉景帝的武骑常侍，也就是陪着皇帝打猎的官员。但他的兴趣不在打猎，而在文章辞赋。汉景帝不喜欢辞赋，因此司马相如的才华得不到施展。后来，梁孝王刘武入朝觐见，同来的还有邹阳、枚乘（shèng）等文士。司马相如与这些人交谈，相见恨晚，有心投奔梁孝王。于是他借口生病，辞去官职，前往梁国。在梁孝王的安排下，司马相如与诸文士同住，得到了与志趣相投之人共事的机会。

在梁国，司马相如专心进行辞赋创作，写出了《子虚赋》等作品。《子虚赋》假设子虚和乌有两个人对话，对楚国的云梦泽和齐国的大海名山进行夸张描写，后来由此衍生出一个成语“子虚乌有”，意思是虚构的、不真实的事情。

荒城虚照碧山月，古木尽入苍梧云。
梁王宫阙今安在？枚马先归不相待。
——［唐］李白

［清］袁江《梁园飞雪》

西汉梁孝王刘武在梁国修建了一座大花园，后人称为梁园，故址在今河南商丘东。天下文人雅士，如齐人邹阳、公孙诡、羊胜，吴人枚乘、严忌，蜀人司马相如等，都聚于此地，成了梁孝王的座上客。

琴挑文君，喜结佳缘

梁孝王去世后，司马相如回到老家成都，无事可做，难以维持生计。他和临邛（qióng）县令王吉关系很好，就到临邛暂住。王吉对他很客气，每天去拜访。司马相如一开始还出来以礼相见，后来就借口生病谢绝来访，王吉反而更加谨慎恭敬。

当时临邛有很多富户，卓王孙家里有奴仆八百人，程郑家里也有奴仆数百人。这两人见王吉每天都去拜访司马相如，认为司马相如是县令的贵客，于是商量着设宴相请，同时请县令作陪。宴请当天，王吉到卓王孙家的时候，宾客已经来了一百多人，唯独司马相如没来。等到中午，卓王孙派人去请，司马相如借口生病不肯前来。王吉亲自去请，司马相如迫不得已，这才勉强赴宴。满座宾客见到司马相如，无不为他的风采所倾倒。

宴席进行到一半，众人酒兴正浓，王吉走上前来，请司马相如为大家弹琴助兴。司马相如推脱不过，便弹奏了一两首曲子。他知道卓王孙的女儿卓文君才貌双全，喜欢音乐，年少丧夫，寡居父家，于是有意用琴声表达自己的倾慕之情。而卓文君也久仰司马相如的风采，此时听到他的琴声，更是怦然心动，于是躲在屏风后面偷偷观察。只见司马相如仪表堂堂，神采飞扬，卓文君非常高兴，立刻喜欢上了他。

宴会过后，司马相如以重金赏赐卓文君的侍者，借此向她转达自己的爱慕之情。卓文君沉浸在对美好爱情的憧憬中，乘夜跑到司马相如的住所，与司马相如私奔回了成都，结为夫妻。

千金买赋

相传，汉武帝的陈皇后失宠，别居在长门宫，她听说司马相如擅长辞赋，就命人带着一千金，求司马相如给自己写一篇赋。司马相如写了篇《长门赋》，表现一个深宫女子的愁苦心绪。汉武帝看后于心不忍，复宠陈皇后。后世便用“千金买赋”比喻作品极有价值。

长信宫灯

出土于河北保定满城区中山靖王刘胜之妻窦绾墓，高48厘米，通体鎏金。灯罩可以开合，宫女右臂和体内中空，可将烟尘导入体内，保持空气清新。长信宫是西汉太后所居宫名，窦太后是刘胜的祖母，此灯应是窦太后所赐。

卓文君当垆卖酒

得知女儿违反礼教，与司马相如私奔，卓王孙大怒道：“这个女儿太不成材了，我虽然不忍心伤害她，但也不会给她一文钱！”有人劝说卓王孙，但他始终不听。

卓文君跟司马相如回到成都后，进了家门才发现司马相如穷得家徒四壁。他们过了一段时间，实在生活不下去，于是合计一番，又回到临邛，变卖车马，买下一家小酒铺，做起了卖酒的生意。卓文君在店里卖酒，司马相如就和其他雇工一起干些洗洗刷刷的杂活。

听说金枝玉叶的女儿抛头露面出来卖酒，卓王孙感到十分耻辱，闭门不出。亲戚们劝卓王孙说：“你家并不缺钱，既然文君已经成了司马相如的妻子，司马相如也确实是个值得依靠的人才，就别再让他俩受这样的委屈了。”卓王孙不得已，这才给卓文君分了一些财物。卓文君得到父亲的资助，和司马相如回到成都，两人的日子终于好过起来。

卓文君画像

檄定巴蜀，出使西南夷

汉武帝即位后，有一次读到《子虚赋》，大加赞赏，感慨道：“可惜我跟作者不在同一个时代啊！”在旁侍奉的官员杨得意是蜀郡人，闻言答道：“陛下，这篇赋是我的同乡司马相如写的。”汉武帝很惊喜，把司马相如召来询问。司马相如承认《子虚赋》确实是自己所写，不过写的只是诸侯打猎的事，自己可以再写一篇天子打猎的赋，于是创作了《上林赋》。《上林赋》衔接《子虚

《凤求凰》

《凤求凰》是乐府《琴曲》歌名，《乐府诗集》中题作《琴歌》，传说是司马相如为求爱卓文君所作，其中有“凤兮凤兮归故乡，游遨四海求其凰”之句，因此得名。后来的人将男子求偶称为“求凰”。

赋》，将皇家苑囿的铺张靡丽描写得淋漓尽致，虽然也有一定的讽谏之意，但还是以夸耀帝王的奢侈享受为主。汉武帝读了之后，虚荣心得到极大满足，非常高兴，任命司马相如为郎官。

（司马相如）不师故辙，自摅（shū）妙才，广博闳丽，卓绝汉代。

——鲁迅

建元六年（前135年），中郎将唐蒙奉命略取和开通夜郎及其西面的僰（bó）中。他征发了巴、蜀两郡上千名官吏士卒，还有一万多名水陆运输人员，并用战时法令诛杀了不服从调遣的当地首领，巴蜀民众大为惊恐。汉武帝听说此事，便派司马相如前去责备唐蒙，同时命他告知巴蜀百姓，唐蒙的所作所为并非皇帝的本意。司马相如到达后，发布《喻巴蜀檄》，迅速安定了人心。

等到司马相如回京向汉武帝汇报的时候，唐蒙已经略取并开通了夜郎。他想继续开通西南夷，耗费甚多却徒劳无功。这时，一些西南夷的君长听说南夷归附汉朝后得到了丰厚的赏赐，也想归附，于是纷纷请求汉朝委任他们官职。汉武帝拜司马相如为中郎将，命他持节出使。在司马相如的怀柔政策下，各地夷人君长都请求成为汉朝的臣子，于是司马相如拆除旧有关隘，扩大边关，还写了一篇《难蜀父老》，阐明通西南夷的重大意义，从此西南夷与中原的联系日益紧密。

汉代弹琴陶俑

出使归来，司马相如向汉武帝奏报工作情况，得到赞赏。没过多久，有人告发说司马相如收受贿赂，汉武帝因此罢了司马相如的官，后来又重新任命他为郎官。几年后，司马相如因病辞官，住在茂陵养病，并最终在那里去世。

大汉“赋圣”，一代“辞宗”

辞赋是汉代文学创作的主体，体现了汉代文学的成就。在中国古代文学史上，汉赋与唐诗、宋词、元曲、明清小说并称，是一代文学的标志。“赋”的本义是铺陈，是《诗经》“六义”之一，即一种表现手法，后来发展成为文学形式“赋体”。汉赋从骚体的楚辞演化而来，但楚辞以批判现实、抒发愤懑之情为主，而汉赋的根本特色是“铺采摛（chī）文，体物写志”，属于专事铺排的用韵散文，内容主要是对帝王歌功颂德，劝百而讽一，大大丰富了文学的语言及描写的技巧。

司马相如是公认的汉赋代表作家和赋论大师，他的《子虚赋》《上林赋》发展了汉赋铺张的特色，大量运用连词、对偶、排句，层层推进，波澜迭起，歌颂了大一统王朝无可比拟的气魄和声威，确立了赋颂“劝百讽一”的传统。司马相如的赋作代表了汉代文学的水平，因此他被后世尊称为“赋圣”“辞宗”。（袁碧荣）

[明] 仇英《上林图》(局部)

此图取材自西汉司马相如的名篇《上林赋》，描绘了皇家宫苑上林苑的美景，以及汉武帝与群臣狩猎的壮阔场面。上林苑在秦朝的一个旧苑址上扩建而成，规模宏伟，宫室众多，有多种功能和游乐内容，故址在今陕西西安西及周至、鄠(hù)邑区界。

鲁壁出书

西汉时期，鲁共（恭）王刘馀在孔子故宅的墙壁中发现了一批写在竹简上的典籍，即著名的“孔壁古文”。这些典籍经孔子及其后人校订，用秦代以前的古文字写成。它们的出现，在很大程度上接续了中华文脉，也引发了旷日持久的今古文经学之争。

墙壁里的大发现

七国之乱平定后，原淮阳王刘馀被改封到鲁国（今山东曲阜），是为鲁共王。他为了扩建宫殿苑囿，命人拆除孔子故宅，无意间在墙壁夹层中发现了一批竹简，上面写有像蝌蚪一样的奇怪文字。鲁共王找人释读，发现这些竹简用秦代以前的古文字书写，包括《古文尚书》《礼》《论语》《孝经》等数十篇儒家经典。

这些藏书的来历，要从秦始皇焚书坑儒说起。当年李斯刚刚奏议焚书的时候，魏国名士陈馀得到消息，赶紧告诉好友孔鲋（fù）:“秦朝要销毁前代的书籍，你家有那么多藏书，很危险啊！”孔鲋是孔子八世孙，他不忍家中藏书被毁，说:“我要把书都藏起来，等志同道合的人前来索求。”于是，孔鲋把大量藏书封在旧宅的墙壁中，前往嵩山隐居去了，从此再也没见过这些藏书。当鲁共王发现这些书时，它们已经在孔宅墙壁里静静沉睡了数十年。

价值与意义

秦始皇焚书坑儒对文化造成极大破坏，秦末战争中，项羽率兵攻入咸阳，将秦朝宫室付之一炬，官

鲁壁出书场景复原

四次重要的文献发现

中国历史上有四次重要的文献发现，分别是西汉时期的鲁壁出书、西晋时期《竹书纪年》的发现、清光绪二十五年（1899年）甲骨文的发现、光绪二十六年敦煌文献的发现。其中最早的是鲁壁出书，它不仅改变了汉代的学术风气，还开启了一个新的学术时代。

写有隶书的汉简

方保存的典籍也几乎全部葬身火海。经过这两次劫难，先秦典籍丧失殆尽。在鲁壁出书之前，汉代学术靠着残存的书籍和儒生之间口耳相传的经典，才得以艰难延续。

当时人们学习的古代经典，都是用汉代通行的隶书抄写。而孔子旧宅中发现的这批竹简，据记载使用的是“蝌蚪文”，也就是秦代以前的某种古文字，因此人们称其为“古文经”，而把用汉隶书写的经典称为“今文经”。

除了文字形式，古文经的内容也与今文经有很大出入。就拿《尚书》来说，当时儒生学习都是用伏生所传的《今文尚书》，共二十八篇。而孔子旧宅中发现的《古文尚书》，比《今文尚书》多了十六篇。孔壁古文在先秦典籍尽遭焚毁之时保留了文化的种子，接续了断裂的文脉，并以其源自孔子的权威性，为汉代重建文化体系打下了坚实的基础。

鲁壁出书还拉开了汉代古文经学与今文经学长期争论的序幕。随着之前今文经的广泛传抄，今文经学逐渐形成。而鲁壁出书开启了对古文经的研究，为古文经学提供了有力的支持。对“蝌蚪文”的解读，还引发了文字学的研究热潮。

鲁壁出书的文化意义历来为人们所重视。金代时，人们在孔庙内修建殿堂，因为《汉书》记载鲁共王拆除孔子故宅时听到了钟磬琴瑟奏乐的声音，这座殿堂被命名为“金丝堂”。明弘治十三年（1500年）重修孔庙时，金丝堂迁往孔庙西路，原址建起“诗礼堂”，诗礼堂后又增建了鲁壁，以纪念鲁壁出书。

宋代文学家王禹偁（chēng）评价说，先秦典籍因为鲁壁，幸运地躲过了秦朝的焚书令，并得以在汉代重见天日。先秦学术的兴废、天下文脉的延续全都系于鲁壁。可以说，正是由于鲁壁出书，先秦文化才得以保存并流传至今。（杨加深）

山东曲阜孔庙鲁壁

咏鲁壁

［明］孔贞栋

蝌蚪出从古壁中，
至今大地书文同。
秦人遗下六经火，
三月咸阳焰尚红。

伏生画像

昭宣中兴

汉武帝去世后，汉昭帝和汉宣帝相继当政。他们都得到了大臣霍光的辅佐，延续了汉武帝晚年与民休息的政策，轻徭薄赋，同时整饬吏治，废除酷法，使得一度风雨飘摇的西汉王朝重现和谐繁荣之景，史称“昭宣中兴”。

霍光受托辅政

汉朝长期与匈奴作战，且重用酷吏，实行严刑峻法，到了汉武帝晚年时，社会矛盾日益尖锐，农民起义不断。面对国内的动荡局面，汉武帝追悔自己的过失，颁布“罪己诏”，表示要与民休息，发展生产。

后元二年（前87年）二月，汉武帝病重，他准备立年仅八岁的幼子刘弗陵为太子，但又担心幼主继位会导致政权不稳，便将大臣霍光召至榻前。霍光是霍去病同父异母的弟弟，河东平阳人，十几岁的时候随霍去病来到长安。在哥哥的关照下，霍光从郎官做起，屡次升迁，他为人小心谨慎，在朝中为官二十多年，未曾犯过一次错。汉武帝非常信任他，病重前就曾命画工画了一幅《周公负成王朝诸侯图》赐给他。此时汉武帝到了弥留之际，他说出将立太子的决定，并且直言请霍光日后效仿周公，辅佐幼主，主持朝政。

霍光画像

海昏侯墓出土的龙形玉饰

就这样，霍光被任命为大司马、大将军，与金日磾、上官桀、桑弘羊等重臣同受遗诏，辅佐幼主。汉武帝驾崩后，太子刘弗陵继位，是为汉昭帝。此后的二十年，霍光总揽朝政，甚至可以废立皇帝，这段时间堪称“霍光时代”。

粉碎政变

霍光大权在握之后，延续了汉武帝晚年时与民休息的政策，使得百姓安定，四夷宾服。但是同时，朝廷里也聚集了一批对霍光不满的人。

同为辅政大臣的上官桀，原本和霍光关系不错，他的儿子上官安娶了霍光的长女为妻，育有

玉兔蟾蜍瓦当

汉武帝延寿宫建筑用瓦，直径22厘米，为汉瓦中罕见巨制，边轮有纹，当面外围饰连珠纹。蟾蜍、玉兔的纹样，表达了汉武帝渴求长生的愿望。

一个女儿。上官安想把这个女儿嫁给汉昭帝为后，但霍光没有同意。后来，上官安通过汉昭帝的姐姐盖长公主的关系，将女儿送进了后宫。过了几个月，这个只有五六岁的小姑娘被立为皇后。上官桀父子为了表示报答，提出给盖长公主的情人封侯，被霍光拒绝，他们退而求其次，请封一个光禄大夫的官职，也被霍光驳回。如此一来，盖长公主、上官桀父子都与霍光结了怨。

另一位辅政大臣桑弘羊，在汉武帝时推行盐铁专卖政策，自恃为国家开辟财源有功，却在始元六年（前81年）的“盐铁会议”上遭到猛烈抨击，被斥责为与民争利，他曾想为家族子弟求官，又被霍光阻拦。屡遭挫折，自然心生怨气，于是桑弘羊和上官桀站在了同一条阵线上。他们知道汉昭帝的哥哥燕王刘旦因为没能继承皇位而不服气，就与燕王联合，密谋除掉霍光。

上官桀等人先是诬陷、诋毁霍光，但都不管用，于是他们密谋以盖长公主宴请之名刺杀霍光，发动政变，废黜汉昭帝，迎立燕王为帝。但是，这个阴谋还没实施就败露了，上官桀父子、桑弘羊被处死，燕王和盖长公主也畏罪自杀。从此霍光得到汉昭帝的全面信任，直到汉昭帝成年以后，朝政仍由霍光把持。

来自民间的汉宣帝

元平元年（前74年），年仅二十一岁的汉昭帝去世，没有留下子嗣，霍光以太后的名义迎立昌邑王刘贺为帝。刘贺荒淫无度，没过多久，霍光又率群臣上奏太后将他废黜，迎立汉武帝的曾孙刘病已为帝，是为汉宣帝。

汉宣帝的爷爷刘据是汉武帝的长子，早早被立为太子，但因为被诬陷以巫术诅咒父亲，无法自辩，被迫发兵起事，汉武帝以为他企图谋反，派兵镇压。结果刘据兵败自杀，此事史称“巫蛊之祸”。当时汉宣帝还是个婴儿，也被投入监狱，

海昏侯墓

2011年的一天，江西南昌新建区大塘坪乡观西村的几名村民在山上偶然发现一个奇怪的洞，一座沉睡两千多年的西汉古墓由此进入了考古学家的视野。经过发掘，墓中出土了1万余件（套）遗物，墓主人的身份被确认为西汉第九位皇帝、第一代海昏侯刘贺。海昏侯墓是中国迄今发现的面积最大、保存最好、内涵最丰富的汉代列侯墓葬。

海昏侯墓出土的马蹄金、麟趾金

后来遇到大赦才得以出狱，在民间长大。这样坎坷的身世，让他比同龄人成熟许多。汉宣帝十八岁继位，他明白自己在朝中无人倚仗，这皇位能否坐得稳，取决于大权在握的霍光。因此，当霍光提出想要归政时，汉宣帝不肯接受。于是群臣依旧凡事都先请示霍光，再向汉宣帝报告。霍光每次朝见汉宣帝时，汉宣帝都表现得虚心庄重，谦恭有礼。

汉宣帝画像

自汉昭帝以来，霍光执掌朝政二十年，霍氏子弟大多身居要职，在朝中的势力根深蒂固。霍光病逝后，汉宣帝亲政，迅速铲除了霍氏的势力，将大权揽在自己手中。但他没有忘记霍光的辅政之功，为霍光举办了隆重的葬礼，还延续了霍光的施政方针。

整顿吏治，废除酷法

汉昭帝时期，霍光重视吏治，调查民间疾苦，平反冤案，处理了一批失职的官吏，并先后四次察举贤良，重用贤才。继任的汉宣帝也很重视地方官吏的选举，要求补任刺史、守、相的官员，必须先由大臣推举，然后由皇帝亲自召见，询问他们治理国家的政策措施，最后决定是否任用。汉宣帝还建立了官吏考核和奖惩制度，赏功罚罪，培养了一大批良吏。

因为出身民间，汉宣帝知道老百姓最痛恨贪官，因此他一亲政就下令严明执法，惩治贪腐的官吏和豪强。大司农田延年在尊立汉宣帝时立了功，被封为阳城侯，但他在给汉昭帝修建陵墓时，贪污三千万钱。此事被告发后，有大臣替田延年求情，让他功过相抵。汉宣帝没有同意，派使者召田延年去受审，准备处以重罚，结果田延年畏罪自杀。

汉宣帝废除了汉武帝时的许多酷法，多次大赦天下，还亲自审理一些重大案件，平反冤狱。中国古代一直有“避讳”的规矩，遇到尊长不能直呼其名，书写时也要改字、改音或减少笔画来进行回避。汉宣帝名叫刘病已，“病已”二字很常用，因此许多人触犯了他的名讳而被定罪。汉宣帝非常同情这些人，特意发布诏书赦免他们，并且改名为刘询。

为了鼓励孝道，汉宣帝下诏子女包庇父母、妻子包庇丈夫、孙子包庇祖父母罪行的，都不治罪。他还设置了廷尉平一官，掌管刑狱评审及复核，把案件审理得好坏作为考核官吏的重要内容，以此保证执法严肃公正。经过整顿，西汉的社会矛盾大大缓和，政治局面也逐渐安定下来。

用绳穿起来的西汉五铢钱

汉代的人头税

汉代赋税除田租外，还有人头税，可分为算赋、口赋、更赋三种。算赋对15 ~ 56岁的成年人征收，一般每人年纳一百二十钱；口赋起初对3 ~ 14岁的儿童征收，每人年纳二十钱，汉武帝时增加三钱，汉元帝时改为7岁起征；更赋是以纳钱代替兵役的赋税，23 ~ 56岁的男丁要轮番服兵役，称为“更”，不服役而出钱给官府雇人代替，即为更赋。

轻徭薄赋，与民休息

汉昭帝时期的“盐铁会议”上，来自全国各地的贤良文学之士六十余人，与朝廷大臣齐聚一堂，就汉武帝时期的各项政策，进行了激烈的辩论。会后，朝廷废除了酒类专卖，对部分经济政策也做了调整。这次会议实际上将汉武帝晚年时“与民休息”的方针确定了下来，此后朝廷又施行了一系列休养生息的政策。

汉昭帝和汉宣帝在位期间，轻徭薄赋，致力于恢复和发展生产。汉昭帝多次下令郡国官员以劝课农桑为首要政务，并亲自前往皇家所属的田地里耕作，垂范天下。昭宣时期，朝廷七次颁布减免田租、算赋、口赋、更赋以及其他杂税的诏令，还免除了遭受地震和水旱灾害的郡国当年的租赋和徭役。汉宣帝下令禁止地方官吏擅自征发徭役，切实减轻人民的负担。

针对土地兼并现象，汉宣帝强制将一些地方豪强迁往别处，把他们的土地或充为公田，或分给贫民耕种。他还六次下诏贷给农民粮种和食物，让流亡在外的农民陆续回到土地上进行耕种。这些政策措施让西汉的农业生产得到发展，粮食丰收，濒临崩溃的经济得到恢复。

经过昭宣二帝的治理，西汉的社会矛盾有了一定程度的缓解，国家的政治、经济、军事又兴盛起来。从外部来说，与匈奴的关系得到缓和，西域都护府建立，标志着西域正式成为中国的行政管理区；从内部来看，国家政治安定，经济稳定发展，官员各司其职，民众安居乐业。后人认为这是西汉的“中兴”时期，史称“昭宣中兴”。

（周作明）

西汉鎏金银铜竹节薰炉

经学大师匡衡

匡衡是西汉时期的经学大师，在解读《诗经》方面有很高的成就。他少年时为了读书曾“凿壁偷光”，成为千古美谈。汉元帝重视儒术，匡衡得到重用，官至丞相。到了汉成帝时，匡衡因贪污被贬为庶人，晚景凄凉。

凿壁偷光

黄龙元年（前49年），汉宣帝驾崩，太子刘奭（shì）继位，是为汉元帝。汉宣帝在位时重视儒学，曾召集儒生开会讨论，但他也敏锐地认识到儒学的缺陷，认为儒生不能洞察世事变化，一味厚古薄今，因此治国需要儒、法并用。而汉元帝为人柔和仁慈，喜好儒术，重用儒生，匡衡就是被重用的儒生之一。

匡衡从小勤奋好学，但他家世代务农，家境贫寒，没钱供他上学。匡衡跟一个亲戚学会了认字，对知识日益渴求。由于家里买不起书，匡衡就借书来读。那时候书是非常贵重的东西，有书的人家轻易不肯外借。为了读书，匡衡就在农忙时节给有书的人家免费干活，只求人家借书给他看。

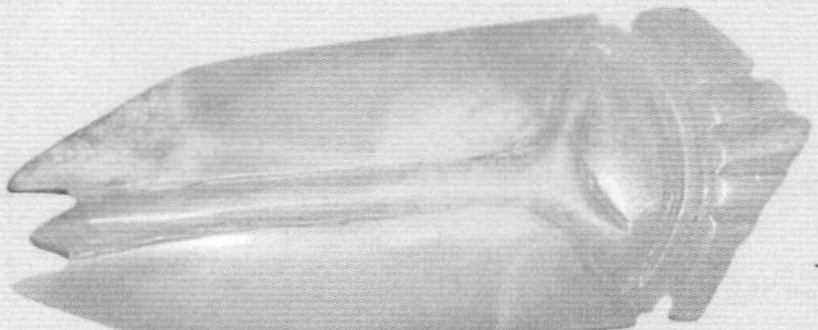

西汉玉蝉

> **射策**
>
> 射策是汉代考试取士的方法之一，通常由主试者将问题写在策（古代写字用的竹片或木片）上，应试者选择其一作答，这叫“射”。汉代射策一般应用于太学生考试、选补博士以及明经、察举的考试，试题按难易程度预设分科，西汉射策分甲、乙、丙三科，东汉分甲、乙两科。答题不合格的，称“不应令”或“不中策”，落选的可以再射。

匡衡长大后，成了家里的主要劳动力，一天到晚都得在地里干活，只有中午吃饭休息的时候才有时间看书。这样下来，一卷书常常要花十天半月才能看完。匡衡想利用晚上的时间多看点书，可是晚上看书要点灯，家里买不起灯油，他心里很着急。

一天晚上，匡衡躺在床上背白天读过的书，突然发现墙壁上有一线亮光。他走过去一看，原来是邻居家的灯光从墙缝中透过来了。匡衡拿来一把小刀，把墙缝挖大了一些，这样透过来的光亮也更多了。他凑着透进来的灯光，如饥似渴地读起书来。这就是后世传颂的“凿壁偷光”的故事。

西汉错金云纹青铜犀尊

初入仕途

随着学识的不断提高，匡衡拜太学博士为师，学习《诗经》。由于勤奋刻苦，他对《诗经》的理解十分独特透彻。当时的儒生中流传这样一句话："无说《诗》，匡鼎来。匡说《诗》，解人颐。"意思是说，要论解读《诗经》的水平，匡衡无人能及；听匡衡讲解《诗经》，能使人眉头舒展，心情舒畅。这说明匡衡在儒生之间已经小有名气。

自汉武帝"罢黜百家，独尊儒术"以来，儒学欣欣向荣，《诗经》《尚书》《礼记》《周易》《春秋》这五部儒家经典被奉为"五经"，成为官学。儒生只要学习五经，参加考试，就可以谋取官职。匡衡精通《诗经》，自然也想走这条路。当时有一项考试叫"射策"，按照难易程度划分甲、乙、丙三科，再根据甲、乙、丙科的等级来分配官职。匡衡想考甲科，却屡屡不中，直到第九次才考中丙科，只能被分配去当一个小官。朝廷先让他担任太常掌故，后来又外调补任平原郡文学，所谓"文学"，就是教官。

很多学者觉得，让匡衡去地方上当个教官太屈才，于是他们纷纷给汉宣帝上书，说匡衡经学学问深厚，当世无双，如果当教官也应该留在京城；京城很多学子听说匡衡要去平原郡，也想跟他一起去，这样还不如让他留在京城。汉宣帝命太傅萧望之等人亲自去考察匡衡，他们根据《诗经》问了匡衡几个问题，匡衡的回答不仅颇有见解，而且文辞优美。于是，萧望之上奏汉宣帝，说匡衡精通《诗经》，可以教授经典，在朝廷里当个顾问。但汉宣帝并不重视儒生，还是让匡衡到地方上做教官去了。不过，匡衡应对时侃侃而谈的样子，给当时还是太子的汉元帝留下了很好的印象。

《诏儒讲经》

此图出自清代彩绘本《帝鉴图说》，描绘了汉宣帝召集各派儒生讨论五经异同的场景。

青云直上

汉元帝即位后，萧望之和史高担任辅政大臣。萧望之是一代儒学宗师，威望很高，而史高是外戚，空有名位。史高为了与萧望之抗衡，向汉元帝举荐了匡衡，想要以此为自己博个好名声，获得儒生们的支持。

匡衡先是被任命为郎中，很快升为博士、给事中，侍奉皇帝左右，以备顾问应对。这时长安一带发生日食、地震等灾变，匡衡引用《诗经》，给汉元帝上书，劝汉元帝节俭用度，亲贤远佞，在百姓中推广道德教化，弘扬礼让仁和之风。这封奏书得到汉元帝的赞赏，匡衡因此升为光禄大夫、太子少傅。

西汉双面兽首鎏金铜顶饰

《诗经》

《诗经》是中国最早的诗歌总集，原本称“诗”，或“诗三百”，因在西汉时期被儒家奉为经典而称“诗经”。据说由孔子删定而成，收录了西周初期到春秋中期的305篇诗歌，分为“风”“雅”“颂”三类。其中的作品以四言为主，运用赋、比、兴的手法，艺术价值极高；选材广泛，包含了极为丰富的史料，堪称记录周代社会生活的“百科全书”。

古人研究《诗经》，常视其为经学文献，强调“诗教”功能。比如，匡衡曾用《关雎》篇里“窈窕淑女，君子好逑”之句，来劝谏汉成帝不要沉溺美色，而要寻找稳重端庄的淑女。

汉元帝崇尚儒学，尤其喜爱《诗经》，朝臣们纷纷投其所好。匡衡任少傅期间，常引《诗经》为据，参与国家大事的研究讨论，言辞之间包含很多礼法上的大道理。汉元帝非常喜欢这种言论，于是匡衡一再升迁，在建昭三年（前36年）做了丞相，总理全国政务。

汉元帝执政后期，任用宦官石显为中书令，掌传宣诏令之职。石显结党营私，把持朝政，怂恿汉元帝加重赋役，剥削人民。因为他得到汉元帝的宠信，即使匡衡位居丞相，都对他有所畏惧，不敢得罪。而萧望之因为与石显有矛盾，竟然被逼自杀身死，从此再也没有人敢弹劾石显。

被贬归乡

汉元帝去世后，汉成帝继位，想要清除宦官势力。匡衡见风使舵，和其他大臣一起上奏，揭发石显以前做过的坏事，并追查他的党羽。然而，此举遭到司隶校尉王尊的弹劾，说匡衡等人早就知道石显一伙独断专权，却不及时上奏弹劾、惩罚他们，反而阿谀附和，欺瞒皇上；如今也不坦白自己对皇上的不忠之罪，反而宣扬先帝任用奸邪小人的事情，实在是大逆不道。

汉成帝很信任匡衡，并未追究。但匡衡却感到非常惭愧，称病请求告老还乡。汉成帝拒绝了他的请辞，予以安慰勉励，还赏赐给他很多东西。然而，当时很多大臣都认同王尊的说法，匡衡内心不安，几次上书辞职，汉成帝都不允许。

后来，匡衡的儿子匡昌酒醉后杀人，被抓入狱。匡昌的下属与匡昌的弟弟合谋，准备劫狱。事情败露后，匡衡吓得脱下官帽，光着脚去请罪。汉成帝再次宽大处理，没有追究他的责任。但很快又有大臣上奏弹劾匡衡多占封地，原来，匡衡在汉元帝时利用郡国地图的边界错误，多占了四百顷土地。汉成帝即位后清查土地，匡衡利用职务之便，刻意隐瞒了自己多占土地的事实。十几年来，这些多占的土地每年都让他多收取一大笔田租。面对匡衡巨额贪污的事实，汉成帝再难袒护，于是将他罢免，贬为庶人。匡衡返回家乡，几年后就病故了。

匡衡少年时凿壁偷光，发愤求学，必然是有远大的志向，但是位极人臣之后却迷失本心，成为自私钻营的政客，最终犯下大错。他在官场上能够平步青云，一方面是乘上了汉代尊崇儒术的时代东风，凭借扎实的经学功底获得皇帝赏识；另一方面也是作为政治斗争的筹码被裹挟，身不由己。这样一位经学大师的人生故事，引人深思。

（周作明）

诅盟场面青铜贮贝器

西汉时期，中原大部分地区流通金属、贵金属货币，但在南方少数民族地区，人们仍然使用贝币。这件青铜器就是当时滇族统治者贮存贝币的用具，上铸圆雕立体人物127人（残缺者未计入），表现了滇王杀祭盟誓的典礼场面。

“犯强汉者，虽远必诛”

汉元帝时，陈汤与甘延寿受命前往西域。二人发兵至康居（今哈萨克斯坦南部），攻杀了横行西域的郅支单于，安定了汉朝边疆。战后，陈汤在给汉元帝的上书中发出了“犯强汉者，虽远必诛”的时代强音。

匈奴内乱，威胁西域

汉宣帝时，汉朝国力强盛，而北方的匈奴由于受到汉武帝以来的连年攻伐，又遭遇天灾，内部开始分裂。呼韩邪单于即位后，匈奴内部出现了五个单于并立的局面。他们混战不休，匈奴民不聊生，最终呼韩邪单于被哥哥郅支单于打败，郅支单于占领了匈奴王廷和漠北的广大地区。呼韩邪单于只好率军南下，亲自到长安朝觐汉宣帝，向汉朝称臣。

郅支单于见呼韩邪单于得到了汉朝的庇护，感觉自己无法统一匈奴，而且当时西域各国都臣服于汉朝，他担心日后汉朝联合西域，威胁自己的后方，于是率兵向西发展，接连攻下几个西域小国，势力渐强，一时间横行西域。

“汉广益强破胡灭羌世乐未央”

大方砖拓片

西域都护府

自汉武帝至昭帝、宣帝时，匈奴势力被逐出西域。神爵二年（前60年），汉朝在乌垒城（今新疆轮台）设西域都护府，统一管理西域。都护意为“总监”，西域都护即为驻西域地区的最高军政长官。

彩绘指挥俑

出土于陕西咸阳杨家湾汉墓，是西汉兵马俑中的精品。该俑头戴赭色冠、红色抹额，身穿三重衣，绿色短衣下为燕尾形袍服，外披黑色甲衣，系腰带，足蹬高腰靴，左手向左下方摆出，右手指向右前方，俨然一位指挥官的形象。

后来，郅支单于杀死了汉朝使臣，自知负罪于汉朝，于是率众远遁康居，修建城池，据险自守。那里相距长安甚远，汉朝鞭长莫及，于是郅支单于肆无忌惮地扩张势力，进行粗暴的统治，给西域人民带来了沉重的苦难。如果照这样的趋势发展下去，西域将会渐渐落入郅支单于的控制之中，威胁汉朝边疆。建昭三年（前36年），汉元帝任命甘延寿为西域都护，陈汤为西域副校尉，一起前往西域赴任。

汉唐虽然也有边患，但魄力究竟雄大，人民具有不至于为异族奴隶的自信心。

——鲁迅

矫诏发兵，斩杀郅支

前往西域的路上，陈汤劝甘延寿说，郅支单于修建的城墙不算坚固，武器也不够先进，应该抓住时机，联合西域各国军队，长驱直入，攻打到郅支单于城下，如此大业可成。甘延寿虽然赞同陈汤，但此等国家大事，他认为要先向朝廷请示。陈汤说："重大决策不是平庸之人所能理解的，此事一定不会被准许。"甘延寿犹豫了，没有行动。不久，陈汤趁甘延寿生病的时候，假传圣旨，召集汉军和西域诸国军队。甘延寿闻讯大惊，赶忙阻止。陈汤手握宝剑，呵斥道："军队已经召集起来了，你小子拦得住吗？"甘延寿无可奈何，只能依从陈汤，部署军队。

陈汤和甘延寿先给皇帝上疏，自我弹劾犯了假传圣旨的死罪，陈述了准备进行的军事行动，之后便率领汉军与西域诸军共四万多人，立即出征。大军在阗池（今伊塞克湖）以西击败了侵略乌孙的康居副王抱阗，解救了被其掳掠的乌孙百姓和牲畜。进入康居境内后，陈汤下令不得抢掠财物，得到康居贵族和民众的拥护，由此探知了郅支单于的虚实，迅速进军到郅支单于盘踞的城下。

郅支单于披甲站在城上，阏氏有数十人，都向汉军射箭。在甘延寿、陈汤的指挥下，汉军射中了郅支单于的鼻子，又采用火攻，烧毁了外围的木城。郅支单于率军退入木城之内的土城，当时康居骑兵有一万多人在城外，与城内人里应外合。夜里，康居骑兵多次冲击汉军营地，没有成功。战到天蒙蒙亮的时候，土城四面都成了火海，匈奴军大乱。汉军大喜，强势进攻，呼喊杀敌声和军鼓声震天动地。康居骑兵见势不妙，仓皇退却。汉军顺势攻入土城，斩杀了郅支单于。

这一战彻底瓦解了郅支单于的势力，宣扬了大汉国威。战后，陈汤向汉元帝上书，指出应将郅支单于的罪行及其结局展示给西域之人，"以示万里，明犯强汉者，虽远必诛！"大意是说，以此让万里之外的人都知道，胆敢冒犯强大汉朝的人，就算路途再遥远，也一定要予以诛杀。（衣抚生）

敦煌月牙泉今景

汉武帝分酒泉郡置敦煌郡，辖境相当于今甘肃疏勒河以西及以南地区，是中原通向西域的门户。陈汤后来获罪，曾被流放到敦煌郡。

昭君出塞

呼韩邪单于来到长安，想要与汉朝和亲。宫女王昭君主动请命，嫁给呼韩邪单于。从那以后，汉朝与匈奴和睦相处，数十年没有发生战争。昭君出塞为民族团结做出了巨大贡献，留下一段千古佳话。

自请和亲

呼韩邪单于听闻郅支单于兵败身死，率部重归漠北，他在欣喜之余，也对汉朝的强大感到非常恐惧。竟宁元年（前33年），呼韩邪单于再次来到长安，请求与汉朝和亲。汉元帝答应了呼韩邪单于的请求，准备挑选一个宫女，以嫁公主的礼仪嫁给他。最终被挑中的那个宫女，名叫王嫱（qiáng），字昭君，人们习惯称她为王昭君。

王昭君天生丽质，聪慧异常，琴棋书画无所不精，尤其擅弹琵琶。十六岁那年，她从民间被选入汉元帝后宫。因为入选女子众多，不是每个人都有机会见到皇帝。在呼韩邪单于请求和亲之前，王昭君只是个默默无闻的宫女。

汉元帝要挑选宫女和亲匈奴的消息传到后宫，那些常年得不到召见的宫女尽管很想出宫，但也不愿意离开故国，远嫁匈奴。这时，王昭君主动

沉鱼落雁

人们习惯把“沉鱼落雁”“闭月羞花”与古代四大美女西施、王昭君、貂蝉、杨玉环一一对应，其中王昭君对应“落雁”。相传王昭君在前往匈奴的路上弹奏乐曲，引得大雁从空中纷纷落下。其实，“沉鱼落雁”这个成语出自《庄子》:“毛嫱、丽姬，人之所美也，鱼见之深入，鸟见之高飞。”原意是说动物不能分辨人的美丑，就算看见美女也同样赶紧逃离，后用来形容女子的容貌美丽。

提出，自己愿意为了两国交好，出塞和亲。于是，汉元帝选择吉日，让王昭君和呼韩邪单于在长安成了亲。

呼韩邪单于得到这样一位年轻美丽的妻子，十分高兴，临回匈奴前，他带着王昭君来向汉元帝辞行。汉元帝看到王昭君美丽端庄，光彩照人，非常后悔，甚至想把她留下。但天子不能失信，汉元帝只得为他们设宴送行。随后，王昭君坐上马车，与呼韩邪单于一起，在汉朝使臣和匈奴官员的护送下，离开长安，踏上了去往匈奴的漫漫长路。

明妃曲二首（其一）

［宋］王安石

明妃初出汉宫时，泪湿春风鬓脚垂。
低徊顾影无颜色，尚得君王不自持。
归来却怪丹青手，入眼平生未曾有。
意态由来画不成，当时枉杀毛延寿。
一去心知更不归，可怜着尽汉宫衣。
寄声欲问塞南事，只有年年鸿雁飞。
家人万里传消息，好在毡城莫相忆。
君不见咫尺长门闭阿娇，人生失意无南北。

关于王昭君自请和亲，还有一个流传甚广的故事。相传汉元帝命画工给后宫所有女子画像，根据画像选择召见宠幸的对象。很多宫女希望画工把自己画得美一些，更容易得到皇帝的召见，便用金银财宝去贿赂画工毛延寿，多的会给十万钱，少的也有五万钱。王昭君虽然美丽，但为人正直，不肯贿赂，所以毛延寿故意把她画得很一般，因此她入宫多年未得皇帝召见。直到王昭君自请出宫，汉元帝才知道自己宫中竟有这样一位绝代佳人。送走呼韩邪单于和王昭君后，汉元帝越想越懊恼，叫人把王昭君的画像拿来，他一看到画像就明白是画工动了手脚，盛怒之下将毛延寿处死。

汉代匈奴贵族女性头饰

一去紫台连朔漠，独留青冢向黄昏。
——［唐］杜甫

汉匈和好

呼韩邪单于娶到王昭君，无比欢喜，他给汉元帝上书，请求成为汉朝的藩臣，世世代代保卫塞外上谷以西至敦煌一带边境地区的和平安宁，请求汉朝撤去边塞的士卒官吏，让人民得到休养。这听起来是个很不错的主意，但是有大臣建议汉元帝居安思危，不要把国家安宁交到外人手里，汉元帝便没有同意关于裁撤边关的请求。呼韩邪单于也没觉得失望，高高兴兴地带着王昭君北归匈奴。

从长安出发走了一年多，王昭君终于到了漠北，受到匈奴人民的热烈欢迎，并被封为“宁胡阏氏”，即单于的正妻。她很快习惯了匈奴的生活，还把中原的先进文化和生产技术传到了匈奴，大大提高了匈奴人民的生活水平。在汉朝的支持下，呼韩邪单于统一了匈奴全境，汉匈关系越发亲密。

呼韩邪单于去世后，王昭君上书汉朝，请求归乡。此时汉元帝已经去世，继位的汉成帝让王昭君遵从匈奴的习俗，嫁给继任单于。于是王昭君继续留在匈奴，直到去世。

昭君出塞之后的六十多年间，塞外边城的城门关闭，原野上牛马成群，几代人生活安宁，连狗的吠叫警醒之声都听不到了，边境一派欣欣向荣的景象，汉匈人民拥有了很长一段时间的和平。王昭君死后，被厚葬在大青山（今内蒙古呼和浩特南）。相传周围的草木一到秋天就会凋零，唯有昭君墓上草木常青，所以后人称之为“青冢”。王昭君告别家乡，远嫁匈奴，使得汉匈和好，边境和平，增进了民族团结。后人怀念她，赞美她，将昭君出塞的故事写进各种文学作品中，光是诗就有上千首传世。（周作明）

王昭君墓“青冢”

[明] 仇英《明妃出塞图》

《氾胜之书》

《氾（fán）胜之书》是汉代四百年间最杰出的农书，也是我国现存最早的农学经典。它总结了关中一带农民的经验，记述了黄河中游地区的耕作原则和作物栽培技术，促进了我国农业生产的发展，影响极其深远。

氾胜之其人

氾胜之是西汉时期著名的农学家，他的先祖原本姓凡，秦末时为了躲避战乱，举族迁居到氾水之畔，便改姓为氾。史书中没有氾胜之的传记，通过其他古籍中的少量记载，可以得知氾胜之在汉成帝时步入仕途，担任议郎。后来，他被朝廷任命为劝农使者、轻车使者，派遣到三辅，也就是关中地区，指导农业生产。氾胜之倾尽所学传授当地农民，使这一地区的小麦获得大丰收，因劝农有功，升任御史。

氾胜之在研究农业生产的过程中，深切体会到农业对国家的重要性，他认为，一座城池即使固若金汤，有百万守兵，如果没有粮食，也没法守住，所以粮食布帛才是天下的命脉。他还曾表扬一个推广农业技术的官员“忠国爱民之至”，把发展农业生产与稳固江山社稷紧密地联系在一起。秉持着这样的思想，氾胜之将一生的精力都投入到农业经验的收集、研究和推广之中。在三辅指导农业生产时，他经常便装出行，虚心向民间种田好手请教，研究农民的种田经验，总结出技术方法后再加以推广。

最早的滴灌系统

《氾胜之书》中记载的地下灌溉法，主要用于种瓜：在四棵瓜秧中间埋一口容积为三斗的瓦瓮，瓮中盛满水，瓮口加盖，与地面持平，水少了就加满。通过瓦瓮的渗透，实现地下灌溉，让作物持续得到水分供给，特别适用于干旱的北方。

有人认为，这是世界上最早的滴灌系统。所谓滴灌，就是将有压力的水流均匀滴入植物根部附近土壤的灌溉技术，可以大幅节约用水量。

西汉陶井模型

井灌是汉代农业灌溉的重要方式。这件西汉陶井模型附有水槽、辘轳（lù lú），说明当时的汲水设施已经发展到比较先进的水平。

在总结群众耕作经验的基础上，结合多年的亲身实践，氾胜之写出了十八篇著作，后世称之为《氾胜之书》。

耕作六原则

《氾胜之书》为推广先进的农业技术、指导农民开展生产做出了巨大贡献。原书大约在北宋时就已亡佚，好在《齐民要术》《艺文类聚》《太平御览》等古籍中对其多有引用，因此保留了一些内容，约有3500字。虽然字数不多，但我们仍能从中窥见2000多年前黄河流域农业生产的概况及其技术水平。

耕作是农业生产的基本问题，《氾胜之书》中提出了耕作六原则，即“趣时”“和土”“务粪”“务泽”“早锄”“早获”，为农业生产提供了一套科学规范的操作方法。

“趣时”是适时耕种，不能早也不能迟，必须与气候时令同步。

“和土”是改善土壤结构。通过翻耕，疏松过于坚硬的土壤，压实过于疏松的土壤，让土壤变得适宜耕种。

“务粪”是通过施肥提高产量。施肥有基肥、种肥和追肥三种方法，新鲜粪便必须经过沤制，腐成“熟粪”才可施用。

“务泽”是注意作物灌溉的水温、次数和用水量。《氾胜之书》记载了两种灌溉方法：水温调节法和地下灌溉法。

“早锄”是及早进行中耕除草，达到间苗、防冻、保墒（shāng）、增产的目的。

保墒

“墒”是中国北方方言，指农田土壤含有适合种子发芽的水分，保墒是保持农田土壤湿度的一种措施。关中平原大多是旱作农田，抗旱保墒尤为重要，因此这也是《氾胜之书》所论农业技术的中心环节，许多措施都与其有关。耕翻农田，利用疏松的表土层保持耕层土壤水分，多用于休闲期保墒；中耕锄草，减少农田水的无效损耗，多用于生育期保墒。

汉代画像石中的牛耕场景

“早获”是及早收获。不同的作物，要选择不同的收获时机，做到颗粒归仓。

《氾胜之书》总结的耕作六原则贯穿农业生产的全过程，反映了西汉农业生产技术的高水平，为魏晋农学的发展奠定了基础。

区田法

区（ōu）田法是《氾胜之书》的核心内容，它在代田法的基础上发展而来，基本做法是把土地“深挖作区”，“区”指的是地平面下的洼陷，按“区”围土埂，在区内施基肥、下种、盖土、浇水，然后种植庄稼。

根据不同的地理条件，区田法又分为带状区田法和方形区田法。带状区田法是按一定的间距，把土地挖成若干条直沟，在沟中种植，一般适用于平原地区。方形区田法是将山陵、斜坡、宅旁、村边零星土地和瘠薄的地块整成若干耕作区，在区中种植作物。

区田法充分利用土地资源，扩大耕地面积，可以集中人力、物力在小面积土地上施肥、灌溉和除草，实现精耕细作，提高产量。区田法的推广和运用，使关中

代田法

代田法是中国古代北方干旱地区的一种耕作方法。汉武帝末年，赵过被任命为搜粟都尉，他把关中农民创造的代田法加以总结推广，具体做法是将一亩田分成三甽（quǎn）三垄，甽是田间小沟，垄是稍微高起的土埂。每甽宽、深各一尺，垄宽也是一尺。作物种在低洼的甽内，甽和垄的位置逐年调换。这种方法既有利于抗旱保墒，还可以休养地力。

西汉陶仓模型

西汉陶磨

地区单位面积的作物产量大大提高，受到广大农民的欢迎。直到清代，农学家杨屾（shēn）依然在关中地区提倡这种耕作方法，现在陕北地区的农民甚至还在使用区田法。

泽被后世

作为中国历史上第一部较为完整和科学的农学专著，《氾胜之书》记录了西汉时期十余种农作物——禾、黍、麦、稻、稗、大豆、小豆、枲（xǐ，纤维用大麻）、麻（子实用大麻）、瓜、瓠（hù，葫芦）、芋、桑——的栽培技术，是当时最先进的农业生产指导手册，被后世公认为农学经典。书中总结的耕作技术和作物栽培方法，奠定了我国传统农学作物栽培的理论基础，至今仍对北方旱作农业起着指导作用。

受《氾胜之书》的影响，后世广泛开展了区田试验和研究，有关区田研究的著作多达13种。《氾胜之书》的写作体例也成了我国传统综合性农书的重要范本，深刻影响了后世《齐民要术》《农桑辑要》《王祯农书》《农政全书》《授时通考》等农学著作的编撰。（周作明）

西汉农具：铁铧、铁五齿耙、铁犁壁

耧车模型

秦汉以前，手工撒播是主要的播种方式，尚未出现专门的播种农具。汉武帝时期，农学家赵过发明了耧（lóu），即耧犁、耧车，作为专门的播种机械，有单足、双足和三足之分。

东汉击鼓说唱俑

中兴再造

《中兴再造》主要讲述了新朝（9—23）和东汉（25—220）的故事。

西汉外戚王莽废汉称帝，建立新朝。他推行的政策加剧了社会动荡，激起绿林、赤眉等农民起义和其他政治势力的崛起。西汉宗室刘秀在昆阳之战中赢得巨大声望，后来他称帝复汉，史称东汉。刘秀在位三十多年，再造汉王朝的安定繁荣，实现了“光武中兴”。

东汉延续了西汉的闳远与雄放，伏波将军马援老当益壮、马革裹尸，班超投笔从戎、立功绝域，汉墓中的画像则镌刻着“鬼雄”般的信仰……威胁中原王朝三百年的匈奴问题，也在东汉时期得到解决。

此外，王充的《论衡》表达了犀利的无神论观点；班固的《汉书》开创了“后朝修前朝史”的正史模式；许慎的《说文解字》，以及《熹平石经》的刊刻，平息了西汉以来的今、古文经学之争。

V形铁犁和牛耕技术在东汉时期得到普遍推广，科学技术也取得了许多开创性成就，如王景治河、蔡伦造纸、张衡发明浑天仪和地动仪、张仲景撰成《伤寒杂病论》等。

东汉后期，外戚与宦官交替专权，两次“党锢之祸”使得政局迅速恶化。

王莽代汉

西汉晚期，宦官和外戚轮番专权，国势逐渐衰落。汉平帝时，朝政大权落到外戚王莽手里，后来他更是自立为皇帝，建立新朝。为了摆脱危机，王莽推行复古改制，但因为政策不符合实际，反而激发了社会矛盾，导致新朝灭亡。

积累声望

王莽画像

汉元帝去世后，继位的汉成帝尊自己的母亲王政君为皇太后，封舅舅王凤为大司马、大将军，太后的其他兄弟也都被封为侯，从此外戚王氏掌握了朝政大权。王氏位高权重，家世显赫，王氏子弟因而生活非常奢靡，还经常互相攀比，声色犬马，纵情享乐。但其中有一个人却非常“另类”，他安于清贫，生活简朴，待人谦恭，他就是王莽。

王莽是王太后的侄子，他的父亲王曼是王太后同父异母的弟弟，但因为早亡没有被封侯。尽管有着显赫的家族背景，但王莽极有心计，为人处世完全不像一个纨绔子弟。他勤奋好学，知识广博，衣着也像一个普通的儒生。在家里，他十分孝顺懂礼。因为父亲和大哥早亡，他一力承担起了照顾母亲和寡嫂，以及抚养侄儿的责任，孝悌之名广为流传。此外，他还广泛结交社会上的贤士名流，侍奉家族里的各位叔伯也是勤谨恭敬，非常周到。就这样，王莽成了世人眼中的道德楷模，声名远播。

阳朔三年（前22年），王莽的伯父王凤生了一场大病，王莽几个月衣不解带，伺候在王凤身边，亲尝汤药，忙得蓬头垢面。王凤和兄弟们将这一切看在眼里，都十分感动。王凤临死前，将王莽托付给王太后和汉成帝，王莽因而被封为黄门郎。

王莽的叔叔王商也很看重他，上书要将自己的食邑分出一部分给王莽。很多官员也为王莽说好话。汉成帝认为王莽确实是个贤才，于永始元年（前16年）封他为新都侯，又不断给他加官晋爵。然而王莽官位越高，为人就越谦恭，他经常

汉代辎车画像砖

汉代辎车主要供妇女乘坐，史书中有多处皇帝的母亲、皇后妃子等出门乘坐辎车的记载。这块画像砖描绘的是汉代一般富家妇女乘坐辎车的情景。

拿出财物去接济穷人，还结交了更多的达官显贵。久而久之，他的名声甚至超过了叔伯，朝野上下无不称颂王莽的美名。

代汉称帝

绥和元年（前8年），王莽接任大司马，结果第二年汉成帝去世，而他的儿子都已经夭折，继位的是他的侄子，就是汉哀帝，王太后被尊为太皇太后。为了权衡关系，王太后下诏让王莽辞官回家，将权力让给汉哀帝的母家。结果许多官吏都为王莽鸣不平，王太后只好令王莽重新回朝辅政，只是不再让他担任大司马之职。元寿二年（前1年），汉哀帝去世，没有留下子嗣。王太后再次任命王莽为大司马，王莽迎立九岁的中山王刘衎（kàn）为帝，他就是汉平帝。

因为汉平帝年幼，王太后临朝称制，将国政全部委托给王莽。元始元年（1年），大臣们上奏王太后，说王莽的功绩跟霍光、萧何一样，甚至可与周公辅成王相比，因此应该得到与他们相等的封赏，王太后无法拒绝，只好封王莽为“安汉公”。从此，王莽大权独揽，野心也逐渐膨胀。他开始排除异己，培植党羽，但是又伪装出一副克己守礼、一心为公的样子，从而蒙蔽王太后和天下百姓。

东汉蟠螭环

为了牢牢控制朝政，王莽不惜毒死自己的儿子，然后借机诬陷，铲除了汉平帝母家的势力。元始三年，他把女儿嫁给汉平帝，并立为皇后。元始四年，王莽加封“宰衡”称号，位列诸侯王公之上，第二年又“加九锡”，威仪几乎与皇帝相同。接着，他派人出去“考察”，到处宣扬自己的“功德”，营造出一幅天下太平的盛世景象。

元始五年，汉平帝病死，年仅十四岁，有传言说他其实是被王莽毒死的，而王莽为了操控政局，立汉宣帝年仅两岁的玄孙刘婴为帝，史称孺子婴，改年号为“居摄”。“居摄”就是皇帝因年幼不能亲政，由大臣代居皇位处理政务。王莽由“安汉公”变为“居摄”，引起了安众侯刘崇的反对，他召集一百多人，起兵攻打宛县，结果被守军击败。大臣们见状，向王太后进言，说刘崇敢于反叛，说明王莽的权位还不够高，王太后便下诏称王莽为“假皇帝”，也就是代理皇帝。这下王莽

汉代四灵瓦当

汉代彩绘龙虎纹陶壶

的野心昭然若揭，引发了更大规模的叛乱。他一下子慌了神，吓得饭也吃不下，一边抱着孺子婴去宗庙日夜祷告，说自己只是代替皇帝行使职权，将来一定会把皇位还给孺子婴，一边又派大军镇压反叛。

叛乱很快被平定下去，王莽再无顾忌，他觉得假皇帝控制不了天下，于是想成为真皇帝。底下人察觉到了他的心思，纷纷进献带有“王莽应该当真皇帝”含义的祥瑞。这下王莽不推脱了，始建国元年（9年），他逼迫王太后交出传国玉玺，接受了孺子婴的“禅让”，即位称帝，改国号为“新”，立国二百一十年的西汉就此灭亡。

复古改制

为了表示改朝换代，革汉立新，废刘兴王，王莽仿照《周礼》推行社会改革，开始托古改制。

> **嘉量**
>
> 嘉量是我国古代的标准量具，全套量器从大到小依次为斛、斗、升、合、龠（yuè）。其换算关系为两龠为一合，十合为一升，十升为一斗，十斗为一斛。一升约容二百毫升。嘉量带有统一度量衡的意义，象征着国家统一。王莽篡汉后，统一全国的度量衡，铸造新嘉量，将斛、斗、升、合、龠合为一器。

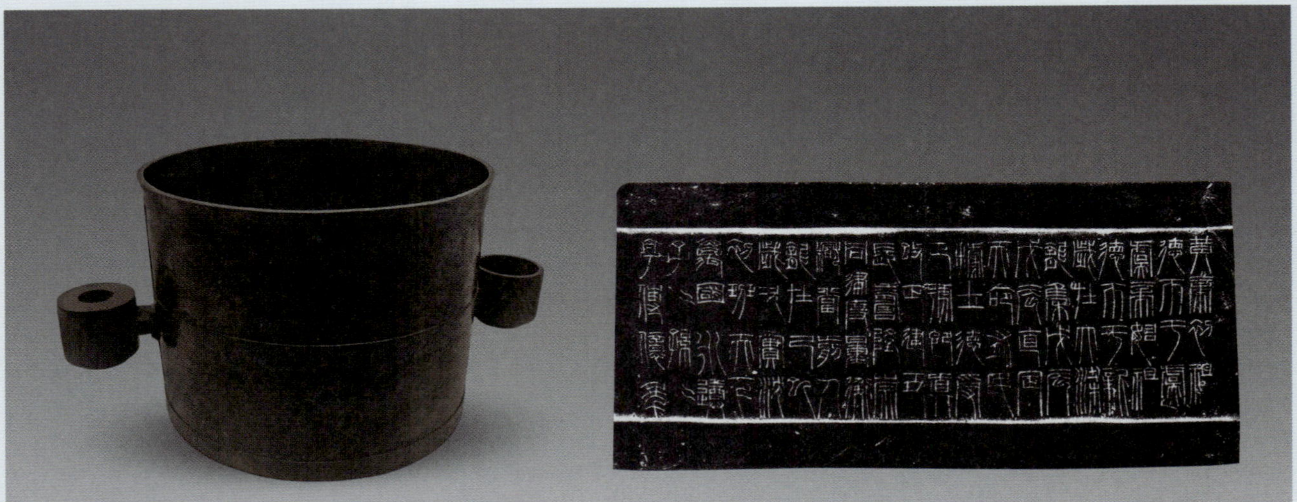

新莽嘉量及铭文

西汉末年，土地买卖现象越发严重，大量农民因土地兼并，失去土地而沦为奴婢。为了缓和日益激烈的社会矛盾，王莽下令将全国的土地收归国有，改称“王田”，奴婢改称“私属”，都不准买卖，由政府按人口重新分配土地。王莽想要通过这项改革恢复商周时期的井田制，但它触动了广大地主阶级的利益，施行过程中遭到重重抵制，到了始建国四年（12年）就宣告失败。

新朝天凤二年常乐富贵镜

王莽当政后，还屡次改变币制。西汉时期一直流通的是五铢钱，王莽下诏铸造“错刀”“契刀”“大泉（钱）五十”“小泉直一”等货币，前后铸造了三十七种不同质地、不同样式、不同单位、不同比价的货币。然而新币大多毫无信用可言，每改换一次货币，百姓就要遭受一次盘剥。伴随币制改革的是严刑峻法，由于货币种类太多，换算十分困难，百姓只使用小钱和大钱，无意间就会触犯法律，因此被判刑的多达数十万人。王莽的币制改革使得物价飞涨，社会经济十分混乱，遭到全国上下的强烈反对。

为了附会《周礼》，王莽在朝廷中新设了许多官职，并大量更改官名和地名。这些毫无意义的改易名称给人民的生活带来了极大不便。

王莽的改名活动还延及汉朝周边各国，他将原本臣服于汉朝的匈奴、高句丽、西域诸国的统治者由“王”降格为“侯”，甚至将“匈奴单于”改为“降奴服于”，高句丽改为“下句丽”。各国对此都很不满，拒绝向新朝臣服，王莽便动用武力，挑起边境冲突，白白耗费了大量人力物力，却收效甚微。

王莽改制涉及西汉政治、经济、民族等各个方面，但这些措施大多不切实际，反而使社会矛盾更加激化，加深了人民的苦难。在他执政末年，国内灾害频发，严苛的法令和赋役使得百姓不堪重负，一场全国性的农民起义爆发了。（周作明）

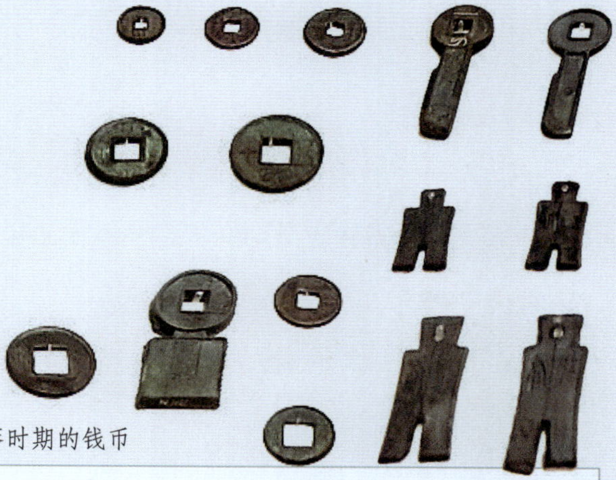
王莽时期的钱币

五均六筦

始建国二年，王莽颁布“五均赊贷”诏令，又“初设六筦（guǎn）之令”，用行政手段控制和垄断工商业。五均赊贷是指在长安、洛阳、邯郸、临淄、宛、成都六大都市设置五均官，下设交易丞和钱府丞，负责征收市税、平抑物价，以及办理赊贷。六筦是对工商业经济活动的管制，即由政府控制盐、铁、铸钱、沽酒及名山大泽，加上“五均赊贷”，共计六种。这项政策本来是为了调控物价，减轻高利贷对百姓的盘剥，从而增加国家的赋税收入，但推行新政的官员往往与富商勾结，从中渔利，百姓的负担反而更加沉重。

绿林赤眉起义

王莽托古改制造成社会混乱和经济凋敝，加上一连串天灾，农民被逼得走投无路，纷纷起义。一群聚集在绿林山的农民点燃了一把反抗的大火，烧垮了王莽新朝。

绿林起义

王莽改制不仅没有缓解西汉末年以来的危机，反而使得社会矛盾更加激化。因为无故贬低匈奴及周边的少数民族，新朝边境开始动荡，王莽派大军前去讨伐，结果使百姓背负上更加沉重的赋役负担。新朝末年，各地小规模的农民起义此起彼伏，但很快都被镇压下去。屋漏偏逢连夜雨，随着全国水、旱、蝗灾频发，人民走投无路，纷纷起来反抗王莽。

天凤四年（17年），荆州出现饥荒，百姓只能挖野荸荠充饥。挖野荸荠时，人们经常发生争执，来自新市（治今湖北京山东北）的王匡和王凤二人出来给大家调解，在饥民中逐渐树立起威信。他们因此受到大家的拥护，被公推为首领“渠帅”。

东汉刻龙凤纹谷仓罐

王匡、王凤把饥民组织起来，形成了一支数百人的队伍，他们以绿（lù）林山（今湖北大洪山）为根据地，称“绿林军”，正式向王莽朝廷造反。“绿林军”后来演化为成语“绿林好汉”，意思是除暴安良的英雄，后世便将除暴安良、杀富济贫的英雄统称为绿林好汉。

绿林军起义仅仅几个月，队伍就发展到七八千人。王莽派两万官兵前去围剿，结果被绿林军打得大败。绿林军趁势攻下竟陵、云杜和安陆（皆在今湖北京山一带），缴获大批粮食和物资，队伍也扩大到五万多人。

正当绿林军蓬勃发展之时，地皇三年（22年），绿林山上发生瘟疫，近一半绿林军染疫而死。为了保存实力，绿林军决定分兵出山进击，另图发展。在王常、王匡、王凤等将领的带领下，绿林军西入南郡，北上南阳，分成下江兵和新市兵两部。后来平林有一千余人聚众起义，响应绿

新朝青铜方斗

吕母起义

天凤元年，琅邪海曲（今山东日照）有个叫吕育的县吏，因为犯了一点小罪，被县令冤杀。吕家是当地富户，有“资产数百万”，吕育的母亲因为儿子的死悲愤不已，决心为儿子报仇。她散尽家财，结交贫苦少年，于天凤四年聚集一百多人起义。广大不满王莽统治的农民纷纷赶来参加，不久起义队伍就扩大到数千人。吕母自称“将军”，率起义军攻下县城，将县令杀死。吕母起义揭开了农民起义反抗王莽政权的序幕。

林军，称平林兵。这三路人马各自占领一块地盘，队伍很快发展壮大起来。

当绿林军逼近舂（chōng）陵（今湖北枣阳南）时，汉朝远支宗室的刘縯（yǎn）、刘秀兄弟也率领七八千人在南阳起事，组成舂陵兵，并加入绿林军，共同反抗王莽的统治。

赤眉起义

天凤五年，当绿林军在荆州与官兵作战的时候，琅邪人樊崇率领一百多人在莒县起义，远近都有人起兵与他响应。起义军以泰山为根据地，很快发展到数万人。为了避免与王莽军混淆，起义军将自己的眉毛涂成红色，因此他们被称为“赤眉军”。绿林军与赤眉军起义，史称“绿林赤眉起义”。

汉代彩绘陶俑

赤眉军军纪严明，约定杀死百姓的人要被处死，伤害百姓的要受责打，迅速赢得了当地百姓的拥护。赤眉军四处攻打州县，引起王莽的重视。地皇三年四月，他派自己的侄子太师王匡和更始将军廉丹率十万大军前去镇压。但王匡、廉丹的大军一路骚扰百姓，无恶不作，惹得百姓怨声载道。樊崇率领十万赤眉军在成昌（今山东东平西）设下埋伏，打了敌军一个措手不及。结果，王匡、廉丹的大军被打得大败，王匡弃军逃走，廉丹及部下二十余名将领战死。

成昌之战后，各地的起义让王莽焦头烂额，再也无力发起对赤眉军的围剿，他只能命人把守各处要地，抵御赤眉军西进。

东汉提梁铜壶

昆阳之战

随着绿林军的规模越来越大，为了便于号召和统一指挥，他们打出恢复汉室的旗号。地皇四年二月，绿林军拥立汉室之后刘玄为皇帝，恢复汉朝国号，改年号为“更始”，刘玄就是更始帝。历史上称这个政权为更始政权。

绿林军继续进兵，围困宛县，攻克昆阳（今河南叶县）、郾（yǎn）县、定陵等地，声势大振。听说刘玄被立为皇帝，绿林军又不断攻城略地，王莽吓得惶惶不可终日，赶紧派王寻、王邑统率四十二万大军，号称百万，前去围剿。

五月，王寻、王邑率大军抵达昆阳，将昆阳团团包围。昆阳是沟通洛阳和黄淮平原的战略要地，但此时城内的守军只有八九千人，面对来势汹汹的敌军，王凤、王常等将领心生畏惧，纷纷想要逃跑。只有刘秀站出来劝大家坚守待援，然后亲自带领十三个人骑快马趁夜突围，去请求援兵。

昆阳城池虽小，但十分坚固，王邑命大军架起云车，从高处往城里射箭，同时挖地道，用楼车撞击城门、城墙，日夜攻打。昆阳城内箭如雨下，军民连出门打水都得头顶门板，以防中箭。起义军很快伤亡惨重，守城的王凤等人感觉坚持不住了，想要投降，但被王邑傲慢地拒绝，于是他们只能拼死坚守。

过了一个多月，刘秀终于带着郾县、定陵的近万名援兵赶回了昆阳。他亲率一千多人作为先锋，猛冲敌阵。王寻、王邑根本没把这些“乌合之众”放在眼里，只派出几千人迎战。刘秀一马当先，杀敌数十人。诸部将士欣喜地说：“刘将军平时碰上小股敌人都非常胆怯，现在大敌当前却如此勇猛，真是奇怪。”他们高呼道：“刘将军请继续冲杀，我们在后面帮你！”于是刘秀率先锋军越战越勇，其余诸部乘势进击，斩杀了成百上千名敌军。

援军屡战屡胜，不断向前推进。此时刘縯已经攻下宛县，但刘秀还不知道，他用计诈称宛县的起义军即将前来支援，围城的王莽大军军心开始动摇。刘秀见状，组织了一支三千人的敢死队，直冲敌军中军大营。王寻、王邑命令各部按兵不动，亲自率领一万余人迎战。但还没等他们摆好阵势，刘秀就率军发起了猛烈冲击。混战之中，王寻被起义军杀死，王邑则慌忙逃走。城内的守军也乘胜出击，内外夹攻之下，王莽的大军阵脚大乱，自相践踏，死伤倒地的士兵绵延一百多里。一片混乱之际，突然天降大雨，王莽残军争先恐后地逃命，结果有数万人淹死在昆阳城北的河里，河水甚至因此断流。

昆阳之战是中国历史上以少胜多、以弱胜强的著名战例，此战消灭了王莽的主力，新朝的统治从此开始土崩瓦解。

新朝灭亡

刘秀在昆阳之战中立下大功，刘縯攻下宛县，兄弟俩声威大震，这引起了绿林军其他将领以及更始帝刘玄的忌惮。刘縯手下有个猛将叫刘稷，一直对刘玄当皇帝愤愤不平。刘玄借口收押了他，要把他杀掉。刘縯前来求情，结果也被逮捕，两人一同被杀。刘秀此时因兵力薄弱，不敢公开反抗，只能强忍悲伤，向刘玄表示忠心。他谦卑恭顺的态度反倒让刘玄有点过意不去，于是刘玄就拜他为破虏大将军，封为武信侯，以示抚慰。

昆阳之战后，各地纷纷起兵响应更始政权。无计可施的王莽只好率领群臣来到南郊，举行哭天大典，祈求上天消灭各路起义军。而此时起义军经过休整，已经兵分两路，分别向长安、洛阳杀来。当年九月，起义军攻入长安，城内燃起大火。王莽逃入渐台，最终被起义军杀死，新朝灭亡。（周作明）

汉代陶灯

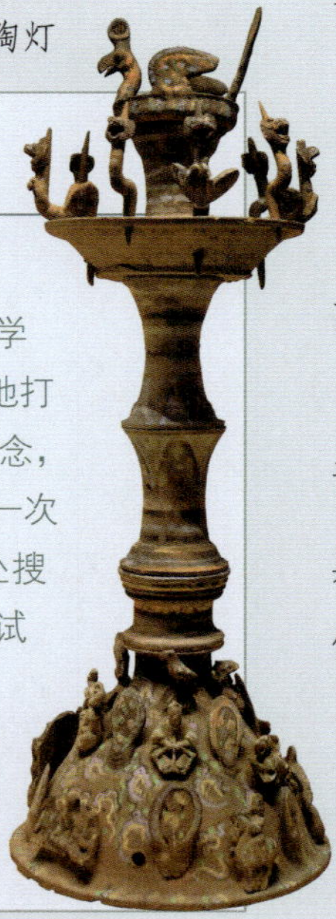

热衷科学的皇帝

王莽虽然治国无方，过于异想天开，但他非常尊重学者，资助进行了许多科学实验，堪称中国古代统治者中的异类。他打破了古人“身体发肤，受之父母”的观念，命令宫廷医生进行了中国有史可考的第一次尸体解剖；为了应对灾荒，他命人四处搜寻可以食用的植物，进行了人造食品的试验；他还支持了中国古代最早的飞行试验。虽然一些科学实验受限于当时的技术条件，没能成功，但这些尝试却有着开创性的意义。

东汉错银铜牛灯

此灯通高 46.2 厘米，铜牛身长 36.4 厘米，由灯座、灯盏、烟管三部分组装而成，三部分均可拆卸。当灯火点燃时，所产生的烟尘通过烟管导入灯座腹腔中的清水被溶解，从而确保室内空气的清新。铜牛灯通体光滑，工艺精湛，是汉代青铜灯具中实用与艺术完美结合的上乘之作。

光武中兴

刘秀在推翻王莽的过程中立下汗马功劳，其后他慢慢发展自己的势力，逐渐扫平了各路起义军，并最终登基称帝，建立东汉。刘秀在位三十二年，兢兢业业，勤于政事，维护国家统一，社会经济得到恢复和发展，史称“光武中兴”。

刘秀登基

更始元年（23年）九月，王莽在长安被起义军杀死，同时洛阳也被王匡率军攻克。一时间，更始政权人心所向，受到天下人的拥戴。此时赤眉军正在濮阳一带活动，首领樊崇等人前来洛阳归附，但更始帝刘玄根本不重视他们，只是封了他们一个列侯的虚衔。而刘秀的哥哥刘縯有功却被杀，刘秀正担心自己将来也会受到迫害，刚好此时黄河以北还有很多州郡没有归附，刘秀就向刘玄请命去招抚河北，借机发展自己的势力。

汉光武帝画像

刘秀在河北以恢复汉家制度为号召，取得了一些官吏、豪强的支持。他首先集中兵力消灭了在邯郸称帝的王郎，然后对起义军各个击破，镇压并收编了铜马军，兵力扩充到数十万。刘玄眼见刘秀在河北日益壮大，深感不安，他想收回刘秀的兵权，但被刘秀拒绝，他派往河北任职的官吏也被刘秀杀掉。更始二年，刘秀与更始政权公开决裂。

而刘玄在进入长安后，生活日益腐化，每天只知道饮酒取乐，还纵容自己的亲信胡作非为。百姓大失所望，越来越多的人开始反抗更始政权。

刘玄对赤眉军的轻视也让樊崇非常不满。樊崇离开洛阳后，与部下商议，决定起兵推翻更始政权。更始二年冬，赤眉军兵分两路，向绿林军发起进攻。绿林军接连打了几场败仗，几个将领想要挟持刘玄离开长安，结果被刘玄杀死。王匡等人也受到猜疑，被迫投降赤眉军。第二年，赤眉军在弘农会师，樊崇立汉室之后刘盆子为皇帝，建元“建世”。而此时河北已经基本平定，刘秀也在鄗（hào）县（今河北柏乡北）即位称帝，年号“建武”，国号汉，史称东汉，刘秀就是汉光武帝。

邓禹画像

邓禹与汉光武帝为学友，是东汉开国勋臣之首，首任宰相。他聪敏好学，待人敦厚，长于推荐贤能，所举之人皆才干出众，才尽其职，深得汉光武帝赏识。汉光武帝平定天下后，邓禹因功被封为高密侯，但他淡泊名利，常思远离名誉和权势。此外，他教子有方，不置产业，子孙皆称名天下。

重建汉朝

汉光武帝登基之后，派邓禹、冯异分别去攻打关中和洛阳。此时赤眉军与更始政权正在关中混战，邓禹坐山观虎斗，准备从中渔利。洛阳这边，守将朱鲔（wěi）是当年杀害刘缜的主谋之一，他担心汉光武帝找自己清算，所以被冯异围攻了三个月也不敢投降。汉光武帝来到洛阳，向朱鲔保证绝对不追究刘缜的事，朱鲔这才投降。汉光武帝车驾进入洛阳，将其定为都城。

建武元年（25年）九月，赤眉军攻入长安，刘玄投降，不久就被缢死。但赤眉军在长安大肆抢劫，迅速失去民心。关中的地主豪强也把粮食藏了起来，组织武装反抗赤眉军。建武二年，赤眉军在长安把粮食吃光了，樊崇带着大军向西寻找粮草，结果碰上暴风雪，冻死了不少人马。邓禹趁机占领长安。樊崇率军折返，打败邓禹，重新占领长安。但赤眉军仍然无法解决粮食问题，樊崇只好带兵出关，向东返回故乡。

见邓禹作战不利，汉光武帝派冯异代替邓禹继续与赤眉军作战。临行前，他嘱咐冯异，不要以杀人掠地为重，要注意安抚百姓，约束部队不得扰民，把赤眉军引到险要的地方再击败他们。于是冯异率军一路追击，赤眉军且战且退，损失巨大，等跑到宜阳的时候，部众只剩下十几万。汉光武帝已经在这里布置好埋伏，赤眉军兵困粮乏，樊崇只得率众投降。

新朝末年最大的两支起义军绿林、赤眉这时都被剿灭，汉光武帝继续用兵消灭其他地方割据势力，接连平定了关东、陇西、蜀地，到建武十二年终于完成了统一，结束了西汉末年以来近二十年的战乱，重建了汉朝。

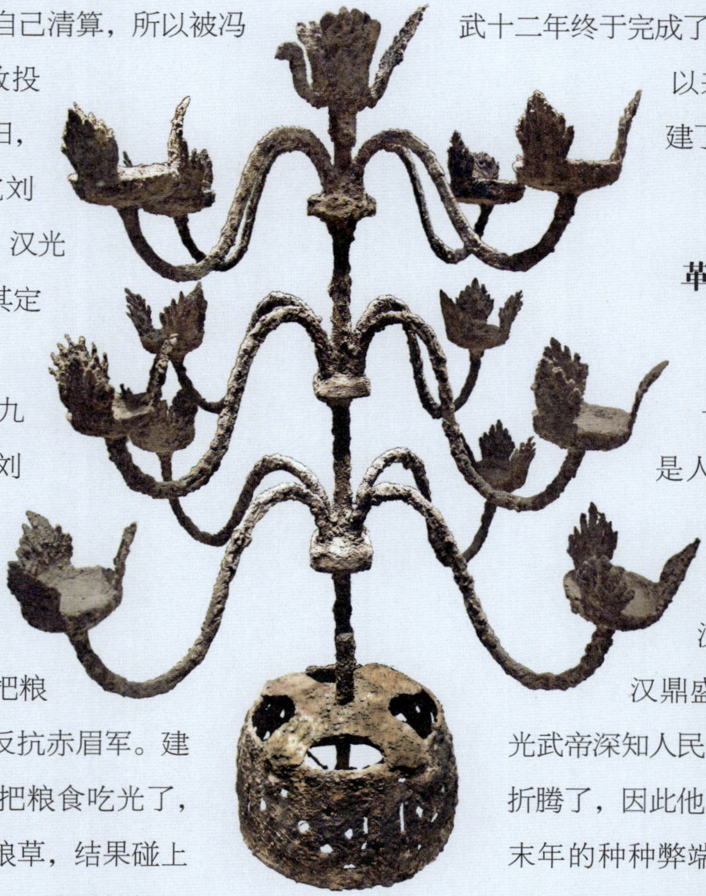

东汉十二支铁灯

革除弊政

虽然国家再次统一，但汉光武帝面临的是人口减少、民生凋敝的局面。由于连年天灾，战争不断，东汉这时候的人口只有西汉鼎盛时期的十分之二。汉光武帝深知人民饱受疾苦，再也经不起折腾了，因此他自登基以来便根据西汉末年的种种弊端提出针对性的改革措施，努力恢复民生、发展经济。

失之东隅，收之桑榆

建武三年，汉光武帝拜冯异为征西大将军，恰逢邓禹率部东归，于是二部合在一起攻打赤眉军。不料被赤眉军打败，死伤三千多人。冯异收集散卒，得数万人，与赤眉军再次约战。冯异令将士们打扮成赤眉军的样子，埋伏在道边，当两军战在一起时，冯异布置的伏兵杀出，赤眉军分不出敌我，败退而去。冯异乘胜追击，将赤眉军全部消灭。汉光武帝写信慰劳冯异说："可谓失之东隅，收之桑榆。"

冯异画像

首先，汉光武帝加强了中央集权。将权力握在自己手中，下面的人才能认真听话办事。当初一块打天下的功臣，汉光武帝尽量不让他们参预政治，而是广泛收罗儒学名士，任用文吏，提倡文教，以德政治天下。为了防止出现类似西汉末年霍光、王莽等外戚专权的现象，汉光武帝扩大了尚书台的职权。虽然保留了三公，但政务都由尚书台处理，三公等重臣的权力被大大削弱。

为了节省政府开支，汉光武帝带头节俭用度。建武六年六月，他又下诏裁撤官吏，合并郡县。一番整顿之后，全国共减少了四百多个县，官吏削减了十分之九，极大地减轻了人民的负担。

鉴于西汉后期吏治败坏、官僚奢侈腐化，汉光武帝还大力整顿吏治，严惩贪腐，同时选贤任能，赏罚分明。

当时董宣为洛阳县令，在他治下，汉光武帝的姐姐湖阳公主有个奴仆杀了人，躲进了公主府。官吏不能闯进公主府抓人，董宣就守在公主府外，等湖阳公主带着这个奴仆出门的时候，派人把他抓了起来，然后当着公主的面宣布完他的罪状，当场杀掉了。湖阳公主气愤地去找汉光武帝告状，汉光武帝召董宣进宫，要用廷杖打死他给姐姐泄愤。董宣说："陛下圣德中兴汉朝，如果放纵奴仆杀人，这样还怎么治理天下？"汉光武帝便退了一步，让董宣给湖阳公主赔礼道歉。董宣坚持认为

《赏强项令》

此图出自清代彩绘本《帝鉴图说》，描绘了汉光武帝嘉奖董宣的故事。

自己没做错，硬着脖子不肯给公主磕头赔罪。汉光武帝无奈，又很佩服他，就放他走了，还赏给他三十万钱。从此，人们便称董宣为“强项令”，意思是硬脖子的洛阳令。

汉代捧奁捧灯奴婢画像石拓片

奴婢问题是西汉中后期的重要社会问题之一，汉光武帝多次下令释放奴婢。

休养生息

西汉后期以来，大量农民因为土地兼并失去土地，沦为奴婢或刑徒，他们中很多人后来参加了农民起义。为了安定社会秩序，增加劳动力，从建武二年到建武十四年，汉光武帝六次下诏释放奴婢和刑徒，并严禁虐杀奴婢，提高他们的社会地位，让他们回归土地。对于生活有困难的，汉光武帝诏令地方政府给他们发放救济粮，还贷给他们种子和农具等，让他们开展农业生产。对于无地的农民，就将国家的“公田”租借给他们耕种。为了进一步减轻农民的负担，汉光武帝实行轻徭薄赋，将田租定为三十税一，农民只需将收获的三十分之一上交给国家，而且他还经常下诏减免租赋，尽量与民休息。

对于西汉后期以来就存在的土地兼并问题，建武十五年，汉光武帝下诏重新丈量土地、核实户口和年龄，作为日后垦田、人口和赋税的根据，史称“度田”。结果这一诏令遭到很多豪族地主的抵制，汉光武帝采取霹雳手段，处死了度田作假的十多个太守，还镇压了一些郡国大姓发起的叛乱。东汉的社会矛盾得到缓和，出现了“牛马放牧，邑门不闭”的安定局面。

东汉青铜双虎钮錞于

錞（chún）于又称錞釪、錞，是古代的一种青铜乐器。形如圆筒，顶部有可用来悬挂的钮，用槌敲击发声，多用于战争中指挥进退。目前发现最早的錞于是春秋时期铸造的，盛行于汉代。

为了给国内发展赢得和平的外部环境，汉光武帝对东汉周边的匈奴、羌、鲜卑、乌桓诸族采取友好互助政策，边防以保守为主，以德治边，绝不轻易开战，成功地缓和了民族矛盾。诸部落相继遣使与东汉通好，边境贸易日渐繁荣，促进了民族融合。

汉光武帝勤于政事，每天一早上朝，直到太阳下山才散朝。散朝后他还经常跟大臣交流治国事宜，往往深夜才睡。经过三十二年的苦心治理，到他驾崩时，东汉政局稳定，百姓生活安定，人口比建国时翻了一倍以上，经济也蒸蒸日上，国力日益增强，史称“光武中兴”。（周作明）

伏波将军马援

马援一生驰骋疆场，老当益壮，以“马革裹尸”的气概，为东汉的建立和统一立下了赫赫战功。他官任伏波将军，封新息侯，世称“马伏波”。然而他死后却遭人构陷，几乎不能入土为安。功臣蒙冤，堪称命运多舛。

游牧陇汉

汉光武帝驾崩后，继位的汉明帝为了追思辅佐汉光武帝统一天下、重建汉朝的功臣，于永平三年（60年）命人在南宫云台为二十八位功勋卓著的名将画像，其中就有帮助汉光武帝平定河北的邓禹、大败赤眉平定关中的冯异，有些绿林军将领在归顺汉光武帝后也成了东汉的开国元勋。但有一个人，同样劳苦功高，却因为是外戚，没有被列入云台二十八将，他就是汉明帝的岳父伏波将军马援。

> 丈夫为志，穷当益坚，老当益壮。
>
> ——［汉］马援

马援是扶风茂陵（今陕西兴平东北）人，十二岁的时候父亲就去世了。但他从小胸怀大志，哥哥们都很欣赏他，支持他做自己想做的事情。长大后，马援在本郡当了一名督邮，有一次他押送一个重罪囚犯到司命府，途中见这个囚犯可怜，就擅自把他放走，然后自己逃往了北地郡。王莽称帝后大赦天下，马援留在了当地耕作放牧。因为他重情义，有不少人慕名前来归附，一时间有几百户人家都跟随他在陇汉之间游牧。游牧生活常年漂泊不定，但马援从未放弃过自己的远大志向，他常跟宾客们说：“大丈夫的志向应当在穷困时更加坚定，年老时更加壮烈。”

马援种田放牧懂得因地制宜，几年下来积攒了大量财富，但他并不乐于只是当一个“守财奴”，于是把收获都分给了兄弟朋友，自己仍旧过着简朴的生活。

清末年画《东汉二十八宿全图》

这两幅年画画的是帮助汉光武帝打下江山的二十八位勋将，民间将这二十八人与天上的二十八星宿对应，故称《东汉二十八宿全图》。

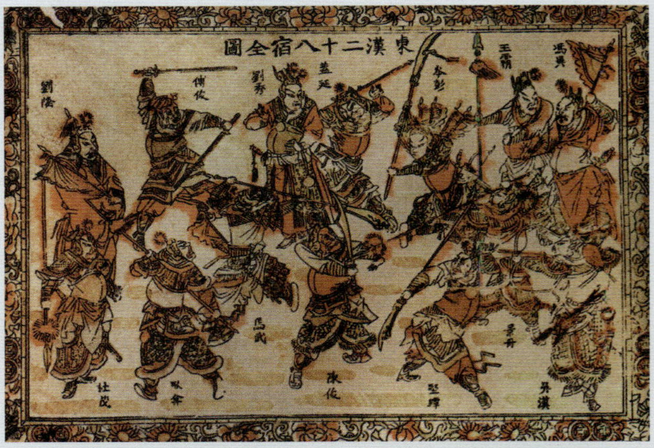

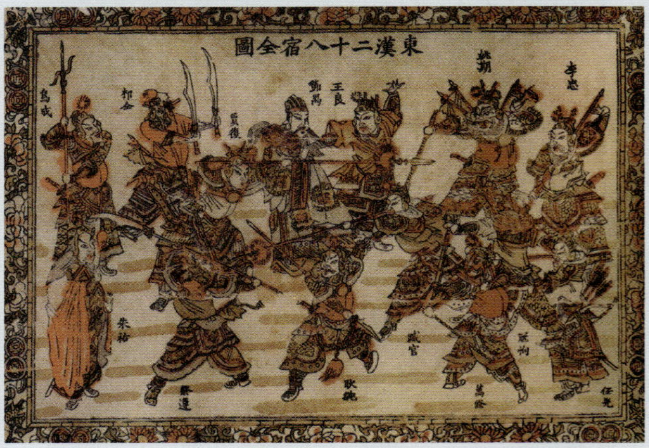

马援画像

归顺汉光武帝

新朝末年，马援被举荐为新成大尹，也就是汉中太守。随着各地军阀四起，王莽败亡，马援弃官前往凉州避乱，后被割据陇右的隗嚣（wěi xiāo）请去，担任绥德将军，颇受器重。

当时洛阳的刘秀和蜀地的公孙述都已称帝，是最强大的两股势力。隗嚣实力弱小，想要依附其中一个，就派马援去打探两方虚实。马援先去了公孙述那里，公孙述也是扶风茂陵人，但见到这位同乡，他却大讲帝王排场。马援非常失望，就回去对隗嚣说：“公孙述就是一只妄自尊大的井底之蛙，您不如结好东方的刘秀。”隗嚣接受了马援的建议，在建武四年（28年）派马援带着书信到洛阳拜见汉光武帝刘秀。

汉光武帝见到马援非常高兴，丝毫不怀疑马援可能是个刺客。马援在洛阳受到盛情款待，一番接触下来，他觉得汉光武帝气量恢宏大度，跟汉高祖刘邦非常像。汉光武帝也很欣赏马援的胆略和才干，二人相谈甚欢。马援返程的时候，汉光武帝还特意派人送他回到陇右。

在马援的劝说下，隗嚣决定依附汉光武帝，还把长子隗恂送到洛阳做人质，以示诚意。马援也带着家属，护送隗恂去了洛阳。然而没过多久，隗嚣听信手下人的挑拨，想要凭借地利，割据陇右。马援知道后，写信相劝。隗嚣见信更加怨恨马援，认为他背离自己，于是立即起兵抗拒汉朝。见隗嚣不听规劝，马援就上书汉光武帝，陈述消灭隗嚣的策略。汉光武帝采纳了马援的计策，于建武八年大败隗嚣军，平定了陇右。

《约束外家》

此图出自清代焦秉贞《历朝贤后故事图》册。东汉只有一位皇太后没有纵容外戚，反而禁止外戚参政议事，她就是马皇后。马皇后是马援的女儿，十三岁入宫，被汉明帝立为皇后。

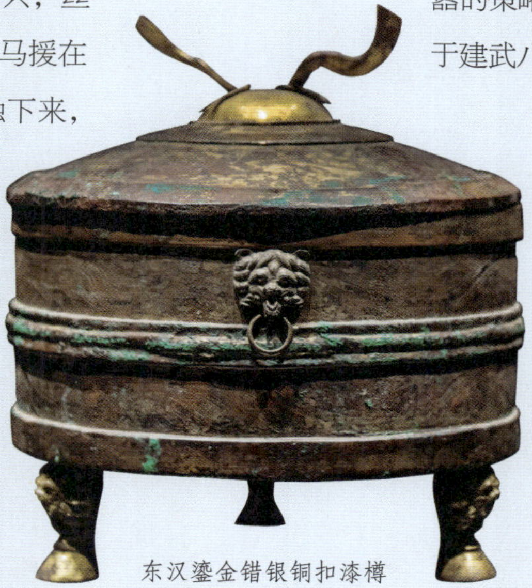

东汉鎏金错银铜扣漆樽

平定边疆

先前王莽改制触动了塞外羌人的利益，羌人开始不断侵扰汉朝边境，不少羌人更是趁中原混乱之际迁入塞内居住，占据了金城郡好几个属县。因为马援熟悉边地风土

中兴再造

东汉夫妇宴饮图

1981年发现于河南洛阳的一座东汉古墓，画面描绘的是夫妇宴饮的情景。榻前有一女侍，正执勺往盘中耳杯添酒，盛酒的容器就是汉代常见的樽。

民情，建武十一年，汉光武帝任命马援为陇西太守，令他去平羌稳边。

马援接受任命后，首先在临洮击败先零羌，又率军击败占据关隘抵抗的各个羌人部落，斩获大量物资，获得了金城平羌的全面胜利。在战斗中，马援一马当先，有一次不慎被飞箭射穿小腿，汉光武帝派人前去慰问，赏赐牛羊数千头，马援把这些都分给了部下。

因为金城远离朝廷，又经常发生变乱，朝中有大臣提议放弃金城。马援力陈金城的重要性，汉光武帝被打动，就命武威太守把在武威的三千多原金城百姓迁回金城。马援又奏请在金城任命官吏，修缮城郭，开导水田，劝民耕牧，汉光武帝都听从了，金城郡的百姓因此得以安居乐业。

马援任陇西太守六年，对羌人恩威并施，塞外羌人纷纷与汉人和亲，陇右局势安定，人们过上了和平安定的生活。

建武十七年，交趾（今越南北部一带）的征侧、征贰姐妹俩举兵反汉，得到邻近蛮夷各族的响应，一连打下了六十几座城池。汉光武帝拜马援为伏波将军，命他前去平叛。马援率大军从海路长驱直入，大破叛军，随后乘胜追击，在建武十九年斩杀征侧、征贰，叛军余部也被逐一剿灭。为了教化当地百姓，马援每到一处，都为郡县修城郭，开渠引水，灌溉田地，恢复农耕。他还参照汉律修正越律，以便百姓遵守奉行。平定岭南之后，马援因功被封为新息侯。

内蒙古和林格尔汉墓壁画《牧马图》

和林格尔汉墓的墓主是东汉护乌桓校尉。护乌桓校尉是东汉时期驻守北方、管理民族事务的最高军政长官，这座墓葬的壁画描绘了北方地区鲜活生动、其乐融融的生活场景。

沙场蒙冤，病逝南疆

建武二十四年，武陵郡五溪蛮暴动，前去征剿的武威将军刘尚全军覆没。马援此时已经六十二岁，听到刘尚兵败，就请命南征。汉光武帝怜惜他年老，不同意，马援便说：“臣还能披甲上马。”汉光武帝让他试试，马援披戴好盔甲，跨上战马，神采飞扬，表示自己仍然可堪大用。汉光武帝见马援豪气不减，笑道：“真是个健康的老头！”于是就命他率领四万兵马远征武陵。

建武二十五年，马援率部与蛮兵战于临乡，斩俘两千余人。马援继续进军，结果蛮兵在壶头山据高凭险，挡住了汉军前进的道路。汉军船不能进，加上天气酷热，很多士兵病死。年老的马援也身患重病，但他仍然拖着病体观察敌情，深深地感动了将士们。

然而此时随军的耿舒写信给他哥哥耿弇（yǎn），说马援止步不前，失去战机。耿弇上奏给汉光武帝，汉光武帝不明就里，就派虎贲中郎将梁松去责问马援，并让他代替马援监督军事。梁松还没到达，马援就病逝了，享年六十三岁。梁松对马援素有怨恨，乘机诬陷，汉光武帝大怒，收回了马援的新息侯印绶。后来有人诬告马援平定交趾时搜刮了一车珍珠文犀，汉光武帝怒气更盛，吓得马援的妻儿只能暂时将他草草下葬。

后来马援的夫人得知马援蒙冤的原委，先后六次上书申诉冤情，说马援运回家的其实是祛除瘴气的薏实，言辞分外哀切，汉光武帝这才下令将马援安葬。但直到建初三年（78年），汉章帝追谥马援为忠成侯，马援的名誉才得以恢复。

（周作明）

东汉四灵玉胜

马革裹尸

马援从岭南凯旋，回到洛阳之后，很多朋友都来欢迎慰劳。他的一个朋友孟冀以善于计谋闻名，也来向马援表示祝贺。马援对他说：“我本来希望您能说些教导我的话，怎么您也跟大家一样只是夸奖我呢？我只是立了个小功就受到厚赏，这样怎么能够长久呢？”孟冀无言以对。马援又说：“现在匈奴和乌桓仍然在北边侵扰，我想向皇上请命前去讨伐。男子汉应该战死疆场，用马皮包着尸体下葬，怎能安享儿女侍奉而老死家里呢！”这就是成语“马革裹尸”的由来。

王充著《论衡》

在科学昌明之前，人们普遍比较迷信，相信天地间的万事万物都是由神明主宰的。东汉初年出现了一位伟大的思想家王充，他不畏世俗非议，勇敢地批驳鬼神迷信，提出了朴素的无神论观点，成为中国思想史上的一颗闪亮明星。

求学之路

东汉建立后，汉光武帝继承了西汉独尊儒术的传统，于建武五年（29年）在洛阳兴建太学，延请博学名儒向四方学子讲授儒家经典，推行文教。建武二十年，一个年轻人进入太学，结果几年之后就成了太学生中的“另类”，他就是王充。

王充祖上曾是一方豪强，后来家道中落，举家搬迁到了会稽上虞。后来他在写作《论衡》的时候，将祖上那些不光彩的行径一五一十地记录了下来，一点也不避讳。这在当时是一种“不孝”的行为，但王充不在乎这些流俗观点，照样秉笔直书。不过让他想不到的是，他这种不随波逐流的勇气和实事求是的精神将来会让他历尽坎坷。

王充小时候不喜欢打打闹闹，对于小伙伴们喜欢玩的捉鸟捕蝉、猜钱爬树等游戏，他从来都不参与。父亲觉得他是个读书的苗子，从他六岁开始就教他读书写字。王充读书十分用功，在知识的熏陶下，他的言行举止就像是一个有修养的大人，乡里人对此都感到很惊奇。王充八岁进入书馆学习，书馆

《夜分讲经》

此图出自清代彩绘本《帝鉴图说》。汉光武帝退朝之后，经常与公卿大臣讲论经书义理，直到半夜才休息。

青瓷

青瓷是汉代陶瓷工艺最高成就的代表，它在夏商周三代原始瓷和印纹硬陶的基础上发展而来，以高岭土做胎，通体施釉，施釉技术由刷釉改为浸釉，胎釉结合紧密牢固，在1300℃的高温下烧成，胎质坚细，釉色晶莹，吸水率低，已具备了瓷器的各种特点。东汉中晚期，浙江出现了比较成熟的青瓷，为唐代的越窑奠定了基础。

东汉青瓷四系罐

中有一百多个学童，都曾因各种各样的过错受到过老师的责罚，唯有王充从没有受过责罚。他不仅从不犯错，功课也完成得最好，是书馆里最优秀的学生。

王充大约十一岁的时候父亲就去世了，他与母亲相依为命，侍奉母亲非常孝顺，乡里人交口称赞。加上他在书馆的优异表现，十八岁时便被举荐进入太学深造。

那时候书籍都是人工逐字抄录在竹简或缣帛之上的，成本很高，售价昂贵。王充买不起书，只好到处借书阅读，向亲朋好友借了个遍还不能满足，他就到洛阳书肆上蹭书读。当时洛阳富商云集，书肆林立，王充一有空闲便到书肆看书，而且一边翻阅，一边默默背诵。他的记忆力极强，往往看过一遍即可背诵出来。就这样，凭借勤奋与天分，王充博览了诸子百家的著述，思想境界和视野学识有了很大提高。

东汉玉辟邪

反对迷信

当时是一个流行圣人崇拜、充斥着神鬼信仰、各种迷信泛滥的时代。太学的学习科目主要是“五经”等儒家经典，它们被奉为神圣不可侵犯的教条，军国大事、断狱量刑乃至民间琐事，都须依照经文裁断。与此同时，天人感应以及谶（chèn）纬符命之说笼罩朝野，严重污染社会风气。

在太学，有两位老师对王充影响很大，一个是班彪，一个是桓谭。班彪是著名的经学大师，治学严谨，主张独立思考，不因循古人。桓谭也是经学家，精通音乐，为人正派，坚决反对谶纬迷信。经过常年的读书和思考，在班彪、桓谭等人的引导和启发下，青年时期的王充渐渐形成了自己的思想。他对社会上流行的迷信观念很不满，常常与人辩论。

有人说：“好人会得到上天的保佑，坏人会受到上天的惩罚。”

王充反驳道：“上天根本没有自己的意识，如果上天有意识，它会奖赏好人、惩罚坏人，可为什么社会上有这么多不公的现象呢？为什么不让好人长寿、坏人早死呢？”

有人说：“人死之后，会变成鬼，同样有知觉，会找仇家报仇。”

王充反驳道：“人死之后，没有了精神，没有了思想，连躯体都烂掉了，怎么会变成鬼呢？活人如果睡着了，精神还在，形体也在，尚且对周围发生

天人感应和谶纬神学

西汉董仲舒提出天人感应说，认为天和人相类相通，天能干预人事，人的行为也能感应上天，自然界的灾异和祥瑞就是天对人们进行谴责和嘉奖的表示。“谶”是巫师或方士制作的一种隐语或预言，作为吉凶的符验和征兆，亦称“符谶”，有图有字的则叫“图谶”。“纬”是相对于“经”而言的，是方士化的儒生假托孔子，以神学附会、解释儒家经典的著作。谶纬大体以古代河图、洛书的神话传说和天人感应说为理论依据，把自然界的某些偶然现象神秘化，将其看作决定社会安危的根本原因。谶纬学说盛行于秦汉时期，王莽和汉光武帝都曾利用图谶称帝。

东汉铜戟仪仗

的事情一无所知，死人精神消亡，躯体腐烂，更不可能有什么知觉了。人死变鬼的说法，完全是鬼话！”

慢慢地，王充开始有意识地将自己批判迷信思想的所思所想用文字记录下来，这为他将来写作《论衡》打下了基础。

居家著书

王充学成之后被征辟为官，但他的仕途生涯自始至终都在地方州县担任一些微不足道的小官，既不受重视，还常常与上司发生矛盾。他的政治理念不被上司认可，提出的建议也不被采纳，满腔的抱负得不到施展。不过他性格淡泊，不贪图富贵，正好可以专注于读书写作。

章和二年（88年），王充辞官回家，开始专心著书立说。为了集中精力写作，他谢绝了一切世俗应酬，并在家里到处都摆上刻刀笔墨，一旦产生思想火花，就随手记录下来，待到积累多了，便连缀成章。

王充的著作主要有四部：一是《讥俗节义》，讽刺当时的世态炎凉；二是《政务》，论述为政之道和治国方略；三是《养性》，这是王充晚年写的关于养生保健的作品；四是《论衡》，这是王充的代表作，集中批判了当时流行的神学迷信观念。可惜除了《论衡》，其他三部书现在都已经散佚。

《论衡》是中国历史上一部不朽的无神论著作。“论”是细说评论，“衡”是天平。王充为这部书起名“论衡”，意思是要像天平一样，公平公正地评定当时的思想观念。《论衡》共有八十五篇，最早的几篇写于永平初年（60年前后），当时王充才三十来岁，最晚的一篇是他去世前的绝笔，

东汉宅院画像砖拓片

此画像砖出土于四川成都扬子山2号墓。画像内容为回廊围绕的深宅大院，主人正于堂上宴宾。庭院被长廊隔为前后两部分，院右有厨房、井和灶，架上有食物、厨具。后部有一阙形高楼，仆人正在楼前打扫。此画像精确地表现了大型民居的形式，是研究汉代建筑的珍贵资料。画像中没有刻意表现主宾形象，却巧妙突出前后进院中的斗鸡和鹤舞，从侧面表现了主人的雅尚。

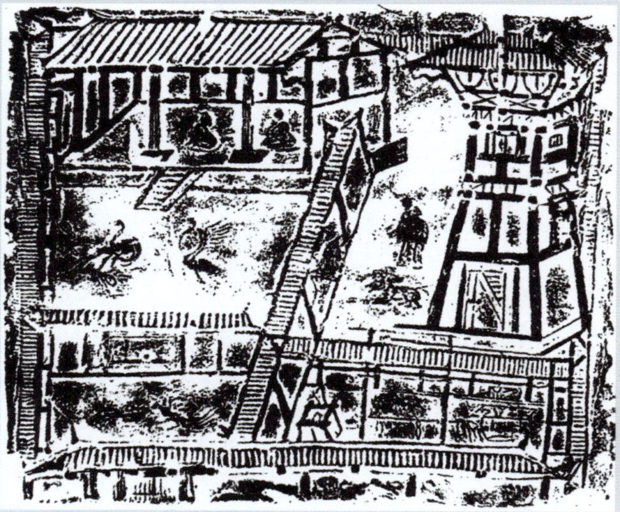

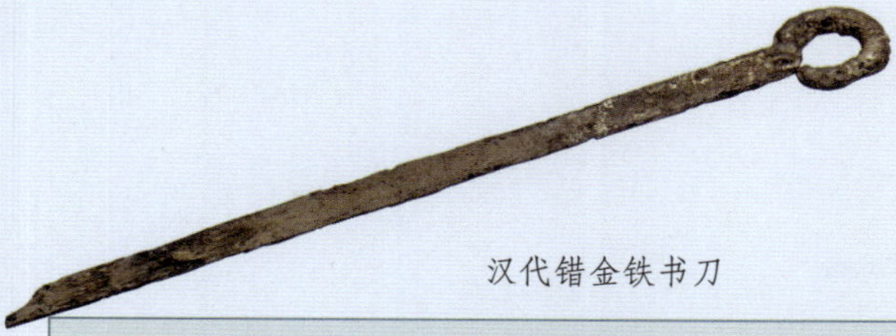

汉代错金铁书刀

《论衡》中的名句

1. 衰世好信鬼，愚人好求福。
2. 有始者必有终，有终者必有始。
3. 知屋漏者在宇下，知政失者在草野。
4. 寒不累时则霜不降，温不兼日则冰不释。
5. 人有所优，固有所劣；人有所工，固有所拙。
6. 德不优者，不能怀远；才不大者，不能博见。

整部《论衡》耗费了王充三十多年的心血。

王充在《论衡》中对“天人感应”等具有神秘主义色彩的流俗观念进行了系统批驳，提出了很多“惊世骇俗”的观点。比如，他反对神化孔子，指出孔子是人而不是神，他还提出上天没有意识，所谓的灾异和符瑞都不可信，等等。

这些见解在今天看来都是很稀松平常的观点，不过在那个年代却属于“大逆不道”的言论，因此这部书长期被列为禁书。直到近代科学思想兴起，王充的伟大思想才穿过历史的隧道，被人们真正重视起来。（何昭旭）

内蒙古和林格尔汉墓壁画《繁阳县城图》

繁阳县城为长方形，绘有城垣、城门、门楼、门亭等，大城内有小城，小城内有庭院、楼、台、亭、阁等建筑。这类城市平面图在墓葬壁画中是首次发现，真实地再现了东汉时期的县城面貌。它也是中国最早的城市图之一。

东汉鎏金铜缕玉衣

西汉时期对玉衣的缕质未作限制，诸侯王（尤其是刘姓王）也可使用金缕。东汉时期，玉衣的等级变得相对严格，诸侯王一般只能使用银缕。这件玉衣出土于河北定州，是东汉中山简王刘焉的敛服。刘焉是汉光武帝爱子，死后被特赐鎏金铜缕玉衣，其等级在银缕之上。

白马寺与佛教的传播

佛教是世界三大宗教之一，起源于古印度，佛教传入中国有个十分传奇的故事，这要从汉明帝做的一个神奇的梦开始说起。

汉明帝夜梦金人

建武中元二年（57年），汉光武帝逝世，太子刘庄即位，就是汉明帝。永平七年（64年），汉明帝的母亲也去世了。汉明帝与母亲的关系很好，母亲离世让他感到分外哀痛，经常日夜思虑难眠。

一天晚上，汉明帝睡着以后，梦到一个身材高大的金人在皇宫中飞来飞去，他的头顶还放出金色的光芒。汉明帝正要开口询问，可那个金人转眼工夫就飞升到天空，消失不见了。梦醒之后，汉明帝百思不得其解，第二天朝会时就把这个梦讲给大臣们听，问大家这个梦是吉是凶，以及是否知道那个金人的由来。大臣们面面相觑，都说不出个所以然。过了一会儿，一个博学的大臣傅毅站出来说道："我听说西方天竺有位神，叫作佛，他身高一丈六尺，通体金黄色，陛下梦到的想必就是这位西方的佛吧。"

上面这个故事，是《后汉书·西域传》中记载的一个民间传说，它反映了佛教传入中国之初，可能得到过官方有意无意的支持。后来过了很多年，这个

汉明帝画像

东汉神人骑辟邪铜灯

东汉力士博山炉

故事又增添了许多真假难辨的内容，其中之一就是汉明帝知道天竺有佛后，派郎中蔡愔（yīn）、博士弟子秦景等人出使天竺拜求真佛。

白马驮经

天竺大致包括今天的印度、巴基斯坦、尼泊尔等国，公元前6世纪，这里有大大小小几十个邦国。佛教的创始人释迦牟尼就出生在其中一个叫迦毗罗卫的小国，他是这个小国的王子。佛教经典中说释迦牟尼从小享尽荣华富贵，长大后却看到人生要经历生、老、病、死等种种痛苦，精神受到极大震撼。为了寻找摆脱人生痛苦的方法，释迦牟尼毅然决然地离开王宫，跑到山林里修行，

[明]丁云鹏《白马驮经图》

白马寺名称的由来

关于白马寺名称的由来，除了白马驮经的故事，还有“白马护寺”等说法。有学者认为，这些都是虚构的故事，并无史实依据，实际上这所寺院原名“波头摩”，是梵语“莲花（padma）”的音译。莲花是佛教的象征，故用来给寺院命名。波头摩，波头摩，民间叫着叫着，便叫成了“白马”。

最终创立了佛教，又称释教。

当时天竺实行的“种姓制度”把人分成四个等级，低等级的人要终生受苦，并且世世代代受高等级的人的统治和剥削，完全看不到希望。释迦牟尼告诉人们，人生本来就是苦，唯有放弃一切世俗欲望，出家修行才能得到解脱。许多人听信他的教化，佛教就这样传开了。佛教弟子称释迦牟尼为“佛”，意思是“大彻大悟的人”。释迦牟尼死后，弟子们把他的话记录下来，编成佛经，规定今后修行都要以佛经为依据。

根据南北朝时期一些佛教文献的说法，永平八年，蔡愔、秦景等人从洛阳出发，一路西行，穿过西域的漫天黄沙，终于到达了大月氏（zhī），受到当地人的热烈欢迎。那时佛教在当地已经十分流行，蔡愔、秦景学会了当地的语言文字，不久又遇到了两位来自天竺的高僧迦叶摩腾和竺法兰，还看到了他们携带的佛像和佛经。蔡愔和秦景邀请他们去中国传法布教，二人久闻东方文明富庶，欣然同意。于是，蔡愔、秦景和迦叶摩腾、竺法兰一道，用白马驮着佛像和佛经，在两年后返回了洛阳。

汉明帝看到佛像、佛经非常高兴，下令用极高的礼遇招待两位高僧，并安排他们暂住在专门负责接待外国使节的鸿胪寺。永平十一年，汉明帝又命人在洛阳西雍门外为两位高僧兴建僧院。为了纪念白马驮经，汉明帝取“鸿胪寺”的“寺”字，将这所僧院命名为“白马寺”，后来“寺”便成了佛教庙宇的一种泛称，白马寺则被后世称为“释教祖庭”。

东汉棉布印染供养菩萨像

朱士行

朱士行不仅是中国历史上第一个受戒出家的僧人，也是第一个西行取经求法的僧人。魏甘露五年（260年），他从长安出发，经过千辛万苦，辗转来到于阗（今新疆和田一带），并最终死在那里。

佛教弘传

佛教来到中国之初，并不流行。汉明帝听不懂佛经，王公大臣也不信佛，大家只是把佛像、佛经和僧人当作异域传来的新鲜东西，并不怎么重视。汉明帝的弟弟楚王刘英一向热衷于神仙方术之事，他听说从异域传来了一种叫“佛”的神仙，就学着僧人的样子把佛像供奉起来，早晚礼拜祷告，希望佛祖保佑他逢凶化吉、遇难成祥。但刘英只是打着崇佛的幌子结交方士，后来有人向汉明帝告发刘英图谋造反，汉明帝派人调查，发现情况属实，就废了刘英的爵位，后来刘英就自杀了。东汉第十一位皇帝汉桓帝刘志也是一个拜佛的人，但他和刘英一样，只是想求得佛的庇佑，对佛教的教义并不了解多少。

此后很多年，因为文化观念上的冲突，佛教在中国传播得很不顺利。主流社会的人们重视家庭，希望光宗耀祖，而信佛需要出家；占据思想统治地位的儒家认为“身体发肤，受之父母，不敢毁伤”，而信佛需要剃度……总之，当时社会上很少有人信奉佛教。

直到汉末三国时期，社会战乱频仍，百姓看不到生存的希望，才逐渐有了信佛的人。东汉末年的严佛调可能是中国历史上第一位出家人，严佛调是临淮人，史载他“绮年颖悟，敏而好学”，汉灵帝末年，曾与西域来华的高僧安玄等合作，编译撰述了最早的几种汉语佛经。

魏嘉平二年（250年），天竺僧人在白马寺传授佛教的清规戒律，即“戒法”，颍川一个叫朱士行的人受此感召，自愿按照佛教的全套戒法出家，据说他是中国历史上第一个依据全套戒法正式出家的僧人。

南北朝时期，社会更加动荡不安，信佛的人迅速多了起来，甚至成为一种社会潮流。唐代诗人杜牧的著名诗句“南朝四百八十寺，多少楼台烟雨中”，说的就是这个时期的事情。（何昭旭）

白马寺山门

白马寺齐云塔

河北安平汉墓壁画《车马出行图》（局部）

水利专家王景

黄河流经黄土高原时，河水携带大量泥沙，在下游淤积，经常导致河堤决口，河流改道。西汉末年，黄河又一次决口，结果拖延了六十多年才得到治理。这次治理由东汉著名水利专家王景主导，他科学规划，制定了一套完备可行的治河方案，并取得了良好的实施效果。之后八百多年间，黄河大体上都比较安定。

堰流治水，小试身手

东汉兵丁持锸俑

相比于佛教传入带来的新鲜感，东汉政府更关心水利这一关系国计民生的大事。汉明帝时期施行的一项“功在当代，利在千秋”的工程——治理黄河水患，其主导者就是著名的水利专家王景。

王景生于乐浪䛁（nán）邯（今朝鲜平壤西北），祖籍在琅邪不其（今山东青岛崂山区北）。他从小学习《易经》，非常喜欢道家术数和天文知识。当时人们在开展重大活动之前，都要按照“六经”记载，先用蓍（shī）草、龟甲占卜，推测吉凶，但王景认为后世群书胡乱注解，已曲解“六经”本义。于是他将当时流行的一些术数文书加以整理，摘选出建宅修墓、阴阳风水、星相占卜等与日常生活相关的内容，编成了《大衍玄基》一书。

长大以后，王景博览群书，对各种实用的工程、技术和生产知识深感兴趣，尤其对水利深有研究。当时浚仪渠（在今河南开封）年久失修，常常发生水灾，汉明帝派一个叫王吴的官员负责整修，有人便向汉明帝举荐了水利才能突出的王景。汉明帝命王景担任王吴的副手，王景提出以“墕（yàn）流法”治水，就是根据不同地形，使用相应的方法，把堵塞的地方打通，使积水可以通畅地流过。王吴采用墕流法，因地制宜，结果浚仪渠的整修大获成功，再也没发生过水灾。

河汴水患，担当重任

浚仪渠修好后，王景的工作得到朝廷的肯定，一项更为重大的治水任务便自然而然地落在了他的肩上，这就是为害六十余年的黄河水患。

汉平帝时，黄河决口，连接黄河与淮河的重要水道——汴渠（即汴河）也被冲毁，严重损害了沿岸地区的航运和灌溉。但当时天下动荡，朝廷无暇修理河堤。东汉建立之初，汉光武帝看到水患危害百姓，本来已经征调了大量民工，准备

东汉彩绘石骑马人

上下五千年

东汉鎏金熊足铜樽

治理黄河和汴渠，但当时国家刚从长期战乱中走出来，没有足够的经费来开展大规模治水工程。而且对于是否要在此时花费巨大代价整治水患，大臣们也没有达成一致意见。汉光武帝出于恢复民力的考虑，只得将治水之事暂时搁置。

汉明帝即位后，东汉的国力已经大大提高，国家也有了一定的积蓄。永平十二年（69年），汉明帝下定决心整治水患，于是召见王景，询问有什么办法可以治理黄河、汴渠。

王景详细分析了水灾的成因，说汴渠为害只是表象，黄河才是水患的根源所在，只有黄河和汴渠分流而治，同时治理，才能永久解决水患，随后提出了自己构想的治水方案。王景的分析让汉明帝大为欣赏，他当即赐予王景《山海经》《河渠书》《禹贡图》等有助于治水的书籍。

治河理汴，千秋功业

当年夏天，东汉政府征发数十万民工，在王景和王吴的领导下，开始了疏通河道、修渠筑堤的浩大工程。

黄河产生水患的河段，从荥阳到千乘（治今山东高青高城镇北）入海口，流程长达一千多里。经过实地考察，王景否决了恢复“禹河”故道的提议。疏通旧河道虽然省时省力，但无法解决黄河改道的根本问题，否则河水也不至于多年泛滥。治水的关键在于引导河水找到出口。王景与助手王吴测量地形，与民工们一起开凿山陵，清除水中沙石；直接切断大沟深涧，防止河水乱流；又对淤塞河段进行疏通，在要害之处修筑起了坚固的堤坝。

汴渠作为黄河的支流，以往每到黄河汛期，就会有大量河水涌入，汴渠的河堤就会有溃决的危险。王景在汴渠引黄河的取水范围内，每隔十里开凿一个引水口，实行多水口引水，并在每个引水口修筑水门。这样，洪水期通过启闭水门，既可以分散洪水流量，减少黄河河床的泥沙淤积，也可以控制引入汴渠的水量。枯水期关闭水门，使汴渠水位升高回流，则可以满足航运和灌溉的需要。

东汉鎏金扁壶

黄河下游决溢改道

据黄河水利委员会统计，自周定王五年（前602年）以来，黄河下游因自然或人为原因，共发生过五次大改道（近年有学者提出黄河历史上共有二十六次较大改道之说），决溢次数更是高达一千五六百次，造成了极为惨烈的灾害。大体上来说，黄河下游改道经历了从北到南，又从南到北的大循环摆动。改道最北时，经海河，从天津大沽口入海；最南时，经淮河，汇入长江。历史上治理黄河实际上都只局限于下游河段，而且主要是被动地防御洪灾。元末黄河决口，还间接加速了元朝的灭亡。

汉代牛耕画像石拓片

王景任庐江太守时，教当地百姓使用铁犁、牛耕，改变了当地原始低效的农业耕作方式。作为一种翻耕农具，战国时期出现的铁犁，到汉代产生了巨大革新。汉代铁犁头部的V形犁冠，既易于翻土、起垄，又可以调节犁地深度，而且安装和更换都很方便。这幅汉代画像清晰地表明，铁犁与牛耕的结合大大提高了农业生产效率。

通过一系列措施，王景成功让黄河、汴渠实现分流，并从此各安其流，整个治水工程的支出高达一百亿钱以上。

永平十三年夏天，历时一年的治水工程终于全部完成。汉明帝亲自前来巡视，看到泛滥几十年的黄河水害终于平息，对王景采取的筑堤、修渠、绝水、立门，以及让黄河与汴渠分流等一系列措施赞不绝口。他下令沿河郡国按西汉旧制，设置专职官员维护、保养河堤，参加治水工程的官员也都因功得到升迁。

永平十五年，王景随汉明帝东巡，一直来到无盐（今山东东平东南）。一路上，汉明帝看到汴渠重新开始通航，曾经被淹没的耕地又种上了庄稼，治水工程带来了巨大的防洪、航运和稳定河道等效益，于是任命王景为河堤谒者（朝廷派往地方主管水利的官员），还赏赐给他很多车马钱帛，以示嘉奖。

东汉辟邪形玉壶

景之治河……功成历晋、唐、五代千年无恙。其功之伟，神禹后所再见者。
——李仪祉《黄河之根本治法商榷》

历史上黄河下游频繁决溢，经过王景的治理，此后八百多年间，黄河虽然仍偶有水患，但再也没发生过重大改道。这对于“三年两决口，百年一改道”的黄河来说，不啻为一个奇迹。王景热爱水利事业，他对水利工程的贡献经过了历史的长期考验，得到了“王景治河，千载无恙”的高度评价。

（刘铭汉）

东汉石人

班固与《汉书》

班固是东汉文史大家，花费二十多年精力撰成中国第一部纪传体断代史《汉书》。它是继《史记》之后又一部重要史书，与《史记》《后汉书》《三国志》并称“前四史”。

洛阳求学

汉明帝遵奉汉光武帝开创的各项制度，在文化上提倡儒学，大力发展教育，东汉的文教事业有了很大发展，涌现出众多名儒文士，修撰《汉书》的班固就是其中非常璀璨的一个。

班固是东汉著名史学家、文学家班彪的长子。班家是汉代有名的儒学之家，受家学的教育和熏陶，班固九岁便会写文章、诵诗作赋。班彪才学深厚，而且喜欢写作，尤其致力于史籍。当时《史记》是最重要的史书，但司马迁只写到汉武帝太初年间（前104—前101）的事情，之后的历史便没有人记录。很多学者尝试续写，但大多文笔鄙俗，根本不配作为《史记》的续作。班彪博采众长，晚年专注于续写《史记》。在他的影响下，班固也开始留意汉代历史。建武二十年（44年），王充到京城洛阳拜访班彪，见到了十三岁的班固。他十分欣赏班固的才能，认为班固将来肯定能担当起撰写汉代历史的重任。

东汉绿釉陶壶

班固画像

家学教育终归有所不足，十六岁时，班固进入洛阳太学深造。在太学，班固刻苦学习，博览群书，涉猎各种经书典籍。他深入钻研儒家和其他百家学说，但并不停留在字音字义的解读上，而是力求贯通经籍大义，吸取各家精髓。这种求实的读书方法，为班固日后修撰《汉书》打下了坚实的学识基础。另外，班固性格随和，平易近人，不以才学出众而骄傲，得到了大家的交口称赞。

受诏修史

建武三十年，班彪去世，班家的生计出现困难，班固只好中断太学的学业，回到老家扶风安陵（今陕西咸阳东北）。这时的班固虽然年仅二十三岁，却具备了很高的文化修养和很强的写作能力，于是立志完成父亲未竟的事业。看完父亲撰写的《史记后传》，班固发现它的内容还不够详备，篇章布局也需要调整，更重要的是没写完

东汉鎏金铜羽人

的部分需要续写下去。于是，班固开始在《史记后传》的基础上，利用丰富的家藏书籍资料撰写《汉书》。

然而没过多久，正当班固全力撰写《汉书》的时候，有人上书汉明帝，告发班固私自“改作国史”。汉明帝下诏扶风郡收押班固，班固被关进了京兆监狱，苦心撰写的书稿也被查抄。私修国史在当时是非常严重的罪名，班固的弟弟班超担心哥哥遭受拷问，无法证明自己的清白，便从家骑快马赶奔洛阳，上书为班固申冤。

汉明帝召见班超，班超将父亲和哥哥几十年修史的辛劳，以及他们宣扬“汉德”的初衷，统统向汉明帝禀明。汉明帝翻阅了扶风郡查抄送来的《汉书》书稿，对班固的才华非常惊讶，称赞他写的是一部奇书，于是下令释放班固，并把他召进校书部，拜为兰台令史，掌管和校定皇家图书。

在被拜为兰台令史后，班固受命与同僚共同编撰《世祖本纪》，记录汉光武帝的事迹。《世祖本纪》撰成以后，汉明帝非常满意，晋封班固为校书郎，让他负责整理校勘皇家图书，并命他继续完成《汉书》的修撰。从此，班固得以利用皇家图书资料，光明正大地投入《汉书》的写作之中。

《汉书》的修撰旷日持久，直到汉章帝建初年间（76—84），这部耗费班彪、班固父子两代史学家二十多年心血的巨作才基本完成。后来，班固的妹妹班昭和同郡的马续又给《汉书》补作“八表”和《天文志》，这部皇皇巨著终于圆满。

> 司马迁、班固父子，其言史官载籍之作，大义粲然著矣。议者咸称二子有良史之才。
>
> ——［南朝宋］范晔

《汉书》记述了汉王元年（前206年）到新朝王莽地皇四年（23年）近二百三十年的史事，开创了“包举一代”的断代史体例。全书包括纪十二卷、表八卷、志十卷、传七十卷，共一百卷，后人划分为一百二十篇。它把《史记》的“本纪”省称“纪”，“书”改为“志”，“列传”省称“传”，“世家”也并入“传”，这种体例亦为后世史书所沿用。

《汉书》颁出后，受到朝野的重视，学者们争相诵读，班固因此与司马迁并称“班马”。

东汉鎏金云龙纹铜炉盖

诸子十家与三教九流

班固在《汉书·艺文志》中，根据西汉刘歆编写的官府藏书目录《七略》的分类方法，将先秦诸子分为儒家、道家、墨家、法家、名家、阴阳家、纵横家、杂家、农家、小说家等十家，但他对小说家非常轻视，认为“诸子十家，可观者九家而已”，将小说家排除在外。后世将这九大学派，连同儒教、佛教、道教一起，称为三教九流。

文史大家

除史学才能外，班固还是一位出色的赋作家，代表作《两都赋》开创了京都赋的范例，推动了汉代文学思想的发展。他也是东汉较早创作五言诗、七言诗的文人，他的五言诗和七言诗多以史学家的笔法写就，以叙事为主，写得质实朴素。其《咏史》是现存最早的完整的五言诗，也是我国诗歌史上第一首真正意义上的咏史诗。

在班固的时代，古文经学与今文经学的斗争十分激烈。今文经学家觉得有必要通过皇帝制成定论，以保持其思想上的统治地位。于是在建初四年（79年）十一月，汉章帝召集儒家学者聚集在白虎观，讲论五经，裁定经义。班固以史官身份参加会议，同时负责记录和整理会议记录，写成《白虎通德论》一书。《白虎通德论》又称《白虎通义》《白虎通》，是一部统一今文经义的重要著作。

“汉匈奴归义亲汉长”铜印

> **汉代今、古文经学之争**
>
> 经学是注解或阐述儒家经典的学问，今文经学和古文经学是研究经学的两个派别。自汉武帝以来，今文经学长期垄断汉代官学。汉哀帝时刘歆提倡古文经学，想要打破今文经学的垄断地位，但广大士子、官员的社会地位都是通过学习今文经取得的，古文经很难得到认可，因此只能在民间流行。两派的争论，逐渐从单纯的对儒家经典本身的不同看法，扩大到学术思想、学派体系、政治观念等诸多方面。从表面上看，今、古文经学的争论主要是对文字和经义的理解、解释不同，但实质是争夺经学正统，以及如何统一经学思想的问题。

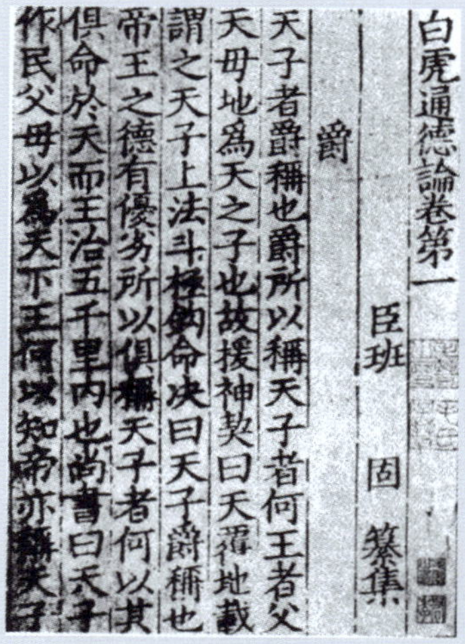

白虎通德論卷第一
臣班固纂集
爵
天子者爵稱也爵所以稱天子者何王者父天母地爲天之子也故援神契曰天覆地載謂之天子上法斗極鉤命決曰天子爵稱也帝王之德有優劣所以俱稱天子者何以其俱命於天而王治五千里內也尚書曰天子作民父母以爲天下王何以知帝亦稱天子

《白虎通德论》书影

《白虎通德论》可以看作是白虎观会议的会议纪要，它也是今文经学的政治学说提要，广泛解释了封建社会的一切政治制度和道德观念，成为当时封建统治阶级的神学、伦理学法典。

含冤而逝

班固的母亲去世后，班固辞官回家守孝。后来汉章帝驾崩，年仅十岁的汉和帝继位，汉章帝的皇后窦氏成为太后并临朝摄政，窦太后的哥哥窦宪逐渐掌握大权。永元元年（89年），窦宪北征匈奴，班固不安于只做一个文吏，想要在边境建功立业，施展才能，于是投附窦宪，随军出征。窦宪任命他为中护军，参与谋划军政。

征伐匈奴之役，汉军取得大胜，窦宪率军出塞三千多里，登上燕然山（今蒙古国杭爱山），刻石勒功。班固作《封燕然山铭》，记述窦宪出征匈奴的战况和功绩。铭文简洁流畅，荡气回肠，成语“燕然勒功”也成为刻石记功、建立功勋的典故，流传后世。但窦宪仗着自己功劳大，越来越嚣张跋扈，久而久之甚至意图谋反。永元四年，汉和帝联合宦官，密谋铲除窦氏的势力。窦宪被迫自杀，班固也因为与窦宪关系密切，受牵连入狱，同年死于狱中，享年六十一岁。（周作明）

班超“投笔从戎”

班超放下笔墨，出使西域三十一年，以戍边战功报效祖国，平定西域五十多个国家，为西域回归、促进民族融合，做出了巨大贡献，谱写了一首“投笔从戎”的人生壮歌。

立志异域

班彪有三个子女，班超排行第二，是他的小儿子。班超少有大志，行事不拘小节，但在家里侍奉父母孝顺勤谨，不辞劳苦。得益于家学熏染，而且还有哥哥这个榜样珠玉在前，班超从小也是博览群书，能言善辩。永平五年（62年），班固私自撰写《汉书》的风波平息后，汉明帝欣赏班固的才学，召他入京担任校书郎，班超就和母亲一起，随哥哥班固迁居到了洛阳。

因为哥哥薪俸低微，班超经常为官府抄写文书补贴家用。长期简单的笔墨抄写非常辛苦，有一次他扔下毛笔叹息道：“大丈夫应该像傅介子和张骞那样到异域建功立业，取得封侯晋爵的荣耀，怎么能整天在笔墨之间虚耗光阴呢？”一起抄写文书的人都嘲笑他空想，班超不服气地说：“凡夫俗子哪里能理解壮士的大志！”

班超画像

东汉立国之初由于国力弱小，无力经营边境，匈奴便乘虚而入，控制了众多西域小国，并屡次进犯，边地人民深受其苦。到了汉明帝时，东汉国力已经大大增强。永平十六年，汉明帝命奉车都尉窦固率军出击匈奴，班超以代理司马之职随军出征，终于有了“立功异域”的机会。

东汉宴饮画像砖拓片

大约自汉代起，元旦期间大吃大喝已成风气。据《汉官仪》和《后汉书·礼仪志》等书记载，汉制规定，每年元旦，群臣都要给皇帝朝贺，称为“正朝”，皇帝便大摆筵席款待群臣，君臣饮宴，欢度佳节。此后，从魏晋至唐，元旦朝贺，皇帝大宴群臣成为定制。

在这次出征中，窦固让班超率领一支军队攻打伊吾，班超大胜而还。窦固十分高兴，认为班超有武将之才，就派遣他与从事（刺史的佐吏）郭恂一起，率三十六人出使西域，去说服西域各国脱离匈奴。

震慑鄯善

班超一行首先来到鄯善，受到鄯善王的殷勤接待。然而没过几天，鄯善王突然怠慢起来。班超觉得其中一定有蹊跷，就对部下说：“你们有没有察觉鄯善王对待我们的礼节变淡漠了？这一定是因为有匈奴使者来了，他狐疑不决，不知道该归顺谁。”于是班超叫来接待他们的鄯善侍者，诓骗他说：“我知道匈奴使者已经来好几天了，他们现在住在哪里？”

鄯善侍者一下子被班超唬住了，十分惶恐，只好将匈奴使者来到鄯善的事照实说了。班超把他关押起来，然后把一块出使的三十六个人叫来一起喝酒。喝得差不多的时候，班超说：“诸位与我身处绝地，无非是想建功立业，求得荣华富贵，但如今匈奴使者才来几天，鄯善王就疏远了我们。如果鄯善王把我们抓起来送给匈奴，我们都要葬身豺狼腹中了。大家看怎么办？”

众人一听都紧张起来，都说：“我们现在身处危亡的境地，是生是死都听从司马的决定！”

甘英出使大秦

永元九年，班超派遣使节甘英出使大秦，也就是罗马帝国。行至条支西海（今波斯湾）时，甘英听信安息人的言论，中途折返。虽然甘英未能成功出使大秦，但这次出使大大增进了中国古人对中亚和中东各国的了解。

东汉错金银铜虎镇

班超见状说道："不入虎穴，不得虎子。我们现在只能乘夜去匈奴使者的营地放火，他们不知道我们有多少人，必定会惊慌失措，这样我们就可以把他们全都杀掉。只要杀掉匈奴使者，就能镇住鄯善王，鄯善就会归顺我们汉朝。"

有人提议是否和郭恂商量一下，班超说："郭从事是个文官，他听到这事一定会害怕，从而暴露我们的计划，我们就会白白送死。"于是大家一致决定按班超的计划行事。

刚刚入夜，班超就带领随行的三十六个人悄悄奔往匈奴使者的营地。当时正好刮大风，班超命十个人带着军鼓藏在匈奴使者的营帐后面，让他们一看到起火就擂鼓呐喊，其他人手持刀剑弓弩，埋伏在营帐门两边。班超顺着风向放火，所有人前后鼓噪，匈奴人惊慌之下陷入混乱。众人冲杀进去，班超亲手击杀了三人，他的随从斩杀了三十多人，剩下的一百多人都被烧死。

第二天，班超将事情告诉郭恂，郭恂吓得脸色都变了。随后，班超把鄯善王请来，将匈奴使者的首级给他看，鄯善王大惊失色，举国震恐。班超好言抚慰，鄯善王表示诚心归顺汉朝，还把王子送往洛阳当作人质。

窦固将班超的功劳上报朝廷，汉明帝对班超的勇敢韬略赞许不已，将班超提拔为军司马，命他继续完成出使任务。班超谢绝了窦固给他增派人马的好意，带着之前一块出使的三十多人，再次受命前往西域。

再使西域

班超率领使团再次向西域进发，不久到达于阗。当时于阗刚刚攻破莎车，在丝绸之路南道称霸。但于阗王只是个听命于匈奴的傀儡，对班超使团的态度十分冷淡，礼节也很敷衍。而且于阗王迷信巫术，巫师趁机对他说："天神发怒了，你为什么想要归顺汉朝？汉使有一匹宝马，赶快弄来给我祭祀天神！"

班超暗地里已经了解了于阗的情况，于是将计就计，同意献出这匹马，但必须巫师亲自来取。过了一会儿，巫师到了，班超趁其不备，砍掉他的头送还给于阗王。于阗王早就听说过班超在鄯

东汉镂雕东王公西王母纹玉座屏

善杀死匈奴使者的作为，这下大为惶恐，立即下令杀掉匈奴使者，向班超投降。班超代表朝廷赏赐于阗王和他的臣下，成功镇抚于阗。西域各国见状纷纷把王子派遣到汉朝入朝侍奉，西域与汉朝中断了六十五年的关系从此恢复。

当时丝绸之路的北道被龟兹（qiū cí）占据。龟兹是由匈奴人扶持建立的，龟兹王倚仗匈奴的威势，攻破疏勒，杀死其国王，将龟兹人兜题立为疏勒王。永平十七年，班超率使团来到疏勒，在进入兜题所居的盘橐（tuó）城前，他先派部下田虑去劝降兜题。兜题见田虑独自到来，一点都没有归降的意思。田虑趁其不备，将他绑了起来，兜题的手下吓得四散奔走。田虑随即飞马报告班超。班超进入盘橐城，召集疏勒的文官武将，历数龟兹的罪状，并改立已故疏勒王的侄子忠为王，疏勒人民无不欢欣拥护。

威震远域

永平十八年，汉明帝驾崩。焉耆趁汉朝国丧，杀死西域都护，龟兹、姑墨等国也多次发兵攻打疏勒。班超孤立无援，但仍然与疏勒王忠坚守盘橐城一年多。汉章帝继位后担心班超独木难支，就下诏命他回国。听说班超要走，疏勒举国忧恐。都尉黎弇认为班超一走，疏勒就会被龟兹灭国，于是拔刀自杀。班超返回到于阗的时候，于阗的王公百姓都哭着说："汉使就像是我们的父母，您千万不能离开！"不少人甚至抱着班超的马腿不让他走。班超大为感动，便不顾诏命，返回了疏勒。

班超回到疏勒，立即整合兵力，收复了投降龟兹的两座城，建初三年（78年）又攻破了姑墨。他想要一鼓作气，彻底平定西域，就上书汉章帝，请求朝廷增派援兵。汉章帝派一千人增援班超，

东汉君车画像石朱拓

《爱惜郎官》

此图出自清代彩绘本《帝鉴图说》。汉明帝的姐姐为儿子求封郎官，汉明帝担心贻害于民，不肯因人情轻易授职，于是赐钱婉拒。

顺利平息了疏勒的叛乱。班超想继续进攻龟兹，就向汉章帝提议联合乌孙，汉章帝同意了，并给班超加派了八百援兵。

建初九年，班超调集疏勒、于阗的兵马进攻投降龟兹的莎车。莎车王派人用重礼贿赂疏勒王忠，于是忠背叛班超，发动叛乱。班超调集兵力攻打忠，但忠得到了康居的支援，班超打了半年都没打下来。当时月氏和康居有姻亲，班超就派人给月氏王送上厚礼，让他对康居王晓以利害，康居王这才撤兵，忠也随军撤走。元和三年（86年），忠向康居王借了一些兵马，与龟兹密谋，向班超诈降。班超识破了他的诡计，便将计就计，在酒宴上将他斩杀，丝绸之路南道从此畅通无阻。

元和四年，班超再次攻打莎车，用计袭击莎车大本营，莎车只好投降。龟兹、姑墨、温宿等国也相继归降。一时间，班超威震西域，升任西域都护。永元六年（94年），班超全力攻打焉耆，斩杀焉耆王等人，为当年的西域都护报了仇。至此，西域五十多个国家都归附了汉朝，班超因功被封为定远侯，世称“班定远”。

班超久居西域，年老后开始思念故乡。永元十二年，班超已经年届七十，便上书请求回到中原。永元十四年八月，他终于回到了阔别三十一年的洛阳，被任命为射声校尉。但班超在西域积劳成疾，回到洛阳后病情加剧，同年九月便逝世了，享年七十一岁。

班超通过自己的机智勇敢和艰苦的努力，恢复了西域与中原王朝的联系，为加强东汉与西域地区的政治、经济、文化联系，维护多民族国家的统一等，做出了重大贡献，受到后人的敬仰和怀念。

（周作明）

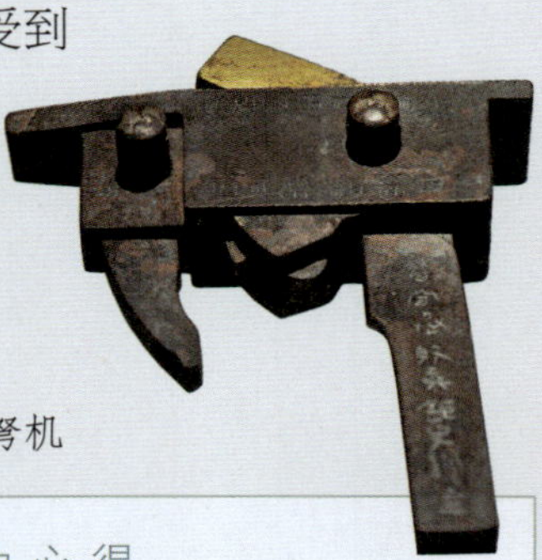

东汉鎏金铭文铜弩机

治边心得

班超被召还的时候，朝廷让戊己校尉任尚接任西域都护。二人交接工作时，任尚向班超请教统辖西域的心得和经验，班超说：“塞外的士卒官吏大多是因为有罪才被迁徙去充边的屯兵，而蛮夷又怀着禽兽心肠，难以教养还容易坏事。但是水太清就没有大鱼，施政严于监察就会不得人心，所以治边要冷静宽容，简易行事，下面的人有小过失就从宽处理，只抓好紧要环节就可以了。”任尚秉性严苛，办事急躁，对班超的告诫不以为意，他任西域都护没几年，西域就反叛作乱，他本人也因有罪被召还。

汉代“五星出东方利中国”锦护膊

1995 年出土于新疆民丰尼雅遗址 1 号墓地 8 号墓，长 18.5 厘米，宽 12.5 厘米，有 6 条系带。它用彩锦及白绢制成，锦上图案有孔雀、仙鹤、辟邪、虎、龙等瑞兽，花纹之间贯穿“五星出东方利中国”隶书文字，为国家一级文物。

蔡伦改进造纸术

蔡伦总结改进前人的造纸工艺，创新使用树皮、麻头、破布、旧渔网等廉价原料，造出了适合书写的植物纤维纸，使纸成为全世界普遍使用的书写材料，为人类文明的发展做出了不可估量的贡献。

纸的发明

东汉经过几任皇帝的用心治理，传到第四位皇帝汉和帝的时候，国力达到鼎盛，国家的各项事业都有了长足的进步。元兴元年（105年），中常侍（侍从皇帝，职掌顾问应对的官员）蔡伦向汉和帝进献了一件不起眼的东西——纸。这是一个改变世界文明进程的伟大发明，蔡伦的名字也因此流传后世。

蔡伦画像

在纸张发明之前的很长一段时间里，古人用文字记事，最早是在龟甲或兽骨上刻辞，称为“甲骨文”。青铜器产生后，则在青铜器上铸刻铭文，称“金文”或“钟鼎文”。再后来，人们把竹、木削成竹片、木片，在上面写字，称“竹简”“木简”，较宽的木片则叫“木牍”。有时也把文字写在丝帛上，叫“帛书”。后来考古还发现了先秦时期刻在石鼓上的文字，称“石鼓文”。然而这些书写材料各有各的不便，甲骨不易取得，青铜器与石鼓太过笨重，简牍携带不便，绢帛昂贵，于是用植物纤维制造的纸应运而生。

据考古发现，我国在西汉时就有了植物纤维纸。1986年，甘肃天水放马滩汉代墓葬中出土了文景时期的地图残纸，称“放马滩纸”，它被认为是世界上最早的纸。1957年，陕西西安东郊灞桥西汉墓中，出土了年代不晚于汉武帝时期的“灞桥纸”实物。之后在新疆罗布淖尔和甘肃居延等地都出土了西汉时期的纸残片。

根据对出土古纸的年代考证，西汉早期有放马滩纸，中期有灞桥纸、悬泉纸、马圈湾纸、居延纸，东汉晚期有旱滩坡纸。这些古纸都以出土地点命名，有些出土纸上还有字体墨迹，说明它们已用于书写。纸的发明开启了新的书写时代，促进了文化的传播与发展。

汉司徒袁安碑

此碑残高139厘米，宽73厘米，厚21厘米。碑中有穿，碑文为小篆体，共10行139字。刻于永元四年，碑文记载的是汉和帝时司徒袁安的事迹。袁安碑是近世所出篆书碑石中最完整的，其碑书体宽博，介于小篆和隶书之间，继承秦篆而有所发展，字体结构通婉流畅，圆劲遒美，是汉篆刻石中的佳作。

西汉放马滩地图残纸

1986年出土于甘肃天水放马滩5号墓，最大残长8厘米。此地图用纸是目前世界上最早的纸，纸面平整、光滑、结构紧密，表面有细纤维渣，可见造纸技术比较原始。其原料为大麻，是西汉早期的麻纸。纸上用墨线绘有山、川、崖、路，是世界上最早的一幅纸绘地图。

蔡侯纸

虽然西汉时期已经发明了纸，但当时使用的造纸术并没有留下相关记载，最早的关于造纸术的记载其实是蔡伦发明的“蔡侯纸”。

汉明帝永平末年，蔡伦被选入皇宫做宦官。他一开始在妃嫔居住的掖庭当差，汉章帝时被提拔为出入皇宫、传递诏令的小黄门。由于他才学出众，做事尽职尽责，汉和帝即位后，任命他为中常侍，参与政令制定。

蔡伦忠于职守，尽心公事，甚至多次冒犯皇帝的威严，也要直言进谏。每到休假的日子，他就闭门不接待宾客，而是微服出行，考察政策得失。汉和帝非常器重他，就加封他为尚方令，命他监督制造宫廷所用的各类器物。蔡伦非常聪明，爱动脑筋，经常与工匠们一起钻研制造工艺。永元九年（97年），他监督制造了皇室御用的刀剑和其他器械，既坚固又精美，被后世效法。

蔡伦在宫里当差，经常看到皇帝每天要批阅堆成小山一样的简牍奏章，十分不便，于是他就琢磨着制作一种轻便易用的书写材料，来取代笨重的简牍。丝帛倒是符合要求，但是它的产量太低了，而且价格昂贵，也被排除在外。不过丝帛的纤维结构给了蔡伦灵感，结合从西汉时期流传下来的造纸术，他开始寻找与丝帛类似，但取材容易、价格低廉的材料。

经过反复的对比和试验研究，蔡伦终于找到

东汉舂米画像砖

文房四宝

笔、墨、纸、砚是中国历史数千年来主要的书写工具，合称“文房四宝”。目前发现最早的笔是春秋时期的，据说秦代蒙恬将笔做了改进，发明了后来常用的毛笔。在人工制墨发明之前，人们一般用天然墨或半天然墨作为书写材料，秦代晚期出现了调制成型的墨丸，汉代才出现用松烟中的炭黑制成的人工墨品。纸最迟在西汉时期就已出现，但直到晋代才取代简帛，成为主要的书写材料。原始社会已出现用于研磨颜料的早期砚，但作为书写工具的砚是汉代发明人工制墨后才出现的。砚由于质地坚硬，能传百代，被称为四宝之首。“文房四宝”不仅具有极强的实用价值，也是融书法、绘画、雕刻、装饰等于一体的艺术品。

了合适的造纸原料。他让人将大量树皮、麻头、破布、渔网等富含纤维的材料切碎，放在大水池中浸泡。过了很长时间，原料中的杂质腐烂脱落，纤维被分解出来。然后他让工匠们将浸泡过的原料捞起，放在石臼中反复捶捣。纤维分离出来后，再加水搅拌成纸浆。把纸浆倒入水槽，用细竹帘在里面挑一下，纤维就会在竹帘上留下一层薄薄的纸膜，这一步称为“抄纸”。抄出的纸膜烘干或晾干后揭下来，一张纸就造好了。

元兴元年，蔡伦把造出来的纸上奏给汉和帝，汉和帝试用后非常满意，下令全国推广。从此，越来越多的人开始使用这种轻便廉价的纸。后来蔡伦又创造性地用石灰烹煮造纸原料，造出来的纸更加轻薄柔韧，质量大大提高。为了赞颂蔡伦的杰出贡献，人们把用蔡伦的造纸工艺造出来的纸称为“蔡侯纸”。“蔡侯纸”是蔡伦对西汉以来的造纸术进行总结、改进和提升的成果，被认为是现代造纸术的鼻祖。

造纸术的传承

自蔡伦之后，历朝历代继续改进造纸术，造纸工艺和纸的质量不断提高。汉献帝时，东莱人左伯改进了造纸方法，造出的纸洁白、细腻、柔软，而且色泽光亮、纸质好，人称“左伯纸”。不过在东汉、三国时期，纸张仍然比较粗糙，没有被普遍使用，政府文书和人们的书写材料仍以简牍和缣帛为主。到了晋代，造纸术传到长江流域。经过唐代的发展，到了宋代，纸的生产区域更广，还产生了用竹、桑、藤、苔、麦茎、稻秆等不同原料造的纸。明代时，造纸工艺趋于成熟。

随着经济和水陆交通的发展，造纸术首先传到邻近的朝鲜和日本，后来又经丝绸之路传到阿拉伯地区和欧洲，传到了全世界。8世纪时，伊拉克首都巴格达和叙利亚首都大马士革出现造纸厂。9世纪，造纸术传到埃及。12世纪，造纸业在西班牙兴起，随后欧洲其他国家也先后建起了造纸厂。

纸是我国劳动人民长期经验积累和创新智慧的结晶，造纸术是中国古代四大发明之一，它与指南针、火药、印刷术一起，给世界文明的繁荣发展提供了物质和技术基础，对世界文明进步做出了重大贡献。（周作明）

陕西汉中蔡伦墓

许慎著《说文解字》

《说文解字》是我国最早的一部字典，也是后代研究汉字和编辑字书最重要的依据。许慎用二十一年编成这部字典，创造了系统解释文字的方法，建立了汉字理论体系，对汉字研究做出了重要贡献。

五经无双

文字由先秦发展到汉代，字音、字形等发生了很大的变化。鲁壁出书之后，用秦代以前的文字写成的古文经受到越来越多的重视。古文经学者对先秦文字做了精深的研究，催生出一门叫作训诂（gǔ）的"小学"。"训"是用通俗的话解释词义，"诂"是用当代通行的话解释古代词语或方言，"训诂"就是对古书字句做解释。古文经学经过两百多年的发展，到汉章帝时得到官方认可，出现了贾逵、马融、许慎等古文经学家，其中许慎编撰的《说文解字》是汉代文字训诂的集大成者。

许慎画像

许慎字叔重，是汝南召陵（今河南漯河召陵区）人。他从小性情质朴淳厚，喜欢读书，入学以后更是求知若渴。除了将"五经"读得熟极而流，许慎还通览周秦诸子百家学说和天文、数学、医学、史学等方面的著作，其博学多识，连当时业已成名的经学大儒马融都有所耳闻，对他推崇备至。当时不少人专治一经都有困难，许慎却兼学五经，而且钻研颇深，人们都称赞他是"五经无双许叔重"，意思是在"五经"的研究上，没有人能超过许慎。

东汉纺织画像石拓片

汉代丝织物以齐鲁最为有名，此画像石展示了纺丝的三道工序：第一道，右边女子用络车"调丝"；第二道，中间女子用纬车摇纬；第三道，左边女子用织机制成绢帛。

入仕著书

由于许慎才学过人，汝南郡守选拔他为郡功曹，请他协助处理政务。任职期间，许慎勤于政事，廉洁奉公，过了几年就被举荐为孝廉，升迁到洛阳为官。

来到洛阳之后，许慎在太尉府任职南阁祭酒，领导文书事务记录工作。在此期间，他拜经学大师贾逵为师，受读古文经。当时正是今、古文经学论争激烈的时候，许慎对于今文经学为了经世致用而曲解文字的做法实在无法容忍。在他看来，文字是经学的根本，是王政的起点，曲解文字必然会篡改经文的本义，会不利于王政的施行。为了驳斥今文经学篡改经义的说法，许慎开始有意搜集小篆、古文、籀文等资料，以广博的经学知识为基础，根据六书条例，着手编写《说文解字》。经过十多年的努力，永元十二年（100年），《说文解字》草成。但为了使它更加完善，许慎不断补充新的发现和收获，因此这部书迟迟未能定稿。

因为在太尉府工作出众，许慎后来被选召进入东观校书。东观是宫中贮藏档案、典籍的地方，也是校书、著述的处所。在校书过程中，许慎涉猎了更多典籍，研究更加精深。

元初六年（119年），全国多地发生地震，汉安帝下诏三公府，选派属下有能力的官员前往灾区担任令长，主持赈灾，安抚百姓。许慎作为太尉府属官，被选到沛国洨（xiáo）县任县长。然而许慎致力于学问，不愿做官，于是就称病返乡，专心编撰《说文解字》。

东汉陶猪圈

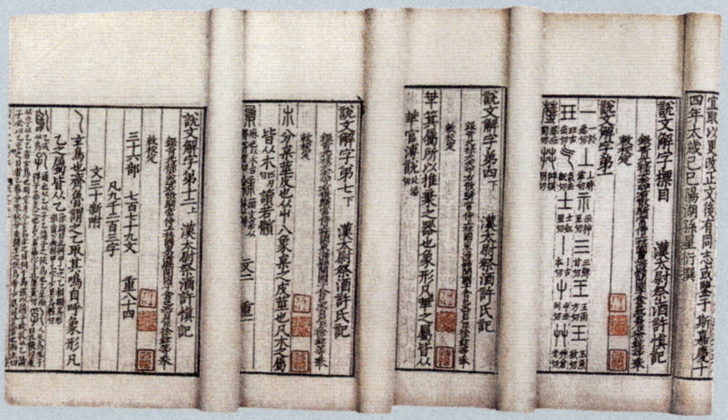
《说文解字》书影

许书略存二百字，古镜一扫千年尘。篆文已与流俗殊，解说尤令耳目新。

——［清］曾国藩

建光元年（121 年），《说文解字》终于定稿。编撰这部字典耗费了许慎二十一年心血，书成之后他也因过度劳累而病倒了。许慎深知自己这部著作的学术影响和政治影响，无奈自己因病不能亲赴洛阳呈献书稿，便让儿子许冲赶往洛阳，将《说文解字》献给汉安帝。汉安帝对《说文解字》大加赞赏，这部书很快就流传开来。

“文”和“字”

古时候“文”和“字”是有区别的。许慎在《说文解字·叙》里说，仓颉在最初造字的时候，按照事物的形象画出图形，这叫“文”，后来“文”引申和衍生出形旁和声旁，二者组合成了“字”。“文”表示事物的本来现象，“字”是由“文”孳生出来而逐渐增多的。“文”和“字”大体上标志着汉字形体的创造和发展过程。“说文”是说字的文，重点在字形分析上；“解字”是解字的义，重点在字义的解释上。将字形分析和字义解释结合起来，就是“说文解字”。

《说文解字》是我国第一部解说文字的著作，从形、音、义三个方面对文字解说进行了规范和统一。书中所收文字的字体以小篆为主，有些字有古文、籀文等异

郑玄画像

《五经异义》和郑玄

许慎少时博学经籍，学的是今文经，师从贾逵学习古文经后，逐渐成为古文经学的坚定支持者。在编撰《说文解字》之前，许慎有感于当时对“五经”的解说混乱而褒贬不一，于是撰《五经异义》十卷，分别叙述今文经学与古文经学的不同内容，其意重在辨明两派对经义的不同解说。东汉末年，著名经学家郑玄撰《驳五经异义》予以辩驳。两书今均已亡佚。郑玄治学以古文经为主，兼采今文经，他以毕生精力整理古代文献，遍注群经，在形式上终结了汉代的今、古文经学之争，成为汉代经学的集大成者，世称其学为“郑学”。

体字的，就列为重文。它首创的部首编排法，将9353个单字、1163个重文按字形结构归类在540个部首之下。部首也根据字形的相似性归类，这样既方便检索，也便于理解字义。许慎创造的这种编排法至今仍在字典编纂中使用。

“六书”理论

《说文解字》还是我国语文学史上第一部分析字形、辨识声读和解说字义的字典。许慎在解说文字时，先解释字义，再剖析字的形体构造，最后注字的读音，这种释字方法在以前的字书中是没有的，融入了许慎对古文字、古文献和古史研究的成果。

通过解释字的本义，以及字形与字义或字音的关系，许慎创立了以“六书”分析文字构形的理论。“六书”是指象形、指事、会意、形声、转注、假借六种造字法和用字法，许慎在《说文解字》中系统地对“六书”做了全面的、权威性的解释，“六书”原则贯穿《说文解字》全书，建立起了汉字阐释的理论体系和系统解释文字的方法。

此外，《说文解字》释字时，先列出小篆，如果古文和籀文有不同的字形，就在后面列出，这些文字资料也为后代学者研究汉字，搭建了由小篆通向甲骨文、金文的桥梁。

《说文解字》对我国文字学的建立和发展做出了不朽贡献，许慎因此被称为“字圣”。研究《说文解字》的人称许慎为“许君”，称《说文解字》为“许书”，称其学为“许学”。许慎和他的《说文解字》对后世产生了深远的影响。（周作明）

东汉九枝陶灯

河南漯河许慎墓

张衡理通三才

张衡是东汉时期伟大的科学家、文学家，他设计并制作了漏水转浑天仪、候风地动仪，为我国古代天文学、机械技术、地震学的发展做出了伟大贡献。

才通天地

东汉传到第六位皇帝汉安帝的时候，由于国家长期太平无事，贵族和官员的生活开始奢靡腐化，埋下了国势衰颓的隐患。不同于政治上的危机隐现，东汉在文化领域成就斐然。辞藻华丽的汉赋、朴实生动的乐府诗集中体现了当时的文学水平，思想界今、古文经学的论争促进了经学的发展，科技领域除了蔡伦的造纸术，还有一个不得不提的耀眼“明星”——张衡。

张衡是南阳西鄂（今河南南阳石桥镇）人，从小天资聪慧，勤学好问，年纪轻轻就写得一手好文章，闻名乡里。长大以后，张衡离开家乡到外地求学。他先是在三辅一带游学，这里壮丽的山河和宏伟的秦汉古都遗址给他留下了深刻的印象。后来，他前往都城洛阳，进入太学。在太学，张衡发展出广泛的兴趣爱好，不仅通晓五经，贯通六艺，而且还喜欢研究算学、天文、地理和机械制造等。虽然才学出众，但张衡并不骄傲自大，平时的行为举止也是淡泊从容，不喜欢跟世俗之人交往。

张衡画像

汉和帝时，张衡被举荐为孝廉，但这时他的志趣基本都在诗歌、辞赋、散文上，并不想做官，因此尽管公府多次征召，他也没去就任。当时国家太平，上到王公贵族，下到一般官吏，无不注重享受，社会风气逐渐腐化堕落。张衡根据自己在三辅和洛阳的游历，仿照班固的《两都赋》，花费十年时间写成《二京赋》，用来讽喻

内蒙古和林格尔汉墓壁画《乐舞百戏图》

东汉弋射收获画像砖拓片

浑天说

浑天说是中国古代认识宇宙的主要学说之一，它认为天球（即宇宙）就像一颗鸡蛋，浑圆得如同弹丸，所以叫“浑天”。而地就像蛋黄，独处在蛋的中央。天大而地小，天球内的下部有水，天靠气支撑着，地则浮在水面上。浑天说流传广泛、影响深远，主宰中国古代天文领域上千年。

东汉日晷

规劝朝廷。他的文学成就与司马相如、扬雄、班固齐名，四人并称汉赋四大家。

钻研文章的同时，张衡在器械制造上也有很多巧思，在天文、阴阳和历算上尤其用心。汉安帝听说他擅长术数之学，就命公车征召他为郎中（协助尚书处理政务的官员），后来又升迁为太史令，专门负责观察天象、研究历法。担任太史令期间，张衡潜心研究，计算天体运行规律，设计天文观测仪器，写出了天文学著作《灵宪》和数学著作《算罔论》，在书中详细论述了自己的研究成果。

浑天仪

张衡的成果之一就是浑天仪。浑天仪是浑象与浑仪的合称。浑象是一个可绕轴转动的大圆球，上面刻画有星宿、赤道、黄道等，用来演示天象运转。浑仪则是观测仪器，用来测量天体的球面坐标。其实在张衡之前，已经有人按照浑天说原理，制作了测定天体位置和模拟天象运转的浑天仪，但张衡总结、发展前人的成果，设计制作了一架漏水转浑天仪。这是世界上第一架利用水力转动的浑天仪，精确性和全面性大大提高。

漏水转浑天仪通过转动机械，把浑象和漏壶结合起来，并以漏壶滴水带动浑象绕轴旋转，使它与天球同步转动，以显示天体的周日视运动。它还有一个附属构件瑞轮蓂（míng）荚，由传动装置和浑象相连，实现了机械自动日历功能。

南京紫金山天文台陈列的天球仪

候风地动仪

阳嘉元年（132年），张衡又制造了一种检测地震方位的仪器——候风地动仪。它用纯铜铸成，形状像一个大酒坛，表面镌刻篆体字和山龟鸟兽作为装饰。仪器内部中心是一根铜柱，铜柱周围伸出八条滑道，装置着拨动机件的枢纽。仪器外部按八个方向排列着八条龙，每条龙嘴里都含着一颗铜球，下面各有一只张着嘴巴的蛤蟆。如果发生地震，对应方向的那条龙嘴里的铜球就会掉下来，落在下面的蛤蟆嘴里。整个地动仪内部中空，顶盖凸起，外观毫无缝隙，枢纽和机件都隐藏在仪器内部，设计得十分精巧。

永和三年（138年），地动仪上西北方向的龙嘴里的铜球掉了出来，落进下面的蛤蟆嘴里，发出响亮的震击声。但当时洛阳并没有感觉到地震，很多学者都说地动仪不足信。过了几天，驿站传送文书的人来了，报告陇西发生了地震，大家这才叹服地动仪的神妙。

英国地震学家约翰·米尔恩构想的候风地动仪

由于不愿趋附达官显贵，张衡所担任的官职多年得不到提升。汉顺帝时，他离任太史令，转任两次之后，兜兜转转又回到了太史令任上。此时东汉政事渐衰，宦官开始干政，张衡上书劝谏，汉顺帝任命他为侍中，以备顾问。结果没过多久，张衡就被宦官排挤出京，去了河间国当国相。在担任河间相的三年间，张衡整饬法度，拘捕奸党，河间国上下一片肃然。永和四年（139年），张衡告老辞职，被朝廷拜为尚书，但没过多久就病逝了，享年六十二岁。

张衡是我国伟大的科学家、文学家，被尊称为“木圣”，他的科学成就受到全世界的崇敬。为了纪念张衡的功绩，1970年，联合国天文组织将月球背面的一个环形山命名为“张衡环形山”，1977年又将小行星1802命名为“张衡星”。（周作明）

瑞轮蓂荚

“蓂荚”是传说中尧时代的神奇瑞草，又名“历荚”。蓂荚每月从初一至十五，每天结一荚，结到十五荚后，从十六开始，每天落一荚，每三十天是一个周期。张衡根据这个传说，设计制成瑞轮蓂荚机械自动日历，安装在浑天仪上。在水力的带动下，瑞轮蓂荚从每月初一开始，一天出现一片叶，出到十五片后，再每天收回一片，到三十即归零，然后开始新的循环。

东汉铜辇车

汉代四层绿釉红陶楼

1978 年出土于山东德州庞家寺汉墓，通高 144 厘米，长 64 厘米，宽 36 厘米，整体呈长方形四檐楼阁式。器身分四层，各层有斗拱撑檐。楼脊与二层立柱有飞鸟装饰，三四层门窗两侧各置一陶俑，二三四层雕刻菱形装饰，屋顶为庑殿顶。该陶楼整体高大，造型逼真，结构严谨，制作精巧，对于研究汉代建筑和文化具有重要价值。

党锢之祸

汉桓帝、汉灵帝时，士大夫、贵族等抨击宦官乱政，引起宦官嫉恨。宦官以“党人”罪名禁锢士人，终身不准他们做官，史称党锢之祸。党锢之祸使得东汉元气大伤，引发黄巾起义，群雄并起，并最终导致东汉走向灭亡。

外戚宦官专政

汉章帝死后，继位的汉和帝只有十岁，无法亲政，朝政都掌握在窦太后手里。窦太后倚仗娘家人，她的哥哥窦宪以及其他窦氏子弟开始掌握实权，东汉自此出现外戚干政的局面。汉和帝长大后，对窦氏专权十分不满，想要夺回权力，但他所能倚靠的只有宦官，于是在宦官的协助下，设计铲除了窦氏的势力。宦官因功得以升官封侯，受到汉和帝的器重，之后也开始干预朝政。就这样，外戚与宦官交替专权成为东汉中期以后的突出问题。

东汉水晶玉髓玻璃珠串

汉和帝二十七岁去世，皇位传给他刚出生百天的儿子刘隆（即汉殇帝），皇后邓氏成为太后。结果汉殇帝在位不到八个月就病死了，邓太后与哥哥邓骘密谋，扶持十三岁的刘祜（即汉安帝）继位。邓太后一心为国，约束家人，邓氏戚族行事也比较收敛，这在东汉的外戚中非常少见。

汉安帝当了十五年傀儡，直到邓太后病逝才得以亲政。亲政之后，汉安帝立即对邓氏戚族展开清算，宦官集团再次得势。但汉安帝并没有治国才能，反而宠信宦官，打压大臣，最后在南游途中去世，终年三十二岁。

《戒饬宗族》

此图出自清代焦秉贞《历朝贤后故事图》册。邓太后即邓绥，汉和帝皇后，南阳新野（今河南新野）人。汉和帝死后，她先后迎立汉殇帝、汉安帝，临朝执政近二十年，其兄身居要职，掌握大权。邓太后执政期间，崇尚宽简，不事奢华，兼用外戚、宦官，尊理三公，又使其兄举荐贤才。建光元年（121年），邓太后去世，汉安帝与宦官合谋，诛灭邓氏。

梁冀跋扈

东汉毛毯

汉安帝的皇后阎氏为了把持朝政，立了一个小孩子当皇帝，结果小皇帝在位两百多天就病死了。宦官集团在阎氏迎立新君之前，先下手为强，拥立汉安帝十一岁的儿子刘保（即汉顺帝）登基。汉顺帝一上台，阎氏戚族及其党羽就被诛杀，但汉顺帝性格温和软弱，在位期间对皇后梁氏及其戚族放任自流。后来梁皇后的哥哥梁冀成为大将军，更是飞扬跋扈，权倾朝野。

建康元年（144年），汉顺帝去世，时年三十岁，皇位留给了他唯一的儿子——两岁的刘炳（即汉冲帝）。梁皇后被尊为太后，临朝听政。但汉冲帝只当了半年皇帝也病死了，梁太后和哥哥梁冀合谋，迎立八岁的刘缵（即汉质帝），继续控制朝政。汉质帝虽然年龄小，但很聪明，他看梁冀骄纵专横，就在一次朝会上看着梁冀对百官说："这就是跋扈将军。"梁冀听了心底十分憎恨，担心汉质帝长大后不受自己控制，就命人把毒药下在汉质帝的饭里。汉质帝就这么被毒死了，当时他才九岁。

汉质帝死后，梁冀粗暴地拒绝百官的意见，劝说妹妹梁太后强行立十五岁的刘志为帝，这就是汉桓帝。梁冀还把自己的另一个妹妹嫁给汉桓帝做皇后，梁氏子弟人人高官厚禄，汉桓帝完全成了傀儡。从汉顺帝到汉桓帝，梁冀掌权近二十年，贪财好利，欲壑难填，而且党同伐异，陷害忠良，行事极为凶狠残暴。他的权势在东汉外戚中无可比拟，气焰熏天。

随着梁冀越来越无法无天，汉桓帝什么事都不能亲自过问，对梁冀的不满也日益增长。和平元年（150年），梁太后去世，汉桓帝终于可以亲政，但他能做的也只是冷落梁皇后。当时邓贵人受宠，梁冀为了巩固自己的势力，就要认邓贵人为女儿。因为担心邓贵人的母亲阻挠，他就派了个刺客去刺杀，结果事败，被汉桓帝得知。汉桓帝大怒，找来五个与梁冀不和的宦官，几人秘密合谋除掉梁冀。一天，汉桓帝按计划突然派一千多御林军包围了梁冀的宅邸，收缴了他的大将军印绶，梁冀被迫服毒自杀。汉桓帝下令将梁氏戚族全部处死，还罢免了三百多个与梁冀有牵连的官员，朝廷几乎为之一空。

梁冀被消灭后，那五个宦官因功被封为侯，汉桓帝又重用其他宦官，朝政大权再次落入宦官手中。这些宦官比外戚更加腐败，他们奢侈贪婪，鱼肉百姓，还四处安插爪牙亲信，败坏朝政，东汉的政局一片腐朽黑暗。

东汉铜轺车

第一次党锢之祸

李膺画像

外戚、宦官交替专权，各谋私利，互相争斗，严重破坏了东汉吏治。地方豪强地主趁机兼并农民的土地，发展自己的势力，社会矛盾日益尖锐。因为不满宦官乱政，司隶校尉李膺等人联合一些太学生，品核人物，议论国政，一时成为风气，公卿以下都怕受到他们的指责贬损。此举触犯了宦官的利益，宦官对他们恨得咬牙切齿。

延熹九年（166年），宦官赵津、侯览及其党羽倚仗权势，暴虐残酷，为祸乡里，被当地官员收捕。结果没过多久，汉桓帝大赦天下，而当地官员无视赦令，按律没收他们的家产或处死，随后将案件上奏给了朝廷。宦官向汉桓帝喊冤，汉桓帝大怒，重罚了这些官员。太尉陈蕃为这些官员的遭遇感到不平，就上书向汉桓帝进谏，为受罚的官员辩解，请求清除宦官乱政的风气，但汉桓帝对此置之不理。

此前，河南尹有个叫张成的，善于占卜，平时以方技与宦官结交。他通过宦官得知汉桓帝即将大赦天下，就教唆儿子在大赦前故意杀人。李膺下令抓捕张成的儿子，在大赦后依然按律将他处死。张成不肯善罢甘休，宦官就教唆他的弟子上书诬陷李膺等人与太学生和名士结党，诽谤朝廷，败坏风俗。汉桓帝震怒，下诏全国抓捕李膺和他的同党。诏书到了太尉陈蕃这里，他发现所谓的“党人”都是海内享有盛名、忧心国事、忠于国家的大臣，于是拒绝签署。汉桓帝怒气更盛，直接下令抓人，还让宦官负责的北寺狱来审案，最终包括李膺在内的两百多名“党人”被逮捕。

太尉陈蕃再次上书，言辞激切，汉桓帝直接将他免职。后来，窦皇后（汉桓帝的第三任皇后）的父亲窦武同情士人，也上书求情，汉桓帝的怒气这才有所平息。

李膺等人在狱中故意供出宦官子弟，说他们是自己的“同党”，宦官们怕自己受到牵连，连忙向汉桓帝说是时候大赦天下了。于是汉桓帝在延熹十年六月再次大赦天下，释放党人回归田里，但终身不许他们做官。这就是第一次党锢之祸。

第二次党锢之祸

永康元年（167年），汉桓帝驾崩，窦皇后成为太后。因为汉桓帝没有儿子，窦太后的父亲窦

东汉出行田猎画像砖

范滂辞母

范滂是汉桓帝时的大臣，为人正直清高有气节，被士人视为榜样。他结交太学生，抑制豪强，反对宦官，第一次党锢之祸时遭到诬陷，与李膺同时下狱。第二年范滂被免官禁锢，释放回家。汉灵帝时，党锢再起，范滂主动前往监狱投案。县令仰慕范滂为人，要与他一同逃亡，范滂不忍心连累他人与老母，便拒绝了。范滂的母亲前去与他诀别，范滂认为自己死得其所，劝母亲不要哀伤，范母说："你如今能与李膺、杜密齐名，名节传扬于世，死而无憾！"范滂跪谢母亲的教养之恩，又教导儿子向善，然后英勇赴死，年仅三十三岁。

武迎立十二岁的刘宏（即汉灵帝）即位。窦武被任命为大将军，陈蕃再次被任命为太尉，他们与司徒胡广一起掌握朝政，并重新起用李膺等人。天下人都认为贤人在朝，太平盛世就要来了。

然而，宦官首领曹节等人不断在窦太后面前谄媚侍奉，怂恿窦太后乱下命令。陈蕃、窦武等人就上书太后，不要让宦官参政。但窦太后认为从汉元帝以来宦官参政就是惯例，不能废除传统，于是就在窦武等人的建议下，处死了几个无关紧要的宦官，曹节等人却被保护起来。

窦武、陈蕃等人没有放弃，准备伺机铲除曹节，但宦官也在准备反扑。终于，他们抓到了窦武出宫回家休假的机会。一个宦官偷出窦武的奏折，得知了士人诛灭宦官的计划。宦官蒙骗汉灵帝，劫持窦太后，胁迫尚书假传诏令，追捕窦武、陈蕃等人。陈蕃、窦武相继殒命，李膺等人再次被罢官，禁锢终生。

窦武、陈蕃等人虽死，但社会名望仍在，很多人为他们鸣冤。宦官不断向汉灵帝进谗言，诬陷李膺等"党人"图谋社稷。年仅十四岁的汉灵帝被宦官谗言欺骗，放任宦官大兴冤狱，残害"党人"。李膺及名士杜密、范滂等一百余人被下狱处死，陆续被杀死、流徙、囚禁的士人达到六七百人。熹平五年（176年），又有人上书为"党人"鸣冤，汉灵帝大怒，下令将"党人"的门生故吏、父子兄弟全部免官禁锢，并且牵连五族。这就是第二次党锢之祸。

经过两次党锢之祸，东汉朝廷清正的官员不是被杀，就是被禁锢，宦官更加为所欲为，残害百姓，弄得民不聊生，一场全国性的农民起义即将爆发。而党锢造成士大夫和豪强不再心向朝廷，埋下了东汉末年群雄并起直至灭亡的种子。（周作明）

东汉摇钱树

崔寔著《四民月令》

《四民月令》仿照古代月令形式，记述了地主庄园一年中每个月的农业生产活动，是自《氾胜之书》到《齐民要术》五百多年间出现的唯一一部农书，是东汉后期指导农业生产的重要著作。

名门高第，甘守清贫

汉桓帝消灭梁冀及其戚族势力的时候，朝中有三百多名官员受牵连而被罢免，其中不免有因为权力斗争而造成的冤假错案。五原太守崔寔（shí）就因为曾在梁冀门下担任过司马（参赞军武，管理将军府武职的高级幕僚）而被免官，以至于多年被禁锢在家。

东汉绿釉陶狗

崔寔出生于官宦名门之家，祖父崔骃（yīn）是与班固齐名的文学家，父亲崔瑗（yuàn）与马融、张衡是好友，精通天文、历法。崔瑗还特别重视农业生产，在做汲县县令的七年中，为当地开垦了数百顷稻田。崔瑗的言行，特别是对农业生产的重视，影响了青年时代的崔寔。

崔寔从小性格沉静，爱读书。在父亲和经籍的教导下，崔寔树立了崇高的人生追求，不以功名利禄为重。崔瑗去世后，崔寔变卖田宅为父亲修坟立碑。安葬完父亲，崔寔家里资财用尽，只能靠卖酒维生。当时很多人嘲笑他出身士族却从事贱业（古代认为商业是低贱的职业），但崔寔不以为意。而且他卖酒也仅仅是为了满足基本生活，并不以盈利为念。崔寔的孝心因此出名，等他为父亲守完丧，三公府都来征召他为官，但他都没有应召。

东汉酿酒画像砖

座右铭

崔瑗年轻时哥哥被人杀害，他意气用事，一怒之下手刃仇人，随后只身逃亡。几年之后朝廷大赦天下，他才回到家乡。崔瑗自知一时鲁莽闯下大祸，在外流亡时吃尽苦头，于是写下一篇铭文放在座位右侧，时时自我警戒。这就是“座右铭”一词的由来。

内蒙古和林格尔汉墓壁画《农耕图》

此图描绘了东汉时庄园耕作的情景，从图中可以看出，当时的农业生产已经高度发达，集中体现在牛耕和铁制农具的普遍使用上。

改善民生

元嘉元年（151年），朝廷下诏征辟至孝有操行的士人，崔寔被郡里举荐，征辟到洛阳公车府。崔寔看到当时政治腐败，律令不能施行，就称病没有参加策问考试。回乡后，崔寔写了一篇批评时政的文章，叫《政论》，列举了数十条改革弊政的措施。文章切中要害，论证准确有力，受到有识之士的赞扬。

此后，太尉府、大将军府再次征召，崔寔仍然不去应召。朝中几个大臣联名向汉桓帝举荐崔寔，汉桓帝便召拜他为议郎。这下崔寔无法推脱了，入朝之后他进入东观，与儒学博士作文著书，讲论“五经”，没过多久就升迁到梁冀的大将军府，担任司马。

刑罚者，治乱之药石也；德教者，兴平之粱肉也。

——［汉］崔寔

后来，崔寔离京到五原郡担任太守，时刻不忘民生疾苦。他看到当地百姓不懂纺织，平时只穿着粗麻做的衣服，一到冬天就衣不蔽体，只能躺在细草堆里保暖，有官吏来他们就披着茅草出来迎见，生活十分艰苦。崔寔自己出钱买来纺织工具，教当地人把丝麻纺成线、织成布来做衣服，使百姓摆脱了天冷受寒的痛苦。

五原地处边境，百姓经常遭受胡人烧杀掳掠。崔寔到任后，整顿军马，加强守备，建立烽火台示警。胡人再也不敢进犯，百姓终于过上了安定的生活。

梁冀被诛灭后，崔寔因为是梁冀的故吏，受到牵连，被免官禁锢。直到后来鲜卑崛起，屡屡侵犯汉朝边境，崔寔才再次被起用，被任命为辽东太守，去防御鲜卑。

东汉农具铁镰与铁锄

崔寔赴任途中母亲病故，于是上书请求回家给母亲安葬服丧。丧期结束后，崔寔被朝廷拜为尚书，但此时汉灵帝刚刚继位不久，宦官掀起了第二次党锢之祸。因为朝中动荡，崔寔就借口生病不处理政务，结果几个月后他还是被免官归家，没能逃过一劫。

崔寔为官清正廉洁，建宁三年（170年）病逝时家徒四壁，连殡殓的钱都没有，多亏了朝中同僚为他备办棺椁葬具。他一生当官为民，甘守清贫，这在东汉的世家和官员中非常少见。

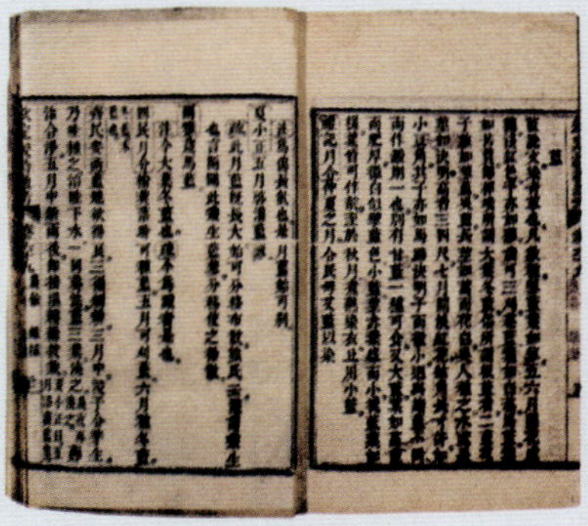

清代《授时通考》引载《四民月令》书影

“农家月令书”

汉桓帝时，地主大量兼并土地，出现了拥有庞大庄园的世家地主。地主庄园里有田园、牛马苑囿、手工作坊，四周筑坞壁、营堑。庄园聚族而居，族内分工明确，人们各司其职，农业、畜牧业、手工业有机地结合在一起，形成了一个自给自足的生产单位。

崔寔年轻时曾帮助母亲料理家务，学到了很多按照时令安排耕织的知识。还在乡里时，他就亲自参与农事，酿酒贩卖，为官之后更是注重农业。他认为“国以民为根，民以谷为命”，而农业生产和工商经营，都必须根据农作物的生长季节合理安排。为了指导农业生产，崔寔总结经验，仿照《礼记·月令》的体裁，写成《四民月令》，把每月应做的农事一一写下来传授给人们。

四民是指士、农、工、商，月令是指农历一年中每个月的气候、时令。与《礼记·月令》记述天子起居、饮食、衣服、用具和百官每月所应履行的礼仪职务不同，《四民月令》是一部“农家历”，指导的是民间的农业生产。书中按月记述了一个地主庄园一年中以农业为主的生产经营要注意的事项和经验，涉及耕作、繁殖（作物的播种、

东汉集市画像砖拓片

东汉播种画像砖

分株、移植及木本植物的插枝、压条等）、管理（除草、施肥、剪枝、防虫等）、收获（包括伐木和采集药材）、养蚕、纺织，以及农产品加工（尤其是酿造）和买卖等方面。

在农业生产的布局上，《四民月令》最重视的就是粮食，其次是蚕桑。除了禾、麦、黍、豆等粮食作物，经济作物麻、药用植物地黄等也要根据时令开展种植。耕牛、牧马的蓄养则居于次要地位。家庭手工业以纺织为主，与祭祀相关的酿酒也有相当重要的地位。除此之外，制酱做醋等农产品加工、农具和车辆制造等活动都要随季节而变，穿插进行。商业活动的特点是度入为出，根据季节贱买贵卖。一般是夏季收购布匹缣帛，冬季卖出；夏收时买进粮食，春天青黄不接时卖出。交易的基本都是衣食必需品。

作为一部月令农书，《四民月令》实际上超越了农业生产的范畴，延伸到庄园经济和生活保健的经营管理，以及维持家族精神信仰、文化生活诸多方面。比如，书中对祭祀的习俗和物质准备有详细说明，还提出要注意弓弩武器的材料准备、制造和修缮，以保卫庄园安全等。

《四民月令》中记述的一些农业生产技术，对后世有深远的影响。比如，二、三月种禾时“美田欲稠，薄田欲稀”，三月种稻时“美田欲稀，薄田欲稠”，这是根据土壤肥瘠来确定不同作物播种密度理念的体现。书中提到的“别稻”还是中国关于水稻移栽的最早记载。

作为自西汉《氾胜之书》到北魏《齐民要术》五百多年间唯一的一部农书，《四民月令》是我国古代农书中“农家月令书”的开山之作，这种体裁也被后世的诸多农书所承袭。

《四民月令》体现了崔寔的重农思想，他在书中不仅提倡士、农、工、商四民并重，还倡导庄园地主重视教育，既耕且读。农闲以及冬夏农歇期，让幼童入学读书，这种耕读结合的思想也对后世产生了深刻影响。（周作明）

东汉银釦圆形漆盒

釦（kòu）器是汉代最高贵的漆器，通常是在漆器边缘镶嵌金、银、铜等金属，是汉代妇女盛放梳子、篦等妆具的用器。

豪强地主

秦汉以来，封建地主主要是贵族地主和军功地主，他们凭借与皇室的血缘和亲属关系，或者跟随皇帝打天下的军功，获得了一定的政治和经济特权。随着社会发展和国家安定，军功地主逐渐没落，他们转而依靠特权进行大规模土地兼并，建立田庄，其身份也随之转化为豪强地主。而失去土地的农民，只能依附豪强地主，成为佃客、徒附、部曲，并发展为豪强地主的私人武装。豪强地主的庄园内部，则形成了一种超越血缘关系的宗族组织和宗法制度，庄园主相当于一个宗族的大族长。汉光武帝在建立东汉的过程中，得到了豪强地主的大力支持，其势力在东汉时期迅速膨胀。后来一些豪强地主逐渐发展成为门阀大族，控制地方的政治、经济、军事，形同割据。

《熹平石经》

汉灵帝时刊刻的《熹平石经》是中国最早的石刻经书，也是历史上最早的官定儒家经本。它为人们校对版本、规范文字提供了准确的范本，启发了此后历朝历代的大规模刻石活动。《熹平石经》同时也是研究汉代书法的珍贵资料。

蔡邕上书

经过今、古文经学的长期论争，东汉后期，儒家经典得到了充分的整理。汉灵帝虽然宠信宦官，荒废政事，却非常重视文教事业。然而当时人们阅读的书籍一般是写在竹简或木牍上的手抄本，版本繁杂，内容不一，而且还有很多错误。如何为天下学子提供一套权威且人人可见的儒家经典范本，成为人们共同关心的事。

光和六年（183年），太学门外立起了一批石碑，上面刊刻的是朝廷颁布的儒家经典范本。这些碑刻被称为《熹平石经》，它的诞生始于议郎蔡邕（yōng）八年前提出的一个建议。

蔡邕是东汉著名的文学家、书法家、音乐家，他的女儿就是大名鼎鼎的才女蔡文姬。蔡邕少年时博学多闻，喜欢文章辞赋、数术和天文，尤其弹得一手好琴。建宁三年（170年），司空桥玄征辟蔡邕为掾属，第二年桥玄被拜为司

蔡邕画像

蔡邕创飞白书

有一天，蔡邕看见工匠们修饰鸿都门，一个工匠用笤帚蘸着石灰水在墙上涂抹，石灰水在墙上留下的丝丝空白痕迹启发了蔡邕。他回家后用笔蘸墨，在纸上学着工匠的方法写字，创立了“飞白”书体。蔡邕用飞白书在宫廷匾额上题字，成为当时的一种时尚。此后飞白书受到后人，尤其是唐宋帝王的推崇，甚至成了宋代的皇家书体。

徒，举荐蔡邕出任平阿县长。后来，朝廷召拜蔡邕为郎中，命他在东观校书。因为工作出色，蔡邕很快就升任议郎。

蔡邕擅长书法，工于篆、隶，尤其以隶书著称。他的书法结构严整，有“骨气洞达，爽爽有神”的赞誉。他写的一篇关于学习书法的短文《笔论》，论述了书法通过自然抒发情怀的艺术本质。此外，他还开创了一种叫作“飞白”的书体，对后世产生了很大影响。

步入仕途之前，蔡邕二十年如一日，坚持做学问，积累了深厚的学识。在东观校书期间，蔡邕博览经籍，发现儒家先贤的著述由于年代久远，几经传抄，文字多有谬误，加上有些儒生水平不高，讲解经文时经常穿凿附会，致使众多后辈学子被误导。于是熹平四年（175年），蔡邕与几个大臣向汉灵帝上书，奏请校订现行儒家经典中的错误，颁布官定经本。汉灵帝采纳了这一建议，下诏命儒学大师们正定五经文字，并将经文刻成石碑，竖立在太学门外。因为这些经典是从熹平四年开始刻写在石碑上的，所以被称为《熹平石经》。

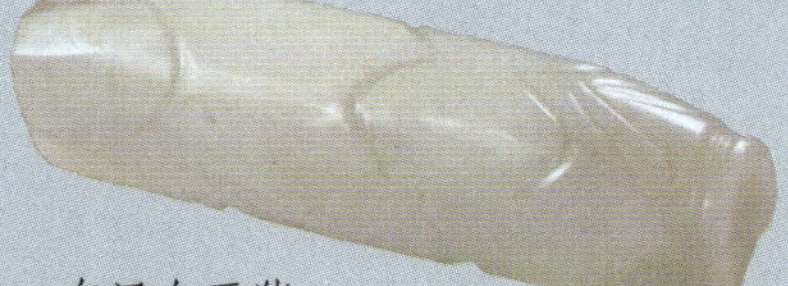

东汉白玉猪

东汉褐釉堆塑动物五联罐

文化瑰宝的多舛命运

从熹平四年到光和六年，《熹平石经》的刻写工程历时八年才告竣工。蔡邕亲自将经文用红笔写在石碑上，然后令刻工镌刻，最后共刻写经文二十多万字，刻成石碑四十六块，每块石碑都有一丈高、四尺宽。石经刻成之后，每天有一千多辆马车载着天下学子来到洛阳。大家围在太学门前，争相参观、临摹，改正之前所读经典的错误，大街小巷被堵得水泄不通。

《熹平石经》共刊刻了七部儒学经典，分别是《周易》《尚书》《鲁诗》《仪礼》《春秋》《公羊传》《论语》。石碑上的字是用汉代通行的隶书写成的，因此又叫“一体石经”或“一字石经”。

然而《熹平石经》刻成之后没过多久便横遭厄运，逐渐残损散佚。初平元年（190年），董卓焚毁洛阳宫室，胁迫汉献帝迁都长安，《熹平石经》遭到损坏。三国时，曹魏重建洛阳，曹丕曾下令修补石碑。到了西晋永嘉之乱时，《熹平石经》再次被破坏。北魏时大量石碑被用来修建寺庙，剩下的少量残石被遗落在草木丛生的荒郊野外。北齐建立后，《熹平石经》被迁往邺都，结果在渡过黄河时，装载石经的一艘船只沉没，一半石经落水。隋文帝时，残余的石经又被运往长安，用作承柱的础石。到了唐初，《熹平石经》已经被毁坏殆尽。

《熹平石经》残石

自宋代以来，《熹平石经》偶有残石出土，迄今共发掘和收集到八千八百多个字。石经的残石目前主要收藏于西安碑林博物馆、洛阳龙门博物馆和中国国家博物馆。

石刻经典

《熹平石经》规模宏大，气势恢宏，校订了古籍真伪，平息了学术纷争，为时人和后人提供了儒家经典教材的官方范本。作为最早的石刻官定儒家经典，它的刊刻是一种具有图书编辑和出版性质的文化工程，体现了东汉的经学研究成果，以及对儒学经典的尊崇。同时，《熹平石经》也开创了刊刻石经的先河，对其后历朝历代大规模的经典文献刻石都有启发意义。它与此后的三国魏《三体石经》、唐代《开成石经》、宋石经、清石经等，加上佛、道等诸家石经，共同构成了中国历史上石刻经典的独特风景。

另外，《熹平石经》还是研究汉代书法的珍贵资料。碑文字体结构精严，不做奇逸之态，这一点既不同于其他东汉隶书碑刻，也不同于书写在竹简木牍上的简牍书。它在重视内容端严且容易识读的前提下，同时兼顾美观，开创了一种独特的风格。而且《熹平石经》的字数远远多于一般碑刻的字数，这实际上也为当时及后世的人们提供了充足的书法参照。《熹平石经》作为最早的石经，也最早启发了人们发明捶拓方法，而捶拓技术又是后来雕版印刷术的必要环节之一，所以《熹平石经》对后来印刷术的发明也有间接影响。（杨加深）

东汉龙柄铜鐎斗

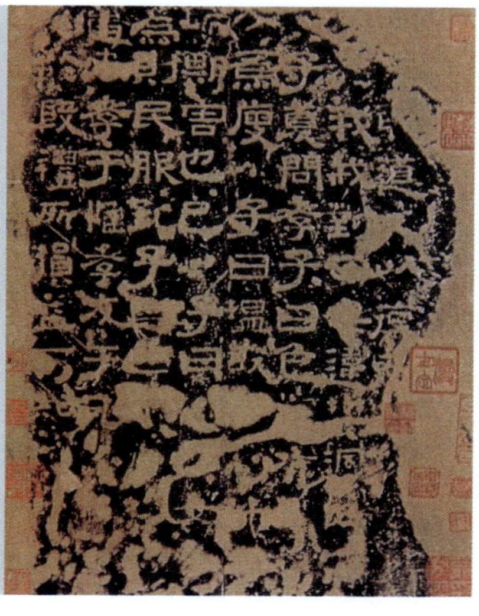

《熹平石经》残石拓片

“医圣”张仲景

东汉末年，社会动荡，百姓流离失所，加上瘟疫肆虐，很多人死于非命。张仲景潜心钻研医术，立志学医救民，被后人尊奉为“医圣”，他所著的《伤寒杂病论》深深影响了中国医学的发展历程。

少年学医

张仲景本名叫张机，仲景是他的字。他家是南阳郡（治今河南南阳）的名门望族，家中收藏有许多典籍。张仲景小时候兴趣广泛，博览群书，尤其酷爱阅读医学书籍。他从史书上看到扁鹊望诊蔡桓公的故事，对扁鹊高超的医术非常钦佩。

张仲景长大后，拜同郡的名医张伯祖为师，学习医术。他天资聪颖，又勤奋刻苦，张伯祖非常喜欢这个学生，将自己毕生行医的丰富经验倾囊相授，无论是外出诊病，还是上山采药都带着他。在张伯祖的悉心指导下，张仲景进步很大，人们都称赞他的医学才能比他的老师还要精深微妙。

当时医生的社会地位不高，张仲景的父亲希望他将来走仕宦之路，于是就带着他去拜访名士何颙（yóng），希望得到何颙的举荐。何颙也是南阳人，在朝廷很有声望。见到张仲景之后，经过一番交谈，何颙发现张仲景学医的志向非常坚定，于是对张仲景说：“你思考分析问题的能力很强，心思缜密，可惜没有附庸风雅的气质，不适合做官，但将来一定会成为一名优秀的医生。”

> 学业易成，风骨难得。
>
> ——［汉］张仲景

东汉末年，外戚与宦官争权夺势，斗争激烈，政治十分腐朽黑暗。张仲景本来就对做官没什么兴趣，何颙的话正合他的心意，于是他开始潜心钻研医学，施医救民，造福乡里，很快就成了一个远近闻名的医生。

东汉越窑青瓷九管瓶

长沙“坐堂”

尽管无意仕途，汉灵帝时期，张仲景仍然因为声望被南阳郡推举为“孝廉”，后来他又被朝廷任命为长沙太守，成了一名有实权的“地方大员”。

在长沙太守任内，张仲景依然孜孜于钻研医术。身为地方长官，他看到百姓被病痛折磨，便在公务之余留心各种疾病，广泛收集民间药方，还经常向地方名医请教医理，丰富自己的医术，为百姓解除病痛。

当时的人很重视等级观念，官员

> **两场瘟疫**
>
> 张仲景生活的年代战乱频繁、瘟疫流行，当时持续约半个世纪的瘟疫不但夺去了无数人的生命，更加剧了社会的动荡。而在张仲景的青少年时代，亚欧大陆另一端的罗马帝国也发生了持续十多年的安东尼大瘟疫。据后世研究，这场瘟疫造成了罗马帝国约10％的人口死亡，被认为是“罗马和平”终结的标志之一。一东一西，两场瘟疫在相近的年代影响了两大帝国的命运。

不能随意接触民众。为了给百姓看病，张仲景想了一个办法。他让衙役贴出告示，说每月初一和十五两天，大开衙门，让百姓进来看病，张太守坐在大堂上亲自为百姓诊治。

消息一出，百姓无不拍手称快，于是每逢初一和十五，长沙太守的衙门前便聚集了来自各地的求医群众。直到今天，我们仍然习惯称药房为“堂”，称在药房里给人看病的医生为“坐堂大夫”，其由来就是张仲景在长沙“坐堂”看病的经历。

医学名著《伤寒杂病论》

汉灵帝时期，农民起义此起彼伏，动乱多次引发瘟疫，成千上万人染疫而亡。到了建安年间（196—220），军阀混战不休，瘟疫更是大规模蔓延。疫病流行之地十室九空，病死的人不计其数。张仲景的宗族也未能幸免，整个宗族上下二百多口人，不到十年的时间里有三分之二的人死于疫病，其中死于伤寒病的占十分之七。

东汉鎏金镶嵌琉璃珠兽形铜砚盒

亲眼见到亲人离世，以及瘟疫之中一幕幕家破人亡的惨剧，张仲景悲痛不已，他痛下决心，一定要制服伤寒这个残害百姓生命的瘟神。于是，他埋头钻研《素问》《八十一难》《阴阳大论》《胎胪药录》等古代医书，同时参考搜集到的民间方剂，博采众方，并在临床实践中不断检验探索。经过十几年呕心沥血的研究，张仲景终于写成了《伤寒杂病论》这部具有划时代意义的医学名著。

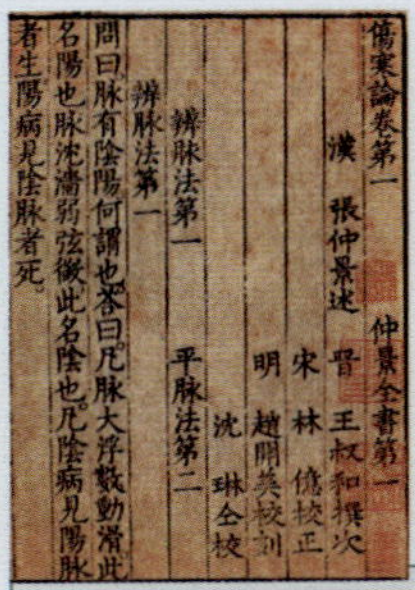

傷寒論卷第一　仲景全書第一
漢　張仲景述　晉　王叔和撰次
宋　林　億校正
明　趙開美校刻
沈　琳仝校
辨脈法第一　平脈法第二
辨脈法第一
問曰脈有陰陽何謂也荅曰凡脈大浮數動滑此名陽也脈沈濇弱弦微此名陰也凡陰病見陽脈者生陽病見陰脈者死。

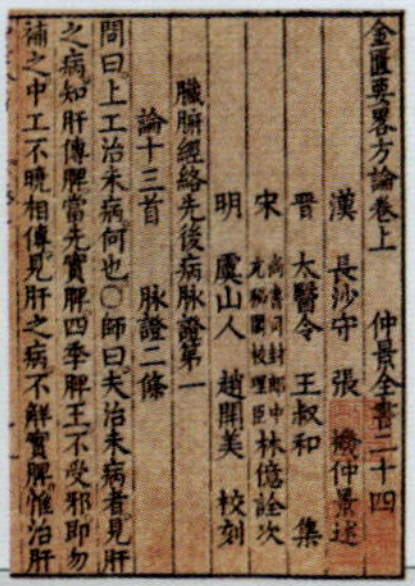

金匱要畧方論卷上　仲景全書二十四
漢　長沙守　張　機仲景述
晉　太醫令　王叔和　集
宋　尚書司封郎中充秘閣校理臣林億詮次
明　虞山人　趙開美　校刻
臟腑經絡先後病脈證第一
論十三首　脈證二條
問曰上工治未病何也〇師曰夫治未病者見肝之病知肝傳脾當先實脾四季脾王不受邪即勿補之中工不曉相傳見肝之病不解實脾惟治肝

明刻本《伤寒论》与《金匮要略》书影

中医四大经典

《伤寒杂病论》写成之后，全靠手抄流传，后来由于战乱等原因，原书亡佚，后人根据《伤寒杂病论》的残本整理编撰出两本书:《伤寒论》和《金匮要略》，这两本书与《黄帝内经》《温病条辨》并称为“中医四大经典”。还有一种说法是“中医四大经典”为《黄帝内经》《难经》《伤寒杂病论》《神农本草经》。

《伤寒杂病论》是我国第一部理、法、方、药兼备，理论联系实际的临床诊疗专著，书中系统地总结了各种疾病的证候，提出“辨证施治”的理论，为我国中医病因学说和方剂学说的发展做出了重要贡献；还提出了“治未病”的理论，提倡预防疾病。此外，这部书还是世界上最早记载人工呼吸、药物灌肠和胆道蛔虫治疗方法的医学著作。

《伤寒杂病论》被奉为“方书之祖”，精选了两百多方，这些方剂的药物配伍精练，主治明确，如麻黄汤、桂枝汤、柴胡汤、白虎汤、青龙汤、麻杏石甘汤，这些著名方剂经过千百年临床实践的检验，有些至今仍在中医临床上广泛应用。

医者仁心

张仲景在行医生涯中，时刻关心民众疾苦，急患者之所急，留下了许多动人的民间传说。

有一次，张仲景碰到建安七子之一的王粲，他观察王粲的气色，发现王粲身上潜伏着一种重病，就对王粲说:“你的身体有病，要服五石汤才能治好。如若不然，到了四十岁眉毛就会脱落，眉毛脱落半年后就会死去。”王粲当时才二十来岁，对张仲景的话不以为意，就没吃张仲景给他抓的药。

东汉执镜俑

过了几天，张仲景又见到王粲，问他:“你服药了没有?”王粲敷衍说:“已经服过了。”张仲景观察了一下王粲的神色，摇了摇头说："你并没有服药，你的神色跟之前一样。你为什么讳疾忌医，不爱惜自己的生命呢？"

王粲也是个倔脾气，始终觉得自己没病，一直都没有服用汤药，二十年后眉毛果然慢慢地脱落，半年后就死了。

东汉长乐璧

后来，张仲景辞官回到家乡，正赶上寒冬腊月，天气异常寒冷。他看到很多人衣着单薄，在冰天雪地里为了生计奔波，耳朵都被冻伤了，心里很难受，于是研制了一个可以御寒的方子，叫"祛寒娇耳汤"。方子研制出来后，张仲景叫家人找了个开阔的地方搭起大棚，支上锅架，然后买来很多羊肉和驱寒药材，放在大锅里炖煮。煮好后又把这些东西捞出来切碎，用面皮包成耳朵状的"娇耳"，再下锅煮熟，分给穷人每人两只娇耳、一碗汤。人们吃下祛寒汤后浑身发热，血流通畅，两耳变暖，冻伤也慢慢好了。从此以后，每年从冬至到大年三十，张仲景都给穷人施舍这种汤。

张仲景去世后，人们感念他的恩德，就在冬至这天制作祛寒娇耳汤以示纪念，据说"娇耳"就这样渐渐演变成了饺子。

张仲景作为中医临床理论体系的开创者，为中医药学的发展做出了巨大贡献。他医术精湛，医德高尚，被后人尊称为"医圣"。（何昭旭）

进则救世，退则救民；不能为良相，亦当为良医。

——［汉］张仲景

河南南阳医圣祠

汉墓——千年思想宝库

两汉时期流行使用各种画像装饰墓葬，其形式包括壁画、帛画、画像石、画像砖等等。汉墓画像时间跨度大，地域分布广泛，题材内容也非常丰富。汉朝已经过去了一千八百多年，这些封存在汉墓里的画像，生动形象地留存了汉代社会生活和思想信仰的丰富图景，使汉墓成为一个巨大的思想宝库。

汉墓概览

东汉铜牛

汉墓是指在西汉、新朝和东汉时期营造的墓葬，它是一种复合型陵墓建筑，包括地上和地下两部分。地上部分包括封土、墓阙、寝殿、祠堂和陵园等建筑设施，大家常说的墓室一般指的是地下埋葬部分。汉墓数量巨大，据不完全统计，目前国内发现的汉墓在万座以上，而且分布广泛，全国各地几乎都有发现。

汉朝跨越四百多年，汉墓的空间分布非常广泛，不同地域发现的不同时段的汉墓，形制也非常多样。以造墓材质、墓葬等级、画像有无等标准来区分，汉墓可以细分为很多种类，有很多名称。例如，东汉时期流行使用砖石修造墓室、墓前祠堂、墓阙等墓葬建筑，这些砖、石表面常雕刻有各种画像图案来装饰，因此被称为“画像石”“画像砖”，画像石墓就是专指使用画像石作为主要造墓材质的墓葬。

当然，画像石墓之间也存在很多差异，其建筑规模可大可小，有的可能建有多个房间，有的可能只是单间，屋顶也有平顶、叠涩顶和券顶等多种样式。墓主人的身份也可高可低，可能是达官显贵，也可能是地方小吏，等等。

汉墓形制

中国古代的墓葬形制非常丰富，最具代表性的有两种，分别是竖穴式椁墓和横穴式室墓。前者是向下挖出竖穴墓圹，棺椁等直接掩埋在墓圹底部；后者是使用横穴墓圹，在其中模仿现实生活中的房屋修筑墓室。

汉朝绵延四百多年，汉墓形制并非一成不变，实际上，正是在汉代，墓葬发生了竖穴式椁墓向横穴式室墓的转变，这是中国墓葬史上一次划时代的变革。画像装饰的使用和流行，正是汉墓形制变革中的一个重要变化。

西王母伏羲女娲画像石拓片

目前所见的汉代画像大多数来自汉墓的考古发掘。汉代盛行厚葬，上至王公贵族，下至乡绅县吏，都不惜钱财地营造墓葬，很多大型墓葬的建筑规模可谓壮观，众多陪葬的物品中也不乏金银珠玉等宝物重器。考古发掘中，流传着汉墓“十室九空”的说法，即发掘十座汉墓，常有九座会是空墓。这反映了汉墓因为埋宝众多而被历朝历代的盗墓者频频光顾，以至于被洗劫一空的情景。而雕刻绘制在陵墓主要建筑构件表面的画像，却往往因难以挪动等原因，得以逃过劫难，留存千年，成为那些空无一物的汉墓中最后的珍宝。

汉墓画像大观

汉墓画像主要分布在墓室墙壁、门扇、立柱、门楣、横梁等主要建筑构件表面，同一座墓葬不同位置的画像，往往题材也各式各异。在全国范围内，不同地域不同时期的汉墓出土的画像石上，经常会反复出现一些相似或雷同的画像题材，只是在细节上略有不同和变化。这说明汉朝在政治经济统一之后，生活、文化和思想信仰也逐渐趋于统一，表现在画像石上，便是同类题材的重复使用。这些常见题材包括以下几类。

第一类是神仙灵异，包括伏羲、女娲、东王公、西王母、青龙、白虎、朱雀、玄武、雷神、风伯、雨师、龙、凤、玉兔、蟾蜍、九尾狐、三青鸟、日、月、云气、星宿等，还有很多俗世难以想象的奇景异象，如日月同辉、九日并明、人仙共处、水天一片、怪诞身形等等。战国以来，神仙思想长期盛行，汉墓受神仙思想影响，形成了一个庞大的神鬼世界。这些画面所表现的，正是人们想象中超越世俗经验的神异世界，反映了汉人对“长生不老”“得道升仙”的强烈渴慕。

第二类是历史人物题材，汉墓中往往通过选取特定的故事情节，刻画某些帝王将相、孝子贞妇、忠臣义士等历史人物。古代帝王如黄帝、尧、舜、禹、齐桓公，圣贤如管仲、老子、孔子、廉颇、蔺相如，

齐侍郎苏武管叔画像石拓片

刺客如曹沫、专诸、聂政、豫让、荆轲等，常见的故事有孔子见老子、二桃杀三士、荆轲刺秦王、鸿门宴、泗水捞鼎等等。这个题材的内容具有浓重的道德色彩，通过艺术化的人物塑造，宣扬了汉人所崇尚的忠、孝、节、义等儒家道德伦理。

实际上，汉墓画像中的历史人物大多是生前忠孝节义、死后升仙的典范，因此他们可以跨越时空的限制，在画像描摹的神仙世界中共处一堂。有意思的是，汉墓画像对历史上包括刺客在内的“英雄”人物往往持赞誉态度，甚至后世认为的暴虐无道的夏桀，也因为勇武而被认真刻画，与上古圣王比肩同列，备极庄严，强烈地显示出汉人“德”“力”并重的价值观。

第三类是社会生活题材，汉代经济、文化发达，人们的生活多姿多彩，画像石上也多有刻绘，常见场景包括耕种、纺织、庖厨、宴饮、讲经、蹴鞠、乐舞百戏、车马出行等。值得注意的是，这些画像图案一般取材于墓主生前的实际生活，但仔细观察可以发现，有些画像存在着很多艺术再加工的成分。特别是一些描绘物质极大丰富、生活极致豪奢、排场极致盛大的场景的画像，远远超过了现实中人们能够享用的程度，甚至逾越了相关礼法规制，这就不能简单认为是对墓主生前真实生活的复刻表现。

例如，山东诸城前凉台东汉墓画像石中的庖厨图，它的画面内容十分丰富，最上面刻画的是厨房的屋檐，檐下一排挂钩，挂满了鳖、鱼、兔、猪头等肉食，下面共有四十三位厨人，在热火朝天地忙碌着。整个画面涵盖了此类题材常见的屠宰、汲水、炊煮、切菜等主要内容，以肉食加工情景为主，场面盛大而井然有序，是汉墓庖厨图中的精品，被定为国家一级文物。在食物相对匮乏的古代社会，肉食本来就是专属于官僚士人的生活内容，而在古人看来，人死后一样需要饮食，埋入地下的庖厨图便直接表达了汉代人们“去饥饱食”的愿望。但从画面食物丰盛到夸张的程度来看，这幅庖厨图所表现的，并不是普通百姓市井日常里的庖厨，而应该是汉人想象中神仙世界的“天厨”场景。

夏禹夏桀画像石拓片

庖厨图画像石摹本

东汉庖厨陶俑

类似的还有众多“车马出行图”里的场景，这类画像中有大量车马阵列，浩浩荡荡地同时出行，这种盛大的仪仗场面明显经过了艺术的夸张，大大逾越了现实的礼法规制，是墓主没有资格、也不敢享受的排场，因此这不是简单地将墓主生前阔气的生活重绘于地下，而是描绘了天上派车马来迎接墓主升仙的情景。

千年瑰宝

汉墓画像在中国文化史上占有极其重要的地位。从艺术价值来看，汉墓画像的艺术造诣极高，质朴中透着深沉雄大的气魄，是古典现实主义与浪漫主义完美结合的典范，因此人们称其为“东方艺术的瑰宝”。从历史价值来看，汉墓画像表现的内容十分丰富，画像题材涉及汉代的社会生活、文化娱乐、思想信仰等各个方面，生动形象地保存了当时的历史图景，是研究汉代政治、经济和文化的重要图像文献。而隐藏在画像背后的思想和信仰表达，更使得汉墓成为一座巨大的思想宝库，刻写着汉人的生命理想和激情，记录着逝去的辉煌。

除了画像，汉墓中还出土了很多文物，为我们提供了失传的图书，并展示了古代的医药、科技与艺术成就等。目前我们对汉墓画像的认识还不充分，还有大量的主题和图像无法被准确释读和理解。千年汉墓中的瑰宝，需要我们继续努力钻研，去进一步认识和感受璀璨绚烂的汉文明。（马　源）

伏羲女娲画像石拓片

泗水捞鼎画像石拓片

图书在版编目（CIP）数据

新时代版上下五千年．秦汉 / 张海鹏总主编．
上海：少年儿童出版社，2024. -- ISBN 978-7-5589-1974-9

Ⅰ. K209

中国国家版本馆 CIP 数据核字第 20244KF824 号

新时代版

上下五千年·秦汉

张海鹏　总主编
王育济　于化民　执行主编

责任编辑　孙浩伟　王浩浩　美术编辑　施喆菁　陈艳萍
责任校对　黄亚承　技术编辑　陈钦春

出版发行　上海少年儿童出版社有限公司
地址　上海市闵行区号景路 159 弄 B 座 5-6 层　邮编　201101
印刷　上海中华印刷有限公司
开本 889×1092　1/16　印张 15　字数 312 千字
2024 年 7 月第 1 版　　2024 年 7 月第 1 次印刷
ISBN 978-7-5589-1974-9 / G·3797
定价 86.00 元